世界社会科学
高级讲坛讲演录
（第一辑）

邓正来　主编

商務印書館

2010 年·北京

图书在版编目(CIP)数据

世界社会科学高级讲坛讲演录(第一辑)/邓正来主编. —北京:商务印书馆,2010
ISBN 978 - 7 - 100 - 06939 - 7

Ⅰ.世… Ⅱ.邓… Ⅲ.①社会科学－文集②演讲－世界－选集
Ⅳ.C53 I16

中国版本图书馆 CIP 数据核字(2010)第 013091 号

世界社会科学高级讲坛讲演录(第一辑)
邓正来 主编

商 务 印 书 馆 出 版
(北京王府井大街36号 邮政编码 100710)
商 务 印 书 馆 发 行
北京瑞古冠中印刷厂印刷
ISBN 978 - 7 - 100 - 06939 - 7

2010 年 5 月第 1 版　　　　开本 880×1230 1/32
2010 年 5 月北京第 1 次印刷　　印张 11⅛
定价:25.00 元

"知识转型":引进来与走出去

——《世界社会科学高级讲坛讲演录》序

邓正来[*]

一

如果我们回顾中国社会科学百年"知识引进运动"的历史，可以发现中国社会科学的发展大致经历了这样三个相对明晰的阶段：(1)可以上溯自 19 世纪并延续至今的"引进"阶段，我们引进了西方社会科学的理论知识、研究方法、学科体系和学术建制等，在翻译大量社会科学文献的同时，也在中国建立了现代社会科学的学科体系和学术建制。(2)从 20 世纪 90 年代初开始的"复制"阶段，即开始运用西方社会科学知识和方法解释中国问题，"复制"西方社会科学的理论创新模式，这在经济学领域表现得尤为突出。(3)从 20 世纪 90 年代中后期开始的"国际接轨"阶段，即开始与国际社会科学的学术规范、学科体

* 邓正来，复旦大学特聘教授、社会科学高等研究院院长、当代中国研究中心主任、国际关系与公共事务学院教授、博士生导师，《中国社会科学辑刊》主编、*Fudan Journal of the Humanities and Social Sciences* 主编、《耶鲁全球在线（复旦版）》主编、《复旦政治哲学评论》主编。

系和学术建制等全面接轨,其主要的表现是 90 年代中期开始的学术规范化运动。经过这三个阶段的发展,我们不仅大规模地引进了西方社会科学的理论体系,建立了较为完备的社会科学的学科体系,而且也初步建构了中国社会科学的学术传统,并开始"复制"西方社会科学的理论创新模式,在学术规范等方面开始同国际"接轨"。但必须看到:以"引进"、"复制"和"接轨"为特征的中国社会科学的共同点在于以西方社会科学的判断标准作为我们的判断标准,而在这种判断标准下的研究成果不仅在较深的层面上忽视了对中国本身的理论关注,实际上也很难与西方进行实质性的交流和对话。另一方面,中国这三十年的经济发展之所以能够成功,是因为我们在很大程度上摆脱了各种西方模式和传统模式的束缚,但中国社会科学却仍然受苏联以及西方某些思想文化的束缚,无法自主地解释当下实践中的中国经验本身。用一种形象的说法来讲就是,中国社会科学学者很多时候其实是在帮着西方的先哲同中国的先哲们打仗。但是,帮着打仗的"我们"其实是不存在的:由于欠缺对生活于其间的当下中国的理论关切,"我们"事实上只是相对于西方论者们的"复印机"或"留声机"而已。在根本的意义上讲,我们在这些年中严重地忽视了对中国问题本身的深度研究和理论关注。①

从共时性的视角来看,当下如火如荼的全球化进程为中国

①　参见拙文:"全球化时代的中国社会科学发展",载《社会科学战线》2009 年第 5 期;"高等研究与中国社会科学的发展",载 2008 年 12 月 17 日《文汇报》。

社会科学赋予了一项新的时代使命,即参与全球化时代的"话语争夺"。经由系统研究,我认为,无论是从全球化本身的性质还是从西方国家在全球化时代对中国予以支配的性质来看,中国社会科学在贡献中国据以参与话语争夺、型构和影响全球化的进程及方向的"理想图景"方面都具有不可替代的地位和不可推卸的责任。这是因为只要我们建构起中国自己的"理想图景",我们就可以将参与修改世界结构之规则的资格转化为修改世界结构之规则的能力,并基于中国立场型构和影响全球化的进程与方向,而中国社会科学在贡献中国自己的"理想图景"方面则具有不可替代的地位。第一,从全球化本身的性质来看,如果我们采取"问题化的进路"将全球化本身问题化,而不是前瞻性地将其看做是某种必然性的、客观存在的现实或过程,我们才可能洞见全球化与全球性,特别是全球主义的关系,洞见潜隐于全球化进程背后的话语斗争,甚至"文明冲突"实质,进而洞见一种服务于"主体性中国"的开放性全球化观。[①]这是因为:"全球化并不是一个单一的一元化的同质性进程,也不是一个只有客观维度的发展进程,更不是一个绝对正确的甚或是正确本身的历史进程",而"是一个可以根据人之认识或利益或传统被建构或被重构的博弈进程,是一个在很大程度上属于偶然且可能是一个可逆且不确定的过程"。[②]　第二,中国经加

[①]　参见拙著:《谁之全球化? 何种法哲学? ——开放性全球化观与中国法律哲学建构论纲》,商务印书馆 2009 年版,第 260 页。

[②]　同上书,第 155、179 页。

入 WTO 等国际组织而被"裹挟"进全球化进程后,西方对中国的支配实质是一种"基于承诺的支配",而这种支配性质的变化则意味着:只要我们拥有中国自己的"理想图景",我们就可能在承诺遵守全球化规则的同时根据基于中国立场的"理想图景"而修改全球化的运行规则,进而影响全球化的进程和方向。① 显而易见,作为一国的"思想库"和"智力库",中国社会科学理应在贡献出中国自己的"理想图景"方面作出我们责无旁贷的贡献。

因此,我认为,中国社会科学正处于百年来的临界时刻:中国社会科学必须从"引进"、"复制"、"国际接轨"的阶段迈向一个"知识转型"的新阶段,即走向世界,并与世界进行实质性对话的阶段。这种"知识转型"在根本上要求中国社会科学必须从西方思想的支配下解放出来,主动介入全球化时代话语权的争夺。这是全球化时代所赋予中国社会科学的使命!

二

坦率地讲,"知识转型"不仅是我们创立复旦大学社会科学高等研究院(以下简称"高研院")的一个主要背景,更是我们设

---

① 参见拙著:《中国法学向何处去——建构"中国法律理想图景"时代的论纲》,商务印书馆 2006 年版,第 9—15 页;《谁之全球化? 何种法哲学? ——开放性全球化观与中国法律哲学建构论纲》,商务印书馆 2009 年版,第 181—193 页。

计和开展高研院各种学术活动的一个主要依据。除了其他品牌性活动（如"重新发现中国论坛"、"通业青年讲坛"、"学术午餐会"、"'小南湖'跨学科读书会"、"中国深度研究学术工作坊"，以及"暑期社会科学高级讲习班"和"暑期社会科学高级学术翻译班"等）外，我们还设立了两个常规性的品牌讲坛："世界社会科学高级讲坛"和"中国深度研究高级讲坛"，并将其作为重中之重予以建设。

之所以设立这两个不同主题的讲坛，这与我们对"知识转型"，特别是对中国社会科学在"知识转型"时代的两项具体使命的理解密切相关。在我看来，中国学术在"知识转型"时代中必须实现这样一种根本性的转换，即从"思想中国"向"思想中国的根据"进行思想层面的转换。作为这个时代的学术人，我们必须根据对这种世界结构中的中国本身的分析和解释，对中国的"身份"和未来命运予以智识性的关注与思考，而这需要我们以一种认真且平实的态度去面对所有理论资源。因此，我认为，处于"知识转型"时代的中国社会科学面临着两项具体使命：第一项使命是继续"引进"西方社会科学理论，同时对包括西方社会科学理论在内的所有的经典理论进行批判性地检视。第二项使命是开展对当代中国的深度理论研究，并使这种研究走向世界——当然，我所讲的"当代中国"并不是一个绝缘于世界结构与历史传统的"中国"，而是有待我们运用各种理论资源予以认知并建构的一个伦理性的文明体：首先，它是"关系中的中国"，即处于世界结构之中的中国；其次，它又是"历史中的中国"，即有着文明记忆、历史传统和后发经验的中国。

需要强调指出的是,尽管上述两项使命在表面上是分立的,但两者在根本上又是相互勾连在一起的。就对待西方理论资源的态度而言,我所主张的是以中国为思想根据的"个殊化"研究路径,亦即一种以研究者对于"中国"当下情势的"问题化"处理为根据而对西方法律哲学家的思想进行逐个分析与批判的研究路径——尽管这种思想根据在绝大多数情况下是以一种隐微的方式发挥作用的。[①] 就中国研究的路径而言,我主张的又是一种对当下中国情势的"问题化理论处理"路径,亦即以"中国"为思想根据,运用包括西方社会科学理论资源在内的所有理论资源对"中国"当下情势进行"问题化理论处理"。因此,我相信:只要我们同时完成这两项使命,我们不仅可以对包括西方社会科学理论资源在内的所有理论资源有更为系统、深入的了解,而且又能以中国为思想根据利用这些理论资源对全球化时代中国的文化身份和政治认同等进行理论建构,进而以中国特色、中国气派、中国风格的综合性社会科学研究成果对全球化的方向和世界秩序的性质发言,推动中国社会科学走向世界。

显而易见,"世界社会科学高级讲坛"是我们基于对上述第一项使命的认识而专门设立的。关于这项使命的认识,一如上述,也就是有关我们应当继续"引进"西方社会科学理论、继续对所有经典理论进行批判性检视的主张。这里需要强调指出

---

① 参见拙文:"回归经典 个别阅读——《西方法律哲学家研究年刊》总序",载《学术界》2007 年第 1 期。

的是,这种认识乃是以明确反对中国社会科学界关于西学的如下几项既有的或潜在的误识为前提的:第一,明确反对那种以"国情"、"意识形态"等为借口而否定引进和研究"西学"之必要性的论调。这乃是因为不仅我们奉为国家意识形态的马克思主义本身就是西学东渐的产物和表征,而且就认识世界结构中的当下中国而言,西方社会科学理论仍是我们的重要理论参照之一。第二,明确反对那种以呼唤"中国主体性"为借口而出现的所谓"知识引进运动终结论"。现代社会科学主要是在西方产生的。相对西方而言,中国社会科学不仅仍处于整体落后的局面,而且就对全球化时代世界秩序、世界体系、世界结构和"主体性中国"等问题的认识而言,西方社会科学理论仍是我们在全球化的世界结构下呼唤"主体性中国"不可或缺的理论资源。第三,明确反对那种"非语境化"和"前反思性"地对待西学的态度。就前者而言,我们不仅将西方论者的思想抽离于其所产生其间的特定时空以及各种物理性或主观性因素的影响,而且只记住某种思想的关键词、大而化之的说法,完全不了解其复杂的知识脉络、理论前设和内在理路等;就后者而言,中国论者仍在很大程度上毫无反思和批判地接受西方的概念或理论框架,这种倾向不仅实际上给西方对中国知识分子的"理论示范"注入了某种合法的"暴力"意义,而且还会迫使中国知识分子所做的有关中国问题的研究及其成果都必须经过西方知识框架的过滤,进而使得这些研究成果都不得不带上西方知识示范的烙印。由此可见,尽管我们百年来的确已经引进了大量的西方经典论著,但我们今天仍停留在介绍和传播的阶段,而根本没有进入研究、批判和对话的阶段。

正是为了加强我们对包括西方社会科学理论在内的既有理论资源的了解和研究,提升中国社会科学整体理论水平,我们设立了"世界社会科学高级讲坛"。这一讲坛设有严格的讲坛规则,不仅要求主讲人提前一周上交正式讲稿,而且每次邀请两位评论人对所讲论题深有研究的学者进行评论。我们希望,通过邀请世界和中国哲学社会科学知名学者进行主讲、评论与提问相结合的讲演,把该讲坛既建成中国社会科学界将世界社会科学理论"引进来"的最重要平台,也建成提升中国社会科学整体理论水平、加强中国社会科学进行实质性国际学术交流的一个最重要的互动平台!

三

自 2008 年 9 月 25 日开坛至 2009 年 6 月 26 日,"世界社会科学高级讲坛"已开讲 18 次。具体情况如下:

1. 2008 年 9 月 25 日,世界著名人类学家、美国芝加哥大学荣誉教授、美国科学院院士、高研院学术委员会创始委员马歇尔·萨林斯主讲《后现代主义、新自由主义、文化与人性》;

2. 2008 年 10 月 21 日,北京大学中国经济研究中心主任、高研院学术委员会创始委员周其仁主讲《货币的教训——美国次贷危机对思想的影响》;

3. 2008 年 11 月 26 日,美国加利福尼亚大学洛杉矶分校亚

洲研究所主任、历史系教授、高研院特聘讲座教授王国斌主讲
《从历史与比较的视角看中国的社会关系与政治转型》；

4. 2008 年 12 月 9 日，法律与发展学派奠基人、美国威斯康
星大学麦迪逊分校 Voss-Bascom 法学教授、高研院学术委员会
创始委员戴维·M. 特鲁贝克主讲《发展型国家与法律秩
序——浅析一种发展与法律的新政治经济学》；

5. 2009 年 1 月 5 日，上海社会科学院党委副书记、哲学研
究所所长、华东师范大学哲学系终身教授、高研院学术委员会
创始委员童世骏主讲《西方哲学研究的思想风险及其规避
可能》；

6. 2009 年 2 月 24 日，The Coimbra Group 名誉主席、德国
耶拿大学校长、政治学教授、复旦大学名誉教授克劳斯·迪克
主讲《德国的纪念文化与弗里德里希·席勒的世界性遗产》；

7. 2009 年 2 月 27 日，清华大学国学院院长、中国哲学史学
会会长、高研院兼职教授陈来主讲《情性与礼义——荀子政治
哲学的人性公理》；

8. 2009 年 3 月 17 日，"WTO 之父"、美国乔治敦大学国际
经济法研究院院长、高研院学术委员会创始委员约翰·H. 杰克
逊主讲《变化中的国际法制度——WTO 与中国》；

9. 2009 年 3 月 30 日，英国伦敦政治经济学院人类学教授、
高研院学术委员会创始委员王斯福主讲《文明的概念与中国的
文明》；

10. 2009 年 4 月 13 日，北京大学哲学系资深教授、中国哲
学与文化研究所所长、高研院学术顾问汤一介主讲《寻求文化

中的"普世价值"》；

　　11．2009年4月23日，武汉大学哲学学院教授、高研院院刊《中国社会科学辑刊》学术委员会委员邓晓芒主讲《论"自我"的自欺本质》；

　　12．2009年4月29日，复旦大学国外马克思主义研究中心主任、高研院学术委员会创始委员俞吾金主讲《启蒙的缺失与重建——对当前中国文化建设的思考》；

　　13．2009年5月20日，中国社会科学院哲学研究所研究员、高研院双聘教授周国平主讲《尼采对现代文化的批判》；

　　14．2009年5月25日，首都师范大学哲学系特聘教授、高研院双聘教授陈嘉映主讲《谈谈语言转向》；

　　15．2009年6月3日，北京大学国际关系学院院长、高研院学术委员会创始委员王缉思主讲《中国的国际政治研究——回顾与展望》；

　　16．2009年6月15日，美国电影协会主席兼首席执行官、前任美国农业部长丹·格利克曼主讲《创意之道——电影推动世界经济与外交》；

　　17．2009年6月15日，复旦大学特聘资深教授、高研院学术顾问朱维铮主讲《帝制中国的黄昏——满清在19世纪》；

　　18．2009年6月26日，吉林省高级人民法院院长、吉林大学理论法学研究中心主任、哲学社会科学资深教授、复旦大学高研院学术委员会创始委员张文显主讲《中国司法改革的理论与实践——以人民法院的改革为基点》。

　　除了周国平、王缉思和丹·格利克曼三位先生的讲稿因主题等原因暂时不宜发表而没有收入本书外，其他 15 篇都悉数收录。在此，我想对马歇尔·萨林斯、周其仁、王国斌、戴卫·M.特鲁贝克、童世骏、克劳斯·狄克、陈来、约翰·H.杰克逊、王斯福、汤一介、邓晓芒、俞吾金、周国平、陈嘉映、王缉思、丹·格利克曼、朱维铮和张文显 18 位主讲人表示最诚挚的感谢。这不仅是因为他们作为主讲人为我们带来了思想砥砺的机会，更是因为所有的主讲人都是无报酬的——本讲坛只负责基本的食宿和差旅费，而不设任何讲课费。我也想对那些参与本讲坛演讲评论的广大学者表示由衷的感谢，他们的评论文字虽然没有收录在本讲演录中，但是他们睿智的、深刻的、具有严格学术批判意义的评论，为本讲坛得以进行深度互动和学术交流作出了巨大的贡献。当然，我也想对直接负责这 18 场讲演组织和联络工作以及为整理和编辑本讲演录所付出辛劳努力的王勇、陈晔、黄倩、孙国东、沈映涵等高研院成员和李新安、王升平、龚智慧等同学致以谢意，没有他们的努力工作，这些讲演是不可能顺利完成的。最后，借此机会，我还想对一年来支持高研院学术事业的复旦大学领导和各位学界同仁、朋友表示衷心的感谢，没有你们的大力支持，高研院的点滴发展都是难以想象的！

2009 年 10 月 11 日于上海北郊三一斋

"世界社会科学高级讲坛"开坛致辞

(2008 年 9 月 25 日)

秦绍德[*]

各位老师、各位同学:

首先,我代表学校,欢迎萨林斯教授访问复旦大学,祝愿您在复旦度过愉快的时光。

我和萨林斯教授今天有很多的相似性。例如,我们来此的缘由相同,都是被邓正来教授邀请来的;我们来此的目的也相似,都是为了支持"世界社会科学高级讲坛"正式开坛。我和萨林斯教授也有不同的地方。今晚,大家对我们的期望不同,期望我讲得越短越好,期望萨林斯教授讲得越长越好。

为了满足大家的期望,我只讲三句话。

第一,学校将一如既往地努力,支持中国社会科学走向世界,支持世界的社会科学走进中国,使真理越辩越明,使复旦的学术更加繁荣。请萨林斯教授转告您的同行,复旦热情地邀请他们来访问讲学,我们有热情的教授和聪明的学生。

第二,学校将一如既往地支持我们的文科学者从事开拓性

---

* 秦绍德,复旦大学党委书记、社会科学高等研究院学术顾问。

的学术工作,并尽全力为教授们创造良好的条件和环境。我在这里作一个简要的预告,由邓正来教授领衔的复旦大学社会科学高等研究院将于年内正式挂牌成立。学校将同时聘请邓先生担任《复旦外文学报》(*Fudan Journal of the Humanities and Social Sciences*)的主编,《复旦外文学报》将于 2009 年初正式发刊。

第三,希望邓正来教授和复旦师生一起努力,把"世界社会科学高级讲坛"越办越红火。我期待着这个讲坛成长为中国社会科学领域有影响力的高水平论坛之一。

最后,祝大家度过一个充实愉快的学术夜晚。

谢谢!

目　录

后现代主义、新自由主义、文化与人性

马歇尔·萨林斯

主讲人简介

　　萨林斯(Marshall Sahlins),1954 年获得美国密歇根大学人类学博士学位,毕业后留校任教;1973 年调任美国芝加哥大学人类学系任教。世界著名人类学家、美国芝加哥大学荣誉教授、美国科学院院士、复旦大学社会科学高等研究院学术委员会创始委员,曾被推为 20 世纪 60 年代新进化论代表人物。70 年代初开始致力于文化理论的重建工作,结合文化人类学与结构人类学,确立了一种人类学的新范式。其主要代表著作《甜蜜的悲哀》、"萨林斯历史与文化论丛"等已由生活·读书·新知三联书店、上海人民出版社等推出了中译本。

　　时　间:2008 年 9 月 25 日 19：00
　　地　点:复旦大学光华楼东辅楼 102 报告厅
　　主持人:邓正来(复旦大学特聘教授、社会科学高等研究院院长)
　　评论人:王铭铭(北京大学人类学教授、复旦大学社会科学高等研究院双聘教授)

　　这个题目涉及西方社会科学思想的现状。也许你们已经从标题的抽象术语中看出,我会讲得非常概括,并且有过分简化的风险,但我的感觉是:从 20 世纪晚期起,我们就被困在后现代主义自己造就的无知与新自由主义自称的万能之中。后现代主义热衷于社会和文化秩序的解构,正如一位卓越的美国人类学家所说:它有"精巧而自由的不确定性",这种观念使得我们对于不确定性已经麻木不仁了。而欢庆胜利的新自由主义则把理性选择和最大化利己的经济主义前提当做普遍的人性特征,并用这种特征去解释一切:从青少年的过失行为到自杀率。我们要么由于后现代欢庆的不确定性而变得一无所知,要么由于新自由主义而变得无所不知,其实最终也还是一无所知。
　　有意思的是,后现代主义所抨击的系统性和秩序,也就是所谓的历史、社会和文化的"元叙事",人们常常把它们等同于启蒙运动。后现代主义与它们的对立，在很多方面使其成为19世纪反启蒙运动的浪漫主义的再生。英国批评家特里·伊格尔顿观察到：后现代主义为了反对启蒙主义的真理和理性标准，"将世界看成是随机、没有根基、多样、不稳定和不确定的，看成是一整套不统一的文化，而这些文化则孕育了某种程度的怀疑主义——怀疑真理、历史和范式、自然的既定性和身份的内聚性所具有的客观性。"所有这些特征以及其他更多相似性也已体现在浪漫主义对启蒙运动的批评之中。这种浪漫主义批评很大部分源自德国，而启蒙运动则主要来自法国。浪漫主义运动拒斥分析、分类、概括、归纳，总之是拒斥理性地框定人的条件的那种哲学习性。正如以赛亚·伯林所说，浪漫主义运动"是对任何形式的普遍性的一种激情抗议"；而阿瑟·洛夫乔伊(Arthur Lovejoy)则说，它对"现实存在的丰富的差异性给以最充分的表达"。浪漫主义如同搞人类学和文化研究的教授们现在发现的"精巧而自由的不确定性"那样，也宣扬不完美，反对陈规。浪漫主义与后现代主义共通的地方是对结构、本质和事物本性等观念有着深深的反感。伯林在谈到浪漫主义时说："事物没有结构，因为事物的结构会限制我们。"甚至词语也遭到责备，因为它们切割了事物，破坏了生活的流程和世界的流动。

　　其实，那些标榜着作者时尚的词语，在后现代主义者和后结构主义者的作品中早已经流行起来，传递着同样是关于不确定性的浪漫价值。想想当前社会科学主义的流行程度，你们就可以明白了：例如"灵活的"、"无限制的"、"不规则的"、"随机的"、

"有争议的"、"分形的"(比如说"分形解构有多重的环路")、"不
稳定的"、"流动的"、"分离的"、"截面的"(比如说"自我表现中
有多重的截面和转化")、"不可预知的"、"千变万化的"、"不一
致的"、"转化的"、"协商的"、"去中心的"、"可穿透的"、"颠覆性
的"。如果还不明白,那么就想想那些后现代主义不使用的词
汇表——这些词汇连同它们传达的思想一道现在如同受到诅
咒一般,有被剔除出社会科学词汇库的危险。这样,我们也许
已经不再谈"结构"、"文化类型"、"系统"、"绝对关系"、"文化秩
序"、"文化形态"、"支配符号"、"民族精神"、"本质"、"社会事
实"、"比较归纳"、"互补性对立"、"编码"、"机械团结"、"交换领
域"、"功能关系",以及其他类似的标示社会与文化中某类秩序
的词语。我们有一个(类似于宗教禁书目录的)非正式的社会
科学目录,其上面记载的是一些因为犯了具体化和系统化的罪
恶而不宜被提及的诸位受禁作者:列维-斯特劳斯、莱斯利·怀
特、埃米尔·涂尔干、拉德克利夫-布朗、卡尔·马克思、马林诺
夫斯基、塔尔科特·帕森斯、索尔斯坦·凡勃伦,等等。

　　问题在于结构的观点已经因此失去信任并被解构,我们只
能将个体主体视做社会现象的决定性要素。后现代主义对个
体主义的维持以及对任何集体秩序的敌意,使得它与倡导放任
自由的新自由主义意识形态处在同一理论位置。美国著名人
类学家乔治·马尔库思(George Marcus)把这种复兴的资产阶
级唯我论看做是一种有益的、自下而上的、反对高雅(anti-high)
的理论进路,它消解了诸如"结构"这样的概念。他宣称业已被
接受但被误解的结构的各种概念,"其实是只能从行动者的视

角去理解的各种过程"。他认为，即使宏大理论也是微观理论，华勒斯坦世界体系理论的真正重要性"在于它是对密切联系历史和社会存在的框架的介绍"；指华勒斯坦一定在某种程度上意识到，在新自由主义正在全球范围内展开殖民和商品化的同时，自己却在堂吉诃德式地提前宣称"元叙事"的终结。这意味着："必须从行动者的视角去理解"资本主义世界体系吗？当然，在最终的分析里，资本主义经济学家也许就是这么认为的。

另外一个例子是《文化人类学》杂志的一位编辑在1993年《文化人类学》社团会议上所做的报告。她说，这些会议的工作"就是要继续推进与文化具体化的斗争，但是要继承人类学长期以来的承诺，要将文化置于日常生活实践和行动者的动机与欲望中"。这和长期存在的"经济人"的错误是多么相似！经济人的整个文化的目的与手段王国本由社会产生，而他自己则高居其上，似乎就是它们的来源和主宰。人们可以在许多社会科学领域（以及占据着"文化研究"理论高地的英语世界的教授中间）发现后现代主义与资本主义的个人主义之间同样的合谋（插一句，在许多方面，20世纪晚期的社会科学家已变成了文化研究运动中的工人阶级。我们做所有经验性的肮脏工作，即承受民族志调查的磨难，而他们则做"理论"。这是一种理论阶级的闲适。）特里·伊格尔顿还指出，人文学者和经济学家在他们共同的度假村里得出的理论共识有着根深蒂固的个体主义预设：

　　不管是后现代主义者还是新自由主义者，他们都对公共规范、固有价值、既定等级、权威标准、交感符号和传统实践表示怀疑,只不过新自由主义者是在市场的名义下排斥这一切的。

尽管有这些相似之处,但就学术领域的流行程度来说,后现代主义和新自由主义却处在不同的轨道上运行。新自由主义凭借着资本主义企业在全球范围内的胜利,凭借所有东西的市场化(包括从基因到水、从大学到监狱管理的市场化)逐渐成为21世纪主导的社会科学范式。当后现代主义面对着资本主义世界秩序的这一科学意识形态之时,它号召终结具有所有安慰性自欺特点的"元叙事"。无论如何,后现代主义坚持认为,文化秩序是无序的,而这本身就已经成为一项"元叙事":这种普世论调使后现代主义者陷入克里特人的那种逻辑束缚中:克里特人说,所有的克里特人都是说谎者。但是,有一点看起来是确定的:后现代主义与新自由主义不同,它正在走向衰落。

后现代主义因为它悲惨的认识论而从一开始就注定了厄运。它对于"精巧而自由的不确定性"的偏好意味着我们对于社会现象越少确定性,我们就越能理解它们——这样的智识前景并不十分有希望。由于同样的理由,后现代主义在政治上其实是不幸的。因为它原则上拒绝认识社会和文化秩序中的关系,例如消费主义和美国工人阶级文化之间的关系,所以,它并不是一个理解政治环境的强有力手段,更不用说对之采取行动。更令人不安的是人们把后现代主义的批评运用于极端保守的目的:例如,一群为大公司服务的美国说客虚伪地用极端的反实证主义方法,把全球温室效应或其根源——工业污染,说得似乎不确定存在;相反,新自由主义阵营,包括法律与经济学、国际关系现实主义(IR(Internation Relations)realism)以及理性选择社会学等附属性的分支在社会科学理论中却占据着垄断地位。

事实上,市场心态(market mentality)的影响比这个还要大。新自由主义将竞争性的利己主义视做人类的天性,恰如林奈分类法从智人到经济人的著名改版,它在生物学家中找到了志同道合的伙伴。社会生物学家们所谓的"自私基因"中也出现了同样的自私自利算计,这种从有意识到无意识基因的转换,使对理性选择的辩论极大地幸免于"堕落到荒谬"(reductio ad absurdum)的境地。这类自然解释—文化解释、动物行为解释—人类行为解释的互换在很长一段时间里不停地交替往返。马克思曾对达尔文的下述做法进行评论:他采取一些手段,在对比动植物相互之间的竞争的基础上发现了他所处的英国社会,比如说开放新的市场(新的生境)、开发新的形式(产品),要不就是从事马尔萨斯式的"生存斗争"。这正是霍布斯所说的自然的前文化状态的翻版;霍布斯认为这个阶段是"人与人相互战争"的阶段。社会达尔文主义继续将动物性竞争运用于人类社会,最终只能是看着社会生物学在基因库中重新生产出资本主义的个体主义,并因此为社会达尔文主义在当代进化心理学中回归提供了机会。紧接着的是,生物学和社会科学有共同的基础,那就是竞争性的利己主义个体;这种个体在自然方面追求选择性的优势,在文化方面追求物质上的成功。撇开分歧不谈,这二者甚至要以相同的方式传递它们的成果——"继承"。

再来谈谈"元叙事"吧。竞争性个体主义被当做生物,尤其是人类的推动力量,而深嵌于西方本体论和学术领域中。所以,即使不考虑新自由主义思想作为社会科学范式的主导,它也已经扎根于物种生物学之中,并由此连接了文化和自然;它野心勃勃地企图成为有关人之条件的霸权哲学,过去如此,现在如此,将来亦复如此……但唯一的问题是,如果要按这个理论去理解人性,我们就不得不放弃我们对自己以某种文化存在而生活的几乎所有知识。

甚至为了按照经济学家们的方式理解市场经济,我们不得不放弃有关价值的文化形式的所有知识。虽然经济学具有作为一门经验科学的要求,但它本质上是一门柏拉图式的学科,它是基于一种理想的个体主体(*Homo Economicus*,经济人);这门学科把个体主体的理念上的理性行为作为其智识对象。通过这种假定的合法"抽象",为物质生活提供有意义的术语(the meaningfulterms)的整个社会和文化秩序就被化约为主观行动的一种特殊形式,而这种主观行动本身则被剥去任何实质性的社会内容:将稀缺的手段理性地分配给不同的目的,为的是获得最大的回报。事实上,在任何一本介绍性教科书的第一页都开宗明义地指出:从定义上说,一个社会的经济就是人们的节约——这不仅仅是功利主义实践的理想形式,更是市场的独特理想,甚至连人们回家见家人的实践都算不上是经济。但是,经济学家们把经济定义为节约,就抛弃了关于人和物的文化图示(schemes);是这种文化图式把使用价值、需求和生产组织到他们所谓"外来的"或"非理性的"因素的未经检验的中间状态。也如他们所说,如果在这个状态里没有关于人们口味的争论,那么也就没有相应的科学。

那些有效地组织物质生活的事物中居然没有经济科学。有关价值的文化体系是既定的,例如,劳动的性别分工、社会对劳动力的组织、菲力牛排的声望价值、源自"原始"斐济岛的瓶装水的假定的自然优点。在经济分析中,所有这些物质行动的决定性条件都被当做行动者不经意的预设。否则,如果它们能引起经济学家的注意,其本身也是作为"外来"因素而存在的。依苏格拉底之见,这种不经意的生活也许不值得过,但它却是经济领域中的常事。改用路易·杜蒙的话来讲,由社会和历史创造的目的与手段、人和商品的王国,却被个体主义行动者们篡夺,这样,就可以把文化秩序视为他们行事的结果,而经济则是他们权威的功能。

当然,这似乎是资本主义主体的方式。客体和人的意义图示最多只是准意识的,仅仅被当做一种未加反思的习惯。例如,北美洲的消费者们认为,可食动物的骨骼结构(anatomy)与吃它们的场合之间的关系只是一种简单的公式:菲力牛排之于汉堡包,如同一顿精美的晚餐之于普通的午餐。我们总是忽视了理性外表之下潜在的东西:我们并不会买汉堡包招待尊贵的晚宴客人;这是文化价值的整套编码,它与所谓的营养价值几乎毫无关系,反而更多地牵涉到肉的这样一些区别:例如,肌肉和内脏、外部的肉和里面的肉、切割的肉和研磨的肉、精细准备的菜肴和三明治,等等。想想美国超市里的顾客在不同肉类间做选择的时候,买家禽肉还是买鱼肉,并不是出于实用性的考虑,而是为了做一些与昨天的晚餐不同的东西,而这种不同是由一套复杂的"主菜"谱系、烹调方式(比如煎、烤、煮等等)决定的(当我在斐济做田野调查的时候,当地人就认为欧洲人的饮食习惯非常古怪;欧洲人不仅每天要吃不同的食物,就连早餐、午餐、晚餐也要吃不同的食物)。再想想西方服饰的有意义的差异。我们用在买衣服上的金钱理性并不能解释服装风格的差异,例如,区分男装和女装、休息日和工作日、商人和警察、成年人和青少年、不同地区的人和不同种族背景的人的服饰——想想服装所标志的其他区别方式。

也许我们太快而没能庆贺由于 17 世纪以来自然主义的发展和精神主义的撤退而开创的"世界除魅"(disenchantment)。而实际发生的却是世界使西方社会入魔,是肉体的而不是精神的文化价值使之入魔。所以,我们现在生活在一个被有意义地建构起来、与文化相关的物品所迷惑的世界里,比如黄金、石油、钻石、黑比诺葡萄(Pinot noir grapes)、奔驰轿车、传家宝番茄(Heirloom tomato)、丝质衣服、麦当劳的汉堡包、古琦(Gucci)的钱包。这就是由特定的文化价值所大量建构的自然;然而这种文化价值的象征性品质却被纯粹地理解成物质品性,它的社会资源却被归因于个体欲望,它恣意的满足却被神秘化为普遍的理性选择。

也许卡尔·波兰尼对于自治的、自我调节的市场经济和所谓的无市场社会的"嵌入式"经济所做的著名区分太过极端了,因为市场本身也是在文化意义上嵌入的。正如波兰尼所定义的,在嵌入式经济中,商品和劳力的配置是由各集团之间业已存在的社会关系决定的。例如,斐济岛民的传统经济词汇在我们的经济科学中就不会被认可。他们的经济词汇是"酋长"(贡品的接收者和慷慨的分配者)、"外甥"(对于舅舅的物品有神圣权利的特殊亲属)、"切勿沮丧,同族人"(近似于命令的物质援助的请求)、"边境同盟者"(用礼物达成契约和酬谢)、"战神"(慷慨供给者)等。这些都是生产、分配、交换的关系,通过它们,自然得以分配,社会得以规定。

相反,如同波兰尼所说的,资本主义市场经济是通过供求价格机制自行运转的,因此显得与其他关系和机构相脱离,它不同于宗教、政府、亲属制度,以及其他类似的社会"外在"部门。但是,如何解释牛排和汉堡包、男装和女装之间的意义差别呢?供求价格体系本身也嵌入在更大的文化图示中,并因此是由文化价值所驱动的。市场通过供求来运作,其实它是以物质的词汇来实现这种文化整体性的象征价值的一种有效方式。

此外,除了市场关系以外,我们也生活在一个巨大的非金钱化的(non-monetized)物质交换领域中——我是指物质关系所嵌入的亲属关系和朋友关系。家庭生活中的物质交易在很大程度上是按照"他或她的能力、他或她的需求"的原则来组织的。我们敢这么说吗?

事实上,西方社会哲学长久以来就有另一种的理解:把经济人视为理解人性和文化秩序的一种范式,而这种人性和文化秩序源自那些仁慈的人类学家过去曾研究过的亲属社区。这在西方确实是未被标明和未被再关注的人的条件,尽管(或者说也许正因为)亲属关系是我们最深层次情感和组成部分的源泉。由于我们关于人性的各种理论忽视了这些条件,它是从更广阔的资本主义社会以及对事业型成年男人自然品性的想象中发展起来的;将女人、儿童和老人排除在外,也忽视了唯一真正作为人类社会性的普遍准则:亲属关系。亲属关系所承载的人的条件的概念,是我们业已接受的利己的、竞争性动物的观点所无法想象的,而人们假定这种观点的结果就是我们的经济和社会。在一个自我和利益与他人的存在不可分开的地方,在自我和利益是一种非个人的关系,而不是个体属性的地方,利己主义还能意味什么呢?

很久以前,亚里士多德在谈到亲属关系时,将这种与他人之间的关系作为自我存在的本质;人类学家们至今仍未超越他对于普遍人类社会性的定义。亲人是不同主体中的同一共同体,是彼此从属的人:

> 父母爱孩子,如同爱他们自己一般(因为他们生下的孩子如同是他们的另一个自我……);孩子爱父母就像他们是从父母那里获得成长之源一样,而兄弟们也是因从同样的父母骨血中长成而相亲相爱。他们是不同主体中的同一共同体……那种姑表兄弟及其他亲属间彼此从属之感就是源于此……

换句话说,亲属关系是一种相互存在的关系。亲人之间互为彼此的一部分,正如亚里士多德所强调的,这种相互关联也许是存在的同一性关系,比如同胞兄弟或共同祖先的后代;或者这种互为从属是一种互惠的、补充性的关系,比如丈夫和妻子之间。除了继嗣和婚姻,人类学家们已经记载了大量的社会手段,包括共居、共食和礼物交换等;亲属关系通过它们才得以建立。尽管有社会生物学设定的基因亲属,但是上述这些大多数无论如何并没有共同的物质或共同的血缘关系;相反,所有亲属关系的共同特征就是一种与作为内在自我的他者的关系。

一位研究印第安人的人类学家因此认为当地人有一种"超越个人性自我"(transpersonal self)的感觉,也就是说,他们认为自我共存于亲属他者之中,或是与亲属他者共存。一系列来自太平洋岛民的报告谈到,那里的自我是"作为共享的社会关系及共享传记的集中地"。一位法国的民族志作者宽泛地涉及非洲"个体"的概念;他观察到,"个体并不存在,除非他'外在于'自身并且'不同于'自身"。显然在这些社会中,自我并非我们所知的那个主宰着现今社会科学理论的泾渭分明的、利己主义的个体。相反,个体是众多他者自我的聚合处,个体与他/她结成相互存在的关系。同理,任何人的自我都或多或少地广泛遍布于他者中。不过,正如一位法国诗人所说,如果"我即为他者",那么他者也是我的利益与我的目的。

亲人之间经历着彼此的生与死。亲人们依照彼此的关系行事,他们是自身能动性的内在资源。他们的身体甚至并不是个人的私有财产,而在经典的占有性个体主义中身体就是个人的私有财产。一位民族志作家这样描述斐济人:"他们的身体属于养育、照顾他们的那个微型社区的责任;结果,个体的塑造属于共同体的领域而非自我的领域。"身体的状况是乡村议论和关注的对象,因为它表明社区关照其成员的能力,以及其成员关照它的能力。

　　随之而来的是,经验也并非一种排斥性的个体功能。只要人们互为他者,他们就会共享某些经验。当然不是在感觉的层面,而是在意义的层面:发生的是什么,而这便是人类经验中可传递的社会的维度。一位民族志作者谈到新喀里多利亚人(New Caledonians)时说:"经验是在人与人之间传播的,人们并不认为它是个人特有的东西。"因此,人们可能会因为其亲人的道德失范行为突生病痛。在许多社会中某人遭遇到伤害,其亲属必须由此得到补偿,死亡补偿则更多;同样,许多社会中还存在着象征性地与亲人共死:不仅通过自我伤害的方式,还包括一些否定其正常社会人性的哀悼实践。

　　自私自利是自然或天生的吗?对于世界上绝大部分地方来说,西方人所了解的自私自利其实是非自然的。由于否定了那些界定着人之存在的相互关系,自私自利毋宁是人性的一种缺失——即被认为是疯狂、着魔,或者应当被放逐、指控或至少被治疗的那些理由。另一方面,如果说自我、身体、经验、愉悦、苦难、能动性、意向乃至死亡,在如此众多的社会中都是超越个体的关系,那么这意味着:西方本土社会关于人之利己主义的动物本性的看法,无非是世界人类学领域中的一个幻象罢了。

　　实际上,绝大多数社会认为野兽基本上是人,而不认为人基本上是野兽。不仅动物具有与人类主体相同的本性,无数的植物、天和地的"自然"属性,甚至人造物也同样被认为是"人",或者至少在物质构造上是跟人一样的,即便程度上不同。这种看法认为宇宙是由单一物质构成，同时具有精神性和物质性。早期来中国的耶稣会传教士对此感到困惑不解。利玛窦认为这整个看法都是疯癫的，并且嘲笑它："如果让我告诉外国人，在中国，受过教育的人认为动物、植物、金属、石头都有像人一样的智慧，他们一定会目瞪口呆的。"利玛窦无法理解的地方在于：如同许多其他国家的民众一样，中国人并没有在自然和文化之间作出极端的区分，而这种区分在利玛窦看来则是不言自明的。他们也没有在有智识者和物质之间作出系列区分，而这长期以来已经嵌刻在基督教没有灵魂的自然世界观念中，其后笛卡尔则尽人皆知地把这整理成系统。

但是，其他的社会哲学家们并不支持笛卡尔；对他们来说，存在的基础是人性，而不是物质性。在印第安人看来，"人"的分类，也就是地球的长度和宽度，包括多种动物、植物、天体、河流、岩石和其他陆地上的事物，以及刮风或打雷等现象，还有烟斗、罐子等人造物。所有这些事物都有灵魂，相应地具有意识和意向，而绝大多数都有清楚交流的能力。许多动物都有像印第安人一样的文化，他们有酋长、氏族、房屋、仪式等。因为这些动物原本是人类，而且本质上依然是人类，即使他们及时得到从外表上区分他们的"衣服"风格或身体形式，就如同人类穿上羽毛或皮毛一样。正如巴西人类学家卡斯特罗（Viveiros De Castro）所说："我们民间的人类学认为，人类从根上就是动物，具有原初的兽性，必须用文化来制伏；而美洲印第安人则认为动物原本是人类，所以一定还是人，尽管不明显。"对这些社会来说，基于人是前社会和反社会动物前提之上的天生利己主义与文化强制之间可能没有根本的对立。对于他们来说，"人的动物性"这个短语没有任何可能的意义。但有意思的是，本文中我对文化先于生物的批判性反思认为，是那种我们由符号形成的文化存在（symbolically-constituted culturel existence）（而不是其他任何东西）规定着人性。从这一原则来看，他者的世界观都归结到（converges）当代人类学中。

我们应当对当下建构的人性在原初就是文化性的建构和表达这一普遍观点有一个充分的尊重。我们过的是象征性地组织过的生活，与自然的区别就是我们有能如此生活的能力和需要。何谓象征性地组织过的生活呢？我的第一位人类学老师莱斯利·怀特很喜欢说，没有猿能区分出圣水和蒸馏水，因为这两者在化学上是没区别的。但是，它们意义上的不同导致了所有的不同：人们如何评价和使用圣水。这是他关于什么是"象征"、什么是"文化"的简短介绍。就人性的意义而言，依据文化而生活，就意味着不但有能力以象征的方式实现成就我们身体的习性，也承认以象征方式成就我们身体之习性的必要性——这即是说，依照我们有意义的决心和生存对象而生活。因此，人的文化一定先于我们作为物种的自然性：文化存在了200万年乃至更久，它比智人存在的时间要长10至15倍。事实上，人类生物学家所谓的"解剖学上的现代人"仅仅出现在5万年前。相应地，人类生物学家正接近这样的观点，即人的大脑是一种社会器官。它是在更新世（Pleistocene）在维持相对扩大化、错综复杂而又具有团结性的（solidary）社会关系的压力——毋庸置疑属亲属关系类型的社会关系的压力——下进化的。这种"压力"将变成文化性动物；或者更准确地说，将使我们的动物性文化化了。

在 200 万年中，我们在文化的选择下生物性地进化。我们并不是、曾经也不是一块"白板"，缺乏任何生物性的驱力（imperetives）；相反，在人属（genus homo）①中被独特地选择的东西，正是以不为人所知的方式实现这些驱力的能力；而这些方式已为考古学、历史学和民族学所确证。生物学成了由文化所决定的决定性因素，也正因为如此，它的需求是被象征性地调节和组织的。正如格尔茨所说，我们原本可以尝试数以千计的生活方式，但最终我们只按照一种方式来生活。然而，只有当生物性驱力并不能确定实现它们的客体或模式时才可能。

所以，谁才是现实主义者？斐济人认为孩子们具有"水之灵"，这意味着他们通过实践各种关系而证明自己作为一种社会存在之前都不是完整的人。我斗胆地说，除了那些认为孩子是已故亲人的化身的人们外，在这点上普遍的看法是：婴儿并不是一个完整的人，尽管并不是由于他或她天生是反人类的。孩子并不是未经驯化的动物。社会化是一个过程，孩子们在这个过程中，通过思想或精神的成熟，而不是通过抑制自我中心主义的身体成为人。但是，如果只有当孩子们参与到相应的社会实践中才成为完整的人，那么人性就是一种特殊的文化形式。当爪哇人说"成为人就是成为爪哇人"而格尔茨记录下这一点时认为他们是对的，因为"没有任何事物（比如人性）不是依赖于文化"。

---

① 人属：专有名词，是指灵长目人科中的一个属。

概括地说,物种的生物性特征其实是象征性地赋予的;在这个意义上,我们完全可以说文化即人性。例如,最能说明文化和人性之间关系的不是所有文化都有性,而是所有的性都有文化的内涵。根据地方文化所认定的合适的伴侣、场合、时间、地点及身体实践,性欲望有不同的表现和抑制的方式。我们用各种方式来升华生物性的性:包括在天主教中,赋予独身更高的价值,这也证明了在象征性的领域达到不朽有更多强制性方式,而不只是含混神秘的"自私基因"。毕竟,不朽是一种彻底的象征现象,不然还能是什么呢? 同样,性也是通过多种象征形式来实现的。在美国,有些人甚至在电话里进行(性爱)。

不仅是性的方面,其他内在的需求、冲动或性情,比如营养的、好斗的、友善的、怜悯的等,不管它们是什么,都取决于象征性定义,因而也是取决于文化秩序。进攻性或支配性也许会采取行为的形式,如《纽约人》(New Yorker)回应"祝您今天过得愉快"时说:"不要命令我如何做!"我们都在足球场里战斗,相互诅咒和羞辱,用无法互惠的礼物实施支配,或者给学术上的敌人写攻击性的书评。爱斯基摩人说礼物造就奴隶,就像鞭子造就了狗一样(whips make dogs)。但是,想一想,或者想想我们与之相反的谚语:礼物带来朋友,这种说法如同爱斯基摩人的说法一样,也针对着流行经济学的成果——这意味着我们也是生而具有"水之灵"的,等着历经某种有意义的独特生活方式时彰显我们的人性,不管它是好是坏。但是,绝不像在古典哲学以及现代科学中那样,我们由于遭受到无可抗拒的人性的诅咒,只能靠牺牲相关他人来成就自己的利益,并由此威胁到我们自身的社会存在而遭受不可避免的人性的谴责。

　　这是一个巨大的错误！我谨慎的结论是：西方文明在很大
程度上是建立在一个对于人性的错误观念之上的。这完全是
错误的。然而，可能是真实的是：像新自由主义做的那样，将人
贪婪的自私提升到普世美德的地步，确实危及我们的生存。

　　　　　　　　　　　　　　　　　　　　　　　（罗杨＊译）

　＊　罗杨，北京大学社会学系人类学专业硕士研究生。

货币的教训

——美国次贷危机对思想的影响[*]

周其仁

主讲人简介

周其仁，1982 年获得中国人民大学经济学学士学位，1993 年和 2000 年分别获得美国加利福尼亚大学硕士学位和博士学位。现任北京大学国家发展研究院院长、中国经济研究中心主任、悟宿讲座教授。主要研究与教学领域为：新制度经济学、发展经济学、劳动经济学、中国经济。主要论著

---

　* 本文稿由复旦大学国际关系与公共事务学院 2008 级政治学理论研究生龚智慧和博士生王升平、李新安根据录音整理，最后定稿经主讲人本人审订。

有:《改革面临制度创新》(上海三联书店 1988 年版)、《农村变革与国民经济发展(上、下)》(牛津大学出版社 1995 年版)、《真实世界的经济学》(发展出版社 2001 年版;香港花千树出版公司 2002 年版)、《产权与制度变迁》(社会科学文献出版社 2002 年版)、《挑灯看剑:观察经济大时代》(北京大学出版社 2006 年版)等。

时　间:2008 年 10 月 21 日 18:30
地　点:复旦大学光华楼东辅楼 102 报告厅
主持人:邓正来(复旦大学特聘教授、社会科学高等研究院院长)
评论人:袁志刚(复旦大学经济学院院长、经济学教授)
　　　韦　森(复旦大学经济学院副院长、经济学教授)

　　今天的讲座为什么选这个题目?(邓)正来给我打电话邀我演讲的时候,我正在看弗里德曼写的《货币的祸害》这本书。我说讲什么呢? 就讲"货币的祸害"吧。正来赞成。可是这是有版权问题啊,因为是弗里德曼的书名,所以我就把题目改成"货币的教训",主要想和各位讨论一下美国这次从次贷开始的危机所产生的思想影响。现在很多人讨论危机对全球金融和实体经济的影响,这当然重要,不过重大的事件还会产生思想上的反应。这次华尔街出了大问题,美国政府大手救市,一下子拿出 7000 亿美元;欧洲很快又跟上,也是大手救市。这在思想上就引起对政府与市场关系的重新认识。有媒体惊呼"美国特色的社会主义"。再下一步就是中国面对这么一个巨变,我们怎么看。我想关心这个问题的老师和同学应该不少,利用这个机会谈谈我的看法。

90年代以来,我们的思想发生了一些变化,开始对"主义之争"多少有一点儿保留了。起头的是邓小平到南方,讲了一个很重要的看法:不要去炒什么"主义",应该好好讨论中国面临的各种问题怎么解决。这就动摇了多少年来不重视问题、偏重"主义之争"的思维习惯。其实,"主义"这类大词汇,难以推进对问题深入、细致的观察和分析。譬如什么叫"资本主义"?批了多少年,也讲不清楚。这些大词汇,如果不和具体的问题结合起来,讨论就难有什么内容。所以,我想先从这里来讨论这次金融危机的影响。

首先是怎么看市场制度。因为现在一部分人说,危机证明市场失败了,要靠政府来救。当然反对的意见也有,美国和中国的经济学家都有,认为这次次贷危机首先是政府的失败。因为"两房"是联邦政府扶持的、担保的公司,执行的是政府的社会政策目标,就是帮低收入的家庭买房子。这个意图当然没有什么不好。但是,低收入家庭要买上房子,会遇到财务上的问题。商业银行一般不愿意向这个方向贷款,所以,联邦政府就支持这两个听起来很像是市场上普通公司的机构作为政策工具。实际上,"两房"根本就是 state sponsored company,即由政府库房支持的公司。这些政府支持的"次贷",又通过证券化和一系列高杠杆化操作,延伸了次贷的金融链条,又把这把"火"烧到了全球。

从同一个次贷危机现象出发,说"市场失败"和"政府失败"

似乎各有各的道理。各位怎么看？我的看法是首先要梳理政府与市场之间的基本关系。譬如，天下究竟有没有无政府的市场？从来就没有那样的存在，所有的市场都内含着部分政府的作用、政府的功能。走进任何一个集市，我们看到人们在那里讨价还价做生意。其实这种现象是蛮奇怪的。他们为什么不打架？为什么不抢来抢去？其实集市活动的背后都有一套规矩和制度跟着：要是把市场管理者、警察、法庭、政府全部撤掉，我们还能不能观察到一个熙熙攘攘的集市？我看不能。

当然，集市里的政府还不一定就是现代政府，也可能是一个地方的长老，甚至可能是一个黑帮老大。不过，总是有一个强制力在起作用，在规范、支撑集市里"自由的贸易"。小贩和顾客、小贩与小贩发生了冲突，怎么解决呢？打起来、闹起来怎么办？总要有一个了断的机制，有一个经济学家提出的"第三方执行者"。这个"第三方"对自由交易的完成非常重要，是离不开的。就是说，执行市场交易的强制力是市场制度的组成部分。这其实就是交易中的国家起源。既然从来没有无政府的市场，那就不存在一个市场和一个政府之间泾渭分明的两元对立。我认为这个概念框架要重新确立。从产权角度看，很简单，凡市场活动都是转让权的执行过程。这个转让权有待界定，譬如谁也不能把别人家的菜拿到集市上来出售。不可以的。为什么不可以？有人非要强来怎么办？强制执行就要出场。没有清楚的产权界定，市场就没有基础，而按照阿尔钦的定义，property rights 包括使用权、收益权和转让权，都离不开 socially enforced，就是社会的强制执行。产权界定离不开政府,市场也就离不开政府。

现代市场经济远比集市复杂,所以更不可能无政府。无政府的市场经济,是一个黑板上的"现实",是想象出来的一个人造概念。要是把政府放在一侧,把市场放在另一侧,这样的框架,既没有办法研究真实世界里的市场,也无从研究真实世界里的政府。所有真实的市场都需要政府提供服务,政府又不能免费提供服务,所以政府要收税。税收当然是市场经济的一个不可缺的组成部分。税收会影响人们生产的意愿,也会影响交易的意愿。要是政府把税率提得太高,很多人就不愿意生产、不愿意交易,也因此就不需要政府的服务。完全没有税的市场谁见过?谁也没见过,因为根本不存在。

政府可以抽税,顺时间展开以后,就构成了一个政府的未来收入流。基于这个收入流,政府就可以发债,获得融资。在现代资本市场里,政府债券可是非常重要的交易品种。华尔街卖的可不光是股票,有相当大的一部分是政府债。政府债既然是市场的交易品种,政府怎么可能清清爽爽地在市场之外呢?

再往下追索,政府有税收,可发债,那么政府就可以为很多有风险的市场活动提供担保,譬如刚才讲到的美国"两房"。有了政府的担保,即使收入不高、融资能力不强的居民家庭,也可以马上具备物业的购买力。次贷形成的需求是不是市场需求?其中有没有政府的份儿?有的,次贷一出问题,全球就看到了。可以说是市场出了问题,但倘若说这个"市场"完全与政府无关,那政府未免太谦虚了。

除了产权界定、抽税、政府债和担保,我想在市场经济当中还有更重要的一个政府变量,那就是今天讲座主题的货币。市场的商品交易活动需要媒介,这就是货币的由来。追索一下货币媒介的历史,最早是自发产生的,也就是找来找去终于找到的贵金属货币。由于贵金属的分布、开采、勘探、发掘和冶炼受到自然资源与技术条件的限制,不可能一下子供应很多,大体上跟人类很多年来的经济增长和贸易发展相称。在自发的贵金属货币的阶段,似乎还看不到政府的直接作用。即便如此,贵金属货币是劣币还是良币,也有个市场秩序的问题,政府也要发挥作用。

由于贵金属不方便交易,所以后来就演变为可兑换的货币制度,即以承诺可以兑换贵金属货币的纸币代替贵金属流通。中国历史上的银票,客户存一万两银子在山西人开的票号,他们开一张银票给客户,走遍天下都可以方便兑换,然后再拿银子去完成交易。到这个阶段,政府的信用、国家信用还没有直接进入银票。哪张银票兑换出了问题,不是政府的直接责任,而是发出银票的票号的责任。政府的责任无非是料理纠纷、维持市场秩序,还是"第三方执行",因为政府还不是货币供求中的一方。

但是再后来,天底下主要国家的货币制度差不多都变成由政府来发行不可兑换的法定货币。开始的时候,政府发钞也是承诺可兑换的,就是可以到政府的库房兑换金银,钞票不过是金银的代表,如同山西票号发出的银票一样,只不过发钞主体换成了政府,政府在货币供求方面不仅要履行第三方执行者,而且成为第二方,即作为票子的直接供应者,与使用票子的需求方之间直接构成交易关系。这时候的"市场",政府更身在其中,绝不再仅仅是高高在上的第三方执行者。

等到转为更现代的"法定不可兑现货币制度",即 fiat money,政府发钞就摆脱了自然资源和技术开采的束缚,变得可以比较"自由"地发钞。历史上所有严重的通货膨胀,也就是开头提到的弗里德曼那本《货币的祸害》讲的"祸害",其源盖出自这种政府的自由发钞权。以当今具有全球结算、储备货币地位的美元来看,在确立的时候可是有承诺的,即美元对黄金挂钩、各国货币对美元挂钩。所谓美元与黄金挂钩,就是美国政府承诺持有美元的各国央行都可以按 35 个美元一盎司黄金的比价,到美国财政部兑换黄金。再加上用固定汇率把各国货币与美元连接起来,就奠定了战后全球货币体系。

可是,"山姆大叔"并没有做到长期履行当初的承诺。原因是美元的发行远远超过美国财政部黄金储备的增长。到 1971 年,美国财政部的黄金储备只有在外流通的美元数量的 1/3。如果那些美元的持有人都向美国兑换黄金,美国政府的信用就要破产。于是 1971 年 8 月 15 日之后,尼克松总统宣布美国关闭黄金窗口,实质上就是从此美元与黄金脱钩,美元成为不可兑现的法定货币。这一方面"解放"了美元,有助于释放受金本位束缚的货币供给,放出更多的货币支持全球贸易;另一方面也为以后美国政府的货币机会主义倾向提供了一个窗口。这是 20 世纪六七十年代美国乃至全球高通货膨胀的由来。

到了这一步,"无政府的市场经济"更是空中楼阁。哪里有这回事儿? 市场是交易的场所,交易以货币为媒介,而货币是政府独家供应的。还不单单就是美国,从人民币到美元、到英镑,全世界有没有还以贵金属为本位的货币呢? 没有了。都成了国家信用、政府信用的法定不可兑现货币。到这个阶段,说什么市场是市场、政府是政府,说"市场失灵"靠政府来救,显然风马牛不相及了。因为在这个条件下,市场发生的所有问题怎么也离不开政府的作用。美国的次贷和金融出了这么大的问题,基础就是流动性泛滥,流动性是货币现象,控制货币的美国政府,究竟谁在救谁,还是离不开经验科学的基础。

下面,我就讲讲这个法定不可兑换的货币,很显然,它提供了一种便捷的、统一的交易媒介。从这个角度看,法定货币降低了市场的交易费,促进了分工和专业化的扩展。另一方面,因为法定货币脱离了贵金属本位,如果不找到新的本位,它就很容易变成无锚货币,为政府满足各种短期的财政需要提供了便利。因为各类政府总有扩大开支的冲动,一旦政府的开支脱离了相应的税收和发债基础,这个不可兑现的法定货币就提供了"机会",无非就是多印钱。问题是,靠印票子抽"通胀税",不是没有代价。因为讲到底,脱离了经济要求的超发票子并不能带来经济增长。这个我们可以看看历史,1920 年到 1922 年德国发生过恶性的通货膨胀,CPI 消费者物价指数,每月大概涨到350%。一份报纸的价钱从一年前几个马克变成 2000 万马克。民间为了保卫自己的财产不受损,会自发寻找法定货币的替代品。不让替代吗? 历史说那个滥发票子的政府也会被冲走。那样高度恶性的通胀导致了整个德国、整个社会经济架构的解体,也酝酿了后来法西斯希特勒的崛起。中国历史上我们也遇到过这样的事情,蒋委员长也是干这个事情的好手。1945年抗战胜利的时候,蒋委员长好有威信的,雅尔塔会议他代表中国出席,是全世界五强国家的代表人物。为什么几年后就不行了?军事上是一个问题,但更重要的是人心向背,其中与老蒋的通货膨胀政策有很大的关系。恶性通胀把人心赶到了中国共产党这边来了。老蒋要打中国共产党,又没有税收基础,怎么办?还是大肆印钱。老蒋的纪录比1920年德国的纪录要好一点,似乎是每月50%的增长率,那也是民不聊生了啊!季羡林在的时候,有一次我们去看他,他说他做学生的时候,一个月七块大洋就过得很好,可是等他毕业当了教授,名义工资增加了,但钱越来越不值钱。特别是到40年代后期,当一个教授,也是领到薪水就要立刻跑步去买米,跑慢了,米价就涨!当年我们也都读费孝通先生的《乡土中国》,那应该是他最好的著作,不是长篇巨制,每篇都很短。后来他写过,为什么那时候写得那么短,就是因为通货膨胀,如果写大部头著作,等到领稿费时钱就不值钱了,只好写一段卖一段。这就是说,著作长短也反映通货膨胀的现实,也许大部头著作都是金本位时代的产品吧。

　　就讨论通货膨胀现象,它究竟是市场失败还是政府失败?我的看法是市场里的那个政府的失败,因为政府发货币失控。这样,可以把问题咬得准确一点儿。

　　回顾货币的历史,只要有不受贵金属束缚的纸币即法定不可兑换货币,这个制度在提供便利的同时,一定还同时存在某些危险。我想把它称为是人类的一个货币困境。总不能没有货币吧?要是交易规模很大,local货币就不够用了。一个统一的、在大范围流通的货币就像语言、文字、法律一样，挡也挡不住地要发展起来，因为货币有节约交易费的功能。问题是政府的发钞权怎么得到有效的控制。目前看就是历史的记忆，比如那些遭遇过恶性通胀的国家，通常有个前车之鉴的效果。但究竟如何限制、约束政府的货币权力，还是市场经济没有完全解决的大问题。当然在很多时候也难以判断货币权力究竟是不是运用得当，因为经济形势与货币供求之间的关系，虽然前人有过很多重要的发现，但我们在科学上还没有掌握得很多。

　　所以，为什么我说货币主义学派还有奥地利学派在今天还有意义。这倒不是说其分析到了今天我们还不能挑出它们的毛病，或者说其政策结论我们都同意。不是这个意思。关键是关于货币的学术传统会提醒我们注意货币的制度性困境，特别要注意监督政府的货币权力。

　　下面我们就从这点出发，看看美国最近发生的情况。我认为，第一位的问题还是货币问题。现在舆论的分析集中在形式变换上，就是次贷，以及这个次贷怎么又被打了包成为新的金融合约、怎么又变成衍生金融品，然后，怎么又卖到全球各地去？这里头是有一大堆问题都需要研究。譬如美国的衍生品市值曾经达到 GDP 总量的 35 倍，当然很离谱。但是，现在我们还有理由关心这种形式变化里的内容。究竟哪儿来那么多钱？美国怎么会有那么多钱？这跟联邦政府、跟美联储控制的货币发行这种制度安排是有关联的。主动也罢、被动也罢，至少过去 10 年，美元供给太多。结果就是市场利率大幅度下降，90 年代末，美联储基准利率还有 8%—9%，现在落到 1% 以内，危机后干脆就几乎是零利率。

美国的储蓄率低，居民、企业和政府大肆借贷。为什么不借呢？利率那么低，当然鼓励借贷消费。今天美国债务的60%以上是外国债主的，这在10年前亚洲金融危机的时候都不是这样的。这是美国的一个了不起的创造，都是外国人其中很多都远比他穷，把钱借给美国。因为美国供应全球化贸易的货币，大部分贸易用美元计价、结算、储备。中国这样的全球化的后起之秀，凭成本优势辛辛苦苦出口，贸易赚回了大把顺差，产品含着能源出口，污染基本留在国内。这对中国来说首先是个了不起的成就，因为这个农民占多数人口的国家生产出来的制造品被国际市场接受了，又可以动员很多劳力参与到出口。历史地看，这当然是好事，是进步。问题是，好事也不一定受得了。连年不断的增加的贸易顺差，还有外资进入，进来的美元全部换成人民币。跟谁换？跟商业银行换。商业银行又跟谁换？跟央行换。央行拿什么出来换？拿基础货币。这样每进来一美元、八块多人民币出去，持续十几年，国内的流动性还能不泛滥？所以这几年中国确实在全球化中高歌猛进，中国制造在对世界的标准、产品质量、商贸知识、合约能力等方面的进步都有目共睹。但事情还有另外一面：这个货币形势，从全球到国内的货币形势，就在美元框架下不堪重负。

如果美元本身很硬，也就是美国货币当局谨慎地使用美元发行权，那这个硬通货就很硬啊！比较起来看，美元大体做到了这一点，因为美国国内多少年来就没有出现极端恶性的通胀。这也许说明它的政治结构、宪政结构以及社会文化的制约还没有失灵,大体约束了美元不能滥发。但是,美元不单单是美国的国别货币,它也是全球货币。全球货币形势可没有美国国内的 CPI 那么稳定。全球流动性过多,再通过购买美国国债和其他美元资产的路径流回美国,美国的资产市场价格,包括所有高杠杆游戏在内的金融市场,可是滔滔洪水泛滥。格林斯潘说只管 CPI,现在看要回到通胀更准确的定义,即流通中的货币过多带来物价总水平的上涨。

中国的广义货币连年增长那么多,远远超过 GDP 增长的增速。这里的第一推动不再是传统的财政需求推动的货币供应过多,而是"被动的",即来自于所谓"外汇占款"的人民币发放,以及由此引起的信贷过程的货币创造。

我们可能需要区分两种不同的货币超发。

这几年出现了一个什么新的问题呢?不是财政性动因超发货币,而是在加入全球化、参与国际贸易、充分发挥比较优势的同时,由于汇率机制灵活性不够,使得中国的顺差、外国对中国的直接投资以及由此而来的外汇储备增加得非常快。在给定的汇率下,进来一美元、放出去八块人民币,酿成了国内货币存量累积到历史高位。不是财政有需要,主动发出的货币,而是中国人辛辛苦苦的出口赚回来的美元逼着货币当局"被动地"发出货币。这就是 2007 年以后新一波通货膨胀的由来,而早在 2007 年以前,过量的流动性就带来了多年的资产价格过快上涨。中国从 2004 年以来钢铁过热、水泥过热、什么九大行业过热,直到房地产过热、股市价格疯涨,以及所有投资品包括邮票、古董、字画、瓷器、红木家具,甚至普洱茶,这几年哪样没有冲出一个高得离谱的价儿？也许各有各的涨价道理，不过总体来看，最大的道理就是货币过多。等到最后冲进了 CPI，那就是老百姓的问题了。像今年 CPI 涨到 8.7％，其中食品涨 22％，猪肉涨 50％，那低收入家庭怎么过日子？靠固定收入的家庭怎么过日子？那就不仅仅是经济问题。不少人说这点儿通胀算什么？对一部分人家是算不了什么，但是对很多人家还是很大的问题。

回到我们要讨论的基本问题，没有无政府的市场，凡市场总有政府在其中发挥作用。现代条件下，政府控制货币的供应，这在脱离了金本位之后一直是一个难以处理的制度变量。像美国这么大的负债，特别是联邦债务越来越大，守得住美元的长期币值稳定吗？这可由不得谁高兴还是不高兴、希望还是不希望。不论现在多么红火，这个货币制度中隐藏着很大的危险，到底什么时候发作不好讲，我们只能静心观察，从基本的来看这个局做得相当大，中国也在其中。

所以我看现在不是什么谁救谁，或者仅仅是市场失败还是政府失败，市场出了问题政府脱不得干系，反过来政府的救市作为一定又给未来的市场平衡带来深远的影响。今天我们不讨论具体问题怎么解决，讨论的是金融危机的思想影响。如果粗糙地观察这几年全球格局的巨大变化，还是停留在 1992 年以前的那个认知水平，什么主义之争，批来批去乱批一气，那我们就很难应对现在的局面，因为根本不知道问题出在什么层面。同时，我们更难找对中国经济未来的发展方向。

很多人认为，"市场"从此就完蛋了，唯有靠"政府之手"或者几年前刮起的"大政府"旋风。我的提议是看看历史。那么多危机和恶性通胀到最后还是没有能够把货币废除,讲到底就是市场经济,包括货币带来的好处实在惊人!有危机就处理危机,货币出了毛病就改货币,如果控制货币的政府不懂得节制和收敛、主动纠正超发货币的错误,历史证明最后被废除的不是货币,而是那个不负责任的政府。为什么呢?还是要留下市场经济,因为市场跟分工、跟财富与收入的增加密不可分。现在很多人以为,由于美国出这个事儿,所以市场经济就要废除。我以为这是短见,经不起未来的历史检验。

当前我们倒是要警惕美国政府带起来的通胀文化。越出问题,越放货币。保尔森跟美国国会讲,没信心,要垮台。这有一定道理,因为金融活动在很大程度上受心理预期的影响。中国的实际情况是:钱还在,一时信心没了。结果受信心支配的钱一时看来也没有了。不过要当心,没信心那个钱可是还在。日本市场萧条低迷,为什么那么多人还买了保险柜拉回家?钱还在啊!一旦信心发生变化,趴着的钱就会重新活跃起来,冲向市场。所以,我也不认为危机一来,经济下行,通胀的危险就没有了。全球发了这么多钱,必有一个结果等着。美国如此,中国更是如此,因为人民币不像美元可以全球漫游。为了解决短期信心问题,大手发钱要适度。信心重要,责任更重要,操控货币大权的政府缺乏长期责任,不可能带来长期信心。

中国目前的这个阶段,需要很好地、理性地处理来自大洋彼岸的信息。不能说美国都做了,那我们做做又有何妨。古人讲的,要择其善者而从之。不管是哪个国家,做对就是对,做错就是错。我们要分辨是非。在这一点上，中国人的学习进到了一个新阶段。计划经济时代我们一边倒学苏联，最后苏联垮了。改革早年我们学习南斯拉夫，后来南斯拉夫散了。随后学东欧，后来差不多举国一致学日本或东亚模式，政府主导的奇迹，国家运用权力杠杆让一些公司做大做强。还好，尚未起步，日本不行啦。最后咱们学美国吧，美国又出了危机。这就逼着中国人比较成熟地看待他国的经验，不要被那些大而化之的流行口号支配来支配去的。无论东方还是西方，都有经验和教训。要从基本准则的层面学习，而任何准则都要经过经验的检验。从这个基点去辨识、去梳理，对的要继续学，错的就不要随便跟。哪个市场里都会有政府，政府也罢、市场也罢，都可能出错。重要的是有纠正错误的机制。其中，理念和观念、从基本概念开始的推理和思维方式等具有重要地位。

　　我就讲到这里，谢谢各位。

从历史与比较的视角看中国的社会关系和政治转型[*]

王国斌

主讲人简介

  王国斌(R. Bin Wong),1971 年获密歇根大学经济学系学士学位,随后进入哈佛大学东亚研究中心,师从著名历史学家"哈佛学派"费正清先生和孔飞力先生,从事东亚历史研究,并于 1973 年获哈佛大学硕士学位,1983 年获哈佛大学历史学博士学位。现为美国加利福尼亚大学洛杉矶分校亚洲

  * 最后定稿略有删节。

研究所主任、历史系教授,复旦大学社会科学高等研究院特聘讲座教授。主要致力于中国历史尤其是明清社会经济史和政治史以及中西历史比较研究,对中国与欧洲历史的比较研究有一系列独到的见解,被国内外学术界公认为正在崛起的"加州学派"的主要代表人物,是当今美国中国史坛上有影响的中年学者。其论著丰厚,许多成果被认为是中西比较史学研究领域的代表性著作,主要有:《转变的中国:历史变迁及欧洲经验的局限》、《探索中国特色:中国与西欧经济、政治、社会变迁的历史比较》、《历史变迁与政治可能性:中西社会理论的比较》、《农业帝国的政治经济学及其当代传承》、《18 世纪以来中国财政变迁及相关问题》、《中国经济历史和发展:对迈尔斯与黄争论的评注》等。

时　间:2008 年 11 月 26 日 18：30
地　点:复旦大学光华楼东辅楼 103 报告厅
主持人:邓正来(复旦大学特聘教授、社会科学高等研究院院长)
评论人:姜义华(复旦大学特聘资深教授、中外现代化进程研究
　　　　中心主任、社会科学高等研究院学术委员)
　　　　张　军(复旦大学经济学教授、中国社会主义市场经济
　　　　研究中心主任)

　　本文提出了一些方法,将中国的社会和政治变化模式与可见之于欧洲历史中的此类模式相联系,以便更好地理解这二者。既然欧洲的历史经验提供了用以形成西方社会理论的材料,一种

对中国的比较历史分析也能够提出某些方法,而使用这些方法,中国的材料可以影响并改变更富于全球构想的社会理论。

一、社会关系与政治变化:社会科学的目标

规定现在可欲(desirable)和可能之图景的许多社会科学基本规范都来源于从16世纪到19世纪之间的西欧历史经验。欧洲经济史提供了基本的分析范畴和关系,人们从中普遍获得了精练的市场经济原则,以及在尚未经历工业化的地方发展经济的策略。与之相似,我们对从小乡村到大城市这一业已发生变化的社会空间组织的理解,在很大程度上依据的是欧洲社会从乡村到城市的移居经历,以及伴随着这些变化发生的各种社会转型;上述看法反过来又型塑着我们所使用的一些方法,我们运用这些方法来设想那些缺乏(首先发生于欧洲的)城市转型的社会在未来可能以怎样的方式变为城市。今天,我想讨论据以从欧洲历史经验中得出有关国家—社会关系的社会科学规范的一些方法,进而追问:当我们容许以历史的方式来表述国家—社会关系的其他形成方式时,我们的社会科学将会发生怎样的变化? 从世界历史的角度来看,中国是据以进行这类分析的一个重要个案,因为它在19世纪中期以后,在两大世界区域开始以政治、经济和社会等日益重要的方式联系起来之前,提供了一项完全不同于欧洲的、组织国家—社会关系的丰富记录。

　　那么,中国在更早的历史时期连结国家与社会的方法怎样
影响了后来的社会和政治发展的可能性呢? 我们可以对中国
和欧洲进行某些比较,以便具体地识别出这二者的异同吗? 进
而,我们能够运用对这些异同的理解来更为细致地定义未来国
家—社会关系的可欲图景吗? 要想回答这些决定性的问题,就
必须深入反思怎样才能创造可欲的社会未来图景——在我们
目前的状况下,它们既是理想图景,也是改进之处。

　　为了发挥最大效用,这些反思应当以经验的方式被阐发出
来,并以对过去国内外实践的理解为基础,而不管反思者身在
何处。再者,一般意义上的社会实践,以及具体而言本文所讨
论的中国和欧洲都应当被置于抽象的同等层面进行比较。将
某处的经验状况与他处的理想形态进行比较并无益处,因为理
想与现实之间的差距无处不在。这个问题非同小可,因为社会
科学的基本方法之一就是对欧洲经验进行抽象,以创造出用以
描述理想形态的简化物。一旦我们拥有了这些理论规范,我们
很容易就会忘记它们在任何经验状况中都得不到满足,并很容
易在观察某个非西方个案(例如中国)时,使理想与现实之间的
差距看起来特别大或特别令人挠头。针对这个问题,一种回应
方式是:运用依据欧洲规范评价中国实践的方式,反过来依据
中国规范来评价欧洲实践。我曾经运用这种方法来追问:为什
么18世纪的欧洲国家缺乏18世纪中国典型的那种社会福利实
践,而仅仅在19世纪末20世纪初发展出了它们自己的社会服
务和福利政策形式? 从一种中国视角出发揭示出欧洲历史中
缺乏的事物为通常的提问方式——"中国为什么没有发展出

‘X’（这个‘X’可见于欧洲的某组宏大而复杂的实践，如资本主义、民主或一场科学革命）”增加了一个对称的维度。

对欧洲历史中缺乏的事物所进行的对称性比较研究可以使我们更进一步地思考某些条件的一般性，人们假设这些条件基于其在欧洲历史中产生的方式，为了特定的发展状况而存在。为了使社会福利和公共支出这个问题继续下去，人们频繁地声称，社会支出水平绝对与政治参与程度或政府决策中的发言权相关，因为人们越是在政府的金融决策中具有发言权，他们就越有可能希望将资金用于对他们有利的活动。然而，如果这真是一个一般性命题的话，我们就会被极力要求去解释在民主实践到来之前的社会支出。尽管这一命题在欧洲历史的语境中可能具有某种解释力，但它却并未有效地解释为什么18世纪在民主出现于世界上的任何地方之前，中国的社会支出水平就高于欧洲同期水平。社会支出和政治发言权并不必然以任何简单而普遍的方式相互关联，这例证了这一问题：检视欧洲各国之外的各种经验，有助于解释各门社会科学被要求去解释的一系列现象。

在本文中，我将提出一些方法，以便在一种一般性的层面上勾勒出帝国晚期的中国和现代中国的社会政治关系的特征，而这种一般性符合社会科学对现代早期欧洲和现代欧洲的社会政治关系的描述——我们从中能够得出有关国家建制和市民社会的更为一般的社会科学观念。这样一种研究使我们能够采用一种不同的视角，它以更近期的中国社会状况为基础，而这种状况又可以被视为（至少是在某种程度上）更早期之状况的结果。它也使我们能够对中国和欧洲状况的优劣进行更具对称性的比较,而这又促使我们重新思考这样一个问题:试图接受在一种语境中产生的各项实践的努力是如何被这些实践所到之处的各种条件所限制的。

在检视中国(和其他非西方国家和地区)的社会关系和政治变化的过程中,各门社会科学通常始于一套可欲却并不存在的状况,它们毋宁是在欧洲历史中发现的、作为识别实在的(positive)社会和政治变化所必需之物的一种手段。例如,我们的思考依据的是市民社会、公民个体,以及多种组织能力和个人自治,它们来源于与政治控制相分离的社会空间存在。运用这样的方法进行研究,人们很难不去思考像当下中国这样的社会缺乏什么。同时,我们也很难想象怎样才能修正过去的国内实践以满足在欧洲的诸种意识形态和制度中被明确的各种观念。为了更为清楚地思考怎样才能将像中国这样的非西方国家的可欲未来图景概念化,本文主张:我们的研究可以始于对下述问题的更好理解,即中国的过去怎样影响了我们现在所见之物、影响了我们可以想象到的中国所能创造之物,以及各门社会科学怎样才能扩大它们的共同视野,以变得更富于人类经验。

二、不同的国家—社会均衡的动态情况：
对比现代早期之欧洲和帝国晚期
之中国的国家—社会关系

　　许多针对 16 世纪至 19 世纪之间欧洲国家的形成所进行的研究都强调了下述两个主题中的一个：（1）成功的建国者们都是集权统治者，他们能够调动不断增加的资源，以便为他们的军事活动和官僚体制的形成提供资金；（2）欧洲各国均经历了从君主专制到人民统治的转变。这两个主题实际上紧密相连，因为陷于困窘的（impoverished）国王们要想组建军队并建立官僚体制，就不得不与他麾下的精英们协商，以获得他们的同意来征收新税——正是从上述努力中产生了后来出现的诸种代议制度。围绕税收问题而进行的各项协商，即 1688 年之后在英国议会中以及在法国国王的官员们和各种级别更低的行政机构之间开展的那种协商活动，均确认了中央集权国家在征收新税这个问题上要依靠其臣民的同意。无论是作为法人组织，即神职人员、贵族和城市精英，还是像英国和荷兰那样，作为个人，欧洲的精英们都保护自己不受其政府要求的干预。

　　对国家权力的限制为某些活动的组织创造了社会空间，这些活动被认为与国家应当关心的问题相分离。这些空间开始形成市民社会。在更晚近的时期，我们已经开始认识到市民社会是由一些组织所构成的，而这些组织依据不同于政府和企业的多种利益和信念来发起各种活动。人们依据非政府组织(NGO)在不受国家干预的情况下从事各种活动的能力来评价政府及其管理的社会。依照一些受过教育的评论者的看法,这些组织应当服从一国的法律,但不应受专制国家的干涉。一些大致相同的标准也规定了公民个人与一个民主政府之关系的特征:个人享受在国家法律范围之内的自由。公民个人也承担着责任,而各类组织也是如此,这乃是由于法律往往将组织规定为法律上的个体。现代早期的欧洲关心的是保护个人和社会组织不受逐渐扩大的国家权力和能力的影响,这促使人们进行各种形式的协商并制定规则,以保护精英们的财产和特权。这些实践为发展各种新的政治意识形态和制度提供了材料,而这些意识形态和制度则为19世纪和20世纪公民个人的诸种权利与自由观念提供了依据。

人们很容易就能移植这些作为历史变化之自然且必然特征的欧洲政治发展成就。这些政治发展成就对于评价现代世界,即衡量不同社会的成败而言,已经变得如此基本,以至于如果缺失了它们,考虑下述问题就似乎是离题万里——如果不是不可能的话:这些欧洲社会和政治变迁模式是否可以成为我们解释在其他地方发生之变迁的向导(guidelines)?然而,如果包括中国在内的其他世界区域并没有发生像欧洲那样的变化,这些观念和制度为什么会产生?又是何时何地产生的?

我们可以通过一种方法来思考一个更为一般的框架,以便评价发生于欧洲的现象,这促使我们对不同的地区进行比较。建立一些制度使政府及其精英参与到协商中来,这种做法的代价很大。当统治者和精英们据以开启这种实践的经验颇为有限时,情况尤其如此。然而,为了形成新的制度,无论是政府还是精英们都应当愿意承受这样的代价。因此,追问这样一个问题似乎是合理的:各方期望从这些协商和谈判机制的制定中获得何种好处?现代早期的欧洲统治者们发现,他们自己无法基于业已获得的财政收入从事这项他们想要进行的新活动。为了提出各种大规模的新要求,他们不得不征得精英们的同意,而如果与精英们进行协商是为了实现他们的计划所必须付出的代价,他们就会选择这样做。由于统治者们为了巩固国内统治而相互竞争,并与其他未来的集权统治者争夺领土和财富,因此他们看似必然会作出下述决定,即创制新的方法以确保更有能力者获得资源。就精英们而言,他们不得不寻求某些方法以保护自己不受统治者不断增加之要求的干预。如果他们无法摆脱国家的要求,也无法通过武力击败官员,为了创制与统治者进行协商的方法而付出的代价就可以被视为一种借以限制若非如此统治者就会造成之损害的手段。精英们更为有效地组织起来与统治者进行协商,而统治者们则不断扩大他们的官僚体制和军事能力。因此,建立强大的欧洲国家的过程就伴随着由精英们所发动的、最为成功的强有力的社会动员。欧洲国家的强大非但没有造成社会的软弱,反而在与强社会(strong societies)的动态平衡中得到了发展。

　　以上述方式检视现代早期欧洲的状况使我们非常易于发现其与中国帝国晚期之间存在的某些基本差异。欧洲的统治者们长期缺乏财政收入,因此不得不创制新方法以调用各种资源,然而,中国的统治者们却拥有稳固的策略和本领来征收税款。再者,所谓的中国人对轻税的偏好偶尔也能变成现实。这意味着中国政府并未不断努力增加财政收入,因此,中国的精英们远没有那么大的动力投身于该项代价高昂的努力中,以创制据以与国家针对税收问题进行协商的各种机制。无论是精英还是普通人都能作为个人逃税,也能在某些情形下组织抗议不公平征税的活动。就支出而言,18世纪的中国官员们协助组织并资助了旨在促进经济生产和满足社会福利需求的活动,其中包括兴建控水工程和贮藏谷物供应。尽管中国缺乏发达的制度使其人民与官员进行讨价还价,但一项数额虽小比例却高于欧洲的税收却被用于能对人民产生直接物质利益的活动。当时,中国的政治意识形态承认通过关注民生而稳定社会秩序的重要性。而帝国晚期阶段对农业帝国的维持则更多地依靠持续的社会秩序,而非与敌对国家的竞争。清王朝发起了许多军事战役,其中的某些取得了成功,而其他的则失败了,但主要的统治工具仍是文治性的(civilian)和官僚化的。

　　尽管中国拥有世界上最为庞大和最为古老的官僚体制(其工作人员主要由基于才能而选任的个体组成,而这些人又遵循着某种不断膨胀的行政法律体(an expanding corpus of administrative law)),但它在国家的管辖问题(the reach of the state)上仍切实存在着种种局限。为了超越郡县首府(the county seat)的边界,官员们要依靠那些为受到儒家思想熏陶的精英们所共享并用以维持社会秩序的行动事项(agenda)。与欧洲的国家官员—精英关系相比,中国的官员—精英关系远不具备那么强的竞争性。在横跨幅员辽阔的农地重建一种稳定的社会秩序的过程中,官员和精英们所共享的利益并没有受到欧洲统治者对精英们所提出的那些不断扩大之要求的妨害——其后果是,用以进行协商并承认精英们的自由和义务的更为正式的机制得到了发展。在中国的官员和精英们进行合作的范围内,他们共建当地社会秩序制度的努力各不相同。在那些经济富庶的地区,人们可能会期望精英们承担更多的组织任务并提供资金支持,如修建谷仓和创办学校;而在更为贫困和边远的地区,官员们则似乎发挥着相对更大的作用。这与官员们在边远地区的经济中通常发挥的更大的作用相一致——无论是横跨东北边境组织和规制贸易活动,还是在西北和西南建立农业聚居地。从时间上看,中央政府创设诸种地方秩序制度的力度由强变弱,这在很大程度上符合18世纪的强政府和19世纪不断变弱的国家这种传统观念。然而,即使没有中央政府的敦促和要求,更低层级的政府也能在其管辖范围内继续努力以促进社会秩序。由于诸种社会秩序制度是由地方建立的,因此在缺乏强有力的中央政府的情况下,大部分基本的政治统治逻辑也能够得以促进。

18世纪的中国实现了一种国家—社会之间的均衡,其间无论是国家还是社会都强劲有力。然而,这种均衡的性质却与我们可见之于欧洲的均衡性大相径庭。康熙、雍正、乾隆三代帝王统治下的清帝国在官僚体制和军事方面十分强大。中央政府极力控制着一种以垂直方式组织起来的官僚体制,而这种体制则受制于改革和改良的努力。早在欧洲人能够认识到这个问题（更不用说面对这些困难）之前，中国的官员们就已经开始严肃地看待官僚统治的挑战。同时，中国的社会也极富活力、强健有力。一种不断扩大的商业经济为世界上最多的人口提供了充足的生活必需品，也提供了使大量财富和文化出现于城市与乡镇的手段。19世纪，由于中央政府面对着不断增加的严峻的国内挑战，因此它远不能运用18世纪的那种制度来监管帝国范围内的国内秩序。精英们和地方官员们继续努力寻求地方秩序的稳定，而在19世纪中期的叛乱过后，在该帝国更为富庶的地区，精英们则坚持在地方事务中发挥更大的作用——这导致了超政府活动（para-governmental activity）的含混扩大，而这种做法既可以被视为精英们接管了包括税收在内的政府职能，也可被视为官僚体制开始包括新的准官僚（quasi-bureaucratic）职能。

19世纪后半段，中华帝国的国内控制权被下放到更低层级的政治和社会权威手中，但这却并不意味着帝国政府作为权威的合法中心受到了严峻挑战。这一中心并未以鼓励各地区或地方从更大的帝国中分离出去的做法与更低级的权威进行竞争。更一般地讲，中央政府在强有力的时候创造了绝大多数人都交口称赞的公共益品（public goods）和社会益品（social goods）。同样重要的是，人们可以寻求追求其自身利益的方式，而不必认为控制国家机构是必然的，甚或是可欲的。上述每一项条件都与现代早期和现代欧洲国家建制时期典型的条件大相径庭。

然而，中央集权国家作为一种在政治上可欲的目标，其维续并不意味着:失去 18 世纪在强国家和强社会之间的平衡对于理解在随后几个世纪中将要展开的变化而言并不重要。中国在 19 世纪失去了其在强国家与强社会之间的平衡,而此时欧洲各国及其社会则开始了更为有效的努力以提升其关涉到每个人的有利位置。愈来愈多的人们设法要求欧洲各国寻求获得更大的自治权并控制其人民。

三、中国失去的均衡:平衡的缺失

只要官员和精英双方在付出了适度的社会与政治代价的情况下具有了相互利益,他们之间的互补关系就是稳固的。在清王朝,这种均衡最先受到了威胁,紧接着便被打破了,这乃是由于精英们开始更为广泛和持续地要求制度上的政治变化。同时,那些与早期相类似的官员和精英们之间的互补关系则持续存在。例如,在 20 世纪早期的禁烟运动中,官员们就动员精英们协助自己查封鸦片窝点。但商会的存在状况却更为精准地预示了 20 世纪官员—精英关系的令人焦虑的未来——官员们将商会视为帮助自己控制不断扩大的商事活动形式、解决不断增加的商事争端的手段,而商会的成员则将其视为实现自身利益的手段,特别是限制政府试图对其施加的新要求的手段。据此便出现了此类情况,它在现代早期的欧洲激发了国家和精英协商的原则和实践,这对于扩大 19 世纪国家和社会之间的关系而言将变成基本的问题。然而,在 20 世纪的中国存在着一种组织国家—社会关系的方式，它不同于前述方式，且曾经相当成功，这种方式的残余使一种替代性方案的发展更难以实现。

官员们假定：精英们应当组织起来为国家利益服务，当精英们与官员们在很大程度上共享同样的利益时，这种假定对精英们是有意义的。然而，当精英们关切的问题使他们与官员们出现相互竞争或冲突的局面时，他们就需要寻求某些方式使官员们与他们协商，或规避官员们的要求。20世纪早期的中国政府能力有限，它在许多方面远不像18世纪的清王朝那样有效，这使得在新设团体和官员们之间逐渐增加的紧张与竞争进一步恶化。特别是城市社会，它是由这样一些人建构起来的：他们设立了新型团体、扩大并改变了旧团体，从而创造出一种既充满生机又问题重重的空间，其间，政治统治和政治事务几乎无法仿照更早期的政治和社会实践。西方国家向中国提供了各种示范模型并输入了大量外国居民，以此来证明外国的政治和社会实践怎样能够被贯彻于中国的城市环境中。乡村变得越来越远离城市社会和政治中心。国家的组织原则和官员们试图利用其臣民的方式变得日益具有胁迫性与强制性。软弱的国家政府为社会组织创造了空间以开展更多的活动，并扩大了社会组织在下述事项中的重要性，即创造地方性方法以使共同体维续下去，并与其他地方的人建立联系——它们有时采用经济手段，开展贸易；有时采用社会手段，开展思想、文化和艺术活动；有时则采用政治手段，即讨论怎样才能最好地使政府的高层参与到他们认为重要的事务中来。

那么,这种强有力的新型城市社会和软弱的国家之间达成的这种新式均衡能够持久吗?这种均衡被限于经济上更为发达的地区,因此从未在空间上达到 18 世纪强国家—强社会那种均衡模式的规模。同时,当 20 世纪二三十年代中国出现了一个充满活力的城市社会时,地方政府更为普遍的日益变成了掠夺者,他们或者是为了致富而成为寻租者,或者是在更为乡村化和落后的区域资助与他人展开竞争。如果没有一个能够横跨各种城市和乡村社会背景的更强大的国家,我们就很难说什么样的国家—社会均衡模式能够持久。共产主义者们缔造了一个强国家,也创造了一种国家—社会均衡模式,它不同于中国或其他地区的任何既存模式。

四、一种新式均衡:寻求一种强国家与强社会模式

在今天的中国,人们能够想象到的强国家与强社会之间的均衡模式应当与两三个世纪以前存在的模式相当不同。理解这些差异很可能会帮助我们更为集中地关注官员和人民可能希望促进的各种可能性。为了做到这一点,让我们首先回到这一对矛盾之上——18 世纪中国强国家—强社会的均衡和同一时期欧洲对强国家的建构。

18 世纪中国强国家—强社会的均衡建立于这一基础之上:当面临着在一个农业帝国中维持社会秩序的挑战时,国家和社

会各自的能力都是有限的。这种均衡是由官员和精英之间的一种利益互补所决定的,他们详细地制定策略,以便在平民百姓之中促进社会秩序的稳定和物质福利的增加。当时,在中国的统治者和精英们之间缺乏竞争,而在现代早期欧洲国家建制的过程中,统治者和精英们之间的关系就是以这种竞争为特征的——这种竞争的缺乏意味着:欧洲的统治者和精英们之间达成的那些协商和协议对于中国而言并不是必需的。

现代早期的国家建制过程产生了两种后果,它们紧密相连且具有重要意义。首先,从经济增长的角度来看,标志着国家建制的那些正式协定和协商与包括规制经济契约的法律在内的那些法律联系在一起。各种正式制度有助于欧洲经济的增长,19世纪,当这些制度发生了演化以应对由科学和技术变化(这种变化使持续的工业化成为可能)所创造的机会时,它们变得尤其有效。其次,在政治上,代议制的制度逻辑始于精英们与统治者针对税收问题而进行的协商,随后,这种逻辑被延续下来、制定出来,并包括了数量更多的人——他们(作为公民)与政府之间的关系是由一组权利义务而界定的。欧洲的政治意识形态和各种制度是沿着这样一条脉络发展的:首先赋予精英们,其次赋予普通人更为明确的方式表达政治声音。

中国的领导人们很早就已经开始经营和建构正式的官僚体制,结果发展出了一套远比欧洲统治者更强大的能力以干预国内的社会和经济状况。特别是在考虑税收问题时,中国人采用了两种方法来处理他们在这个问题上的利益分歧,而不是与统治者进行协商。首先,相对罕见的情形是发动抗税运动,这种方法虽然费力,但却有可能降低税收。其次,更为普通的情形是,人民并不总是承担他们本应承担的全部纳税义务。其结果是:在缺乏制度以促使统治者和臣民共同协商的情形下,在更低的税收与来自政府的更大的社会和经济利益之间达致了均衡。这符合下述两种国家形式之间传统上的对比:其一是中华帝国晚期的君主专制国家;其二是现代早期欧洲更少威权主义色彩的国家。早在善治(good governance)这一概念在西方社会科学话语中流行起来之前,中国旨在实现社会秩序的政治议程就已经构想了善治的规范。

18世纪的中国官员们认为,善治的规范植根于有关物质福利和社会秩序的观念之中。这些观念激发了对经济和社会生活进行政治干预的政策,其规模是后来的欧洲历史无法想象、更无法实现的。中国人发展了善治的规范,它使中国政府达到了民主决策出现之前欧洲无法达到的社会支出水平。据以实现这些规范的制度性机制与欧洲国家建制过程中建构的机制大相径庭。并不是在18世纪的中国实现善治的所有优先事项或政策都可能对21世纪产生影响。再者,今天能达到的一些寻求善治的策略必然是两三个世纪之前无法想象的。然而,中国在更早的时期遭遇的挑战和面对的问题今天仍然存在,并继续界定着可欲的目标。将早期规范的诉求视为今天善治的组成元素有助于塑造一种强国家—强社会的新式均衡。

在18世纪的中国,善治包括由国家来干预地方社会的物质福利。一般而言,在更为贫困的地区,官方的努力会更大,因为在那里,精英们的能力相对有限,且更不愿意承担这样的责任。当时的政府支持将资源和最优良的技术转移到边远地区，它们希望这会有助于提高相对落后地区的经济水平。善治也致使人们控制地方官员潜在的滥用职权行为，这意味着在限制地方官员自由裁量权的同时，官僚体制对地方官员的监督也日益增加。使官僚体制的统治更好地发挥作用是18世纪国家行政机构的一个潜在目标。当代中国国家继续关注物质福利的增加，它现在依据经济的和谐发展来构想这个问题。中央政府特别关注欠发达地区，也更为一般地关注乡村地区的问题。这些在政治上优先考虑的问题存在于基本上发生了变化的各种技术契机之中——它们旨在促进人们的物质条件。政治领导人也在考虑控制腐败现象以及地方官员们滥用权力现象的发生。在这个问题上，中央政府的领导人期望用以控制地方权力滥用的方式发生了改变。媒体可以曝光地方权力滥用的现象，人民则可以诉诸媒体曝光他们遭受的苦难，而这会吸引整个国家的关注。

同时，某些对于18世纪中国强国家—强社会的互补关系而言适用的基本手段并不能适用于21世纪初期的中国。中国30年的经济改革业已创造出了强有力的经济组织。这些组织的地位日益依据法律来界定，这创造了与经济决策有关的正式的权利和责任。这些经济变化已经导致了一种更为广泛的社会转型，它以发生于大城市中的变化为先导，在那里，伴随着城市中社团生活的扩大，出现了新型财富和更大的社会差异。然而，这些社团并未建立与大部分经济公司同样类型的法律地位。许多社团存在于一种与国家相分离的空间之中，但其他的社团,特别是那些具有潜在政治目标的社团,则拥有某种隐而不显的官方支持者或保护者。因此,在这个意义上,中国的各种社团是由这样一个连续统一体构成的:它的一端是那些并不含有政治意图的纯粹社会性团体,而另一端则是那些完全存在于政府的官僚体制之内的团体。因此,这种由内在于政府的社团和完全外在于政府的社团所构成的连续统一体,并没有绝大部分欧洲语境中的国家—社会关系那么严格的界限,它很像18世纪中国官员和社会组织之间的更为紧密的关系。

　　在这一改革时期,国家已经开始继续寻求一种正式和非正式之间的连续统一体,而执政党在其中施加控制、进行干预的可能性则永远存在。这种逻辑对18世纪的政治环境是有意义的,因为在当时,国家和社会组织的能力都是有限的,但在当下的条件下,它们之间更有可能发生竞争和冲突。正如各个公司逐渐具有了明晰的法律定义一样,一系列更为广泛的社会组织也将如此。更明确地规定这些组织的可为和不可为之事降低了不确定性,也降低了为各社会组织之间和社会组织与官员之间的潜在冲突所付出的代价——如果缺乏明晰的正式规则就会产生这样的冲突。同时,随着社会组织能力的增强,界定社会与地方政府之间的关系也变得更为重要。迎接这项挑战可能需要中央政府思考这样一个问题:一个更强有力的社会怎样才能有助于监督和预防地方官员滥用权力。因此,当人们探索各种方法以便重新界定强国家和强社会的基础之时,他们也试图解决这样一些问题——它们在中国语境中是明确具体的,同时也代表了善治这种更为一般的挑战。

　　以上是从历史和比较的视角出发对中国的社会关系所进行的简单勾勒,据此,我将在结语中指出,为了构想 21 世纪中国的善治模式,应当利用 18 世纪中国强国家—强社会模式所设想和贯彻的各种善治要素。尽管实现善治所遭遇的其他挑战已经确定无疑地发生了变化,但某些挑战仍保持不变。尽管我们很容易就能确定实现善治的方式——它们可能是从国外移植的,也可能是依据若干世纪以前并不存在的观念和制度而阐发的,但同样值得铭记的是:中国的确在欧洲能够巩固其民族国家(更不用说严肃地思考善治问题)之前就在一个农业帝国获得了善治的手段。指出中国的历史对于理解当下所面临的机遇与挑战的重要性,这也向我们提供了一个更为明确具体的语境,在这种语境之下,我们认为:可见之于其他国家的特定意识形态和制度实践无须成为设计当下中国政治改革的模板。最后,这种研究当今中国的社会和政治条件的明确的历史与比较进路,也承诺了通过吸收中国的变化模式从而拓宽社会科学的观念基础,而中国模式也必须成为一切更为一般的社会科学的一个组成部分。

(杨晓畅*译)

---

　　* 杨晓畅,女,吉林大学理论法学研究中心 2008 级博士研究生。

发展型国家与法律秩序

——浅析一种发展与法律的新政治经济学

戴维·M.特鲁贝克

主讲人简介

　　戴维·M.特鲁贝克（David M. Trubek），美国威斯康星大学麦迪逊分校 Voss-Bascom 法学教授、复旦大学社会科学高等研究院学术委员会创始委员、美国批判法律研究运动的代表人物、法律与发展学派奠基人。研究领域为：国际法、比较法、法律与发展、法律与欧洲一体化及全球化等。主编有：

The New Law and Economic Development：*A Critical Appraisal* 等。

时　间：2008 年 12 月 9 日 18：30

地　点：复旦大学光华楼东辅楼 103 报告厅

主持人：桑玉成(上海市社会科学界联合会副书记、复旦大学国际
　　　　关系与公共事务学院教授、社会科学高等研究院学术委
　　　　员会创始委员)

评论人：张乃根(复旦大学国际法研究中心主任、法学院教授)
　　　　王志强(复旦大学法学院教授)
　　　　郭苏建(复旦大学特聘教授、社会科学高等研究院副
　　　　院长)

　　在当下的法律与发展领域中正在出现一个新论题。该论题就是有无可能出现一种"新发展型国家"(New Developmental State,简称 NDS)及其出现对于法律的可能性影响。"发展型国家"这一术语一直主要被用于指涉国家在拉丁美洲和亚洲的发展中所扮演的角色。过去这两个地区中的大多数国家都积极地去刺激和引导经济增长。新自由主义(neo-liberalism)和"华盛顿共识"(Washington consensus)曾促使国家的角色受到更多限制,也更为消极。在它们处于主导地位的期间,这些政策略微有些过时。但如今,一些新的发展实践和发展理论却正在形成。有证据表明,在增长与平等"两手抓"的过程中,有些国家正在重新回到一种较为积极的角色;也有证据表明一套新理

论正在形成,它将有助于解释这一发展并将指出其应该选取的
方向。

　　理论和实践中的这些变化值得我们关注,因为它们可能需
要人们重思各种法律与发展的理论。我们在一些国家见到的
并不是对以往那种发展政策和那些法律模式的简单回归,而是
一次旨在寻求一种与在 20 世纪六七十年代遍及亚洲和拉美的
那种发展政策与法律模式大相径庭的发展政策和法律模式的
探索。这些新理论虽然强调国家干预的价值,但是,在从已经
被许多国家实践过的诸多种类的干预中挑选例证时,它们却作
出了大相径庭的选择。我们所掌握的那点儿经验数据显示,有
些国家正在尝试一些新型干预。新理论和新兴实践都表明需
要一些新型法律与法律程序。

　　本文分四部分分析了这些发展。在第一部分,我考察了发
展政治经济学(the political economy of development)的研究近
况,并表明了那些关于国家在发展中之新角色的构想与先前那
些研究发展政策的进路之间的关系。在第二部分,我表明经济
理论在以往的演变需要我们对法律与发展的理论和学说作出
何种变动,并指出现在应该对哪些理论进行再评价。在第三部
分,我概述了巴西的一些实践,它们支持下述观点,即有些国家
正在试验一些新发展进路和新法律工具。最后,在第四部分,
我指出了下述这类议题中的一部分,如果要构建一套健全的理
论去探讨法律在新发展型国家中的角色,我们就必须要处理此
类议题。

一、发展政治经济学简史

研究新发展型国家及其之于法律的意义将需要详尽的经验研究。但是,同样必要的是,提出可据以理解国家在实践和法律这两方面的新做法的理论。新发展政治经济学首先发起了此类研究。我们会发现,在最近一些关于发展的文献中,国家的角色这一议题的重点发生了转变。这些理论产生于一系列这样的认识,它们与人们能够在古典发展主义(classic developmentalism)和新自由主义市场原教旨主义(neo-liberal market fundamentalism)中得到的认识大为不同。而且,它们引发了关于那些为发展所必需之制度——包括法律制度在内——的诸种新观念。

(一)古典发展主义

我们可以从 20 世纪五六十年代的发展研究的文献以及相关政策处方(policy prescription)中发现发展型国家这一观念的根源。这种文献着重强调四个核心主题:工业化、现代化、脱离全球市场以及国家干预。

工业化曾被视为一种摆脱欠发达状态的方法。由于高度依赖于将初级产品出口至发达国家,那些"发达程度较低的国家"(less developed countries)——它们在那时就是被这样称呼的——曾因不断恶化的进出口交换比率而愈加贫困。解决这个问题的方法就是工业化。但是工业化要求现代化、脱离全球市场以及国家干预。发展中国家被认为是被封闭在传统社会模式和关系中，需要在吸纳那些具有现代性的社会文化价值之后才能够进入工业时代。成功的工业化意味着部分地脱离全球市场以使民族工业能够得到发展而不受来自发达经济体的较低成本、较高质量的产品之竞争的威胁。最后，因为发展中国家的私营部门弱小，不愿承担风险，资本化程度低，所以大规模国家干预对于促进增长至关重要。

虽然古典发展主义并不拒斥市场，但是它认为市场本位的政策（market based policies）不足以应对发展带来的挑战。市场并不去激励人们进行那种既可能产生个人性高回报又可能产生社会性高回报的投资，而且发展中国家缺乏资金、愿意承担风险的企业家（risk taking entrepreneurs）以及金融市场，这些都是经由私营部门来确保强劲经济增长所需要的。于是国家不得不介入进来提供资本，发起建立一些产业，并保护国内市场（national market）。这就是强制现代化时代（the era of forced modernization）。法律与国家行动（state action）、国家计划与国有企业、详细的规则、高关税率以及进口替代型工业化（Import-Substitution Industrialization，简称 ISI）都是实现这种现代化的手段。

（二）新自由主义的反动

尽管一些遵循这些政策的国家取得了些许成功，然而到了20世纪70年代晚期却出现了一股反动潮流。批判者们质问到:国家是否有能力引导发展？脱离全球市场是不是促进增长的最佳方法？他们指出国家机构为一个国家决定最佳投资方式的能力是有限的，并认为市场能够做得更好。他们认为，由于国家工作人员(state agent)的寻租和腐败行为，国家对国内市场的干预很可能导致低效率。他们怀疑政府处理使国家(countries)采取正确增长方式所需之信息的能力。他们认为与全球市场脱离和高关税率会导致国民专注于那些他们并无比较优势的产品，并且使得低效生产者免受来自健康竞争的冲击。他们认为解除对国内市场的管制并使其向国际贸易和投资开放会产生对所有人而言都为最佳的结果。他们强烈要求淡化国家在经济中所扮演的角色，将国有企业私有化，将贸易体制自由化，向外国投资保持开放，在发展战略方面更为强调出口的作用，进行制度改革以确保市场有效运行，对于国家对经济的干预范围要通过宪法和其他方式加以限制。

（三）东北亚例外论(Exceptionalism)

正当新自由主义在发达国家赢得大批追随者，对一些国家的发展机构以及国际金融机构的观念产生影响，并导致了那种被称做"华盛顿共识"的混合型政策之时，在东北亚产生了另外一种发展政治经济学。在那里，日本以及后来的中国台湾和韩国，都成功地实现了出人意料的高增长率，然而它们当时所遵循的政策既不同于古典发展主义也不同于新自由主义所推广的那些政策。

这些国家和地区——后来受到许多东南亚国家的追

随——创造了一些高度依赖私有公司并且强调将出口作为首要发展战略的经济体制。但是这些经济体制受到国家官僚机构的密切控制：为这种经济巨轮掌舵的国家专家政治论者们（state technocrats）曾经使用了诸如信贷津贴（subsidized credit）以及旨在保护本国或本地区的公司的有限关税保护（limited tariff protection）之类的手段。进行战略选择的过程涉及下述两方的紧密合作：一方是似乎摆脱了寻租或腐败这些劣习的国家，另一方是甘愿接受国家指导的私营部门。这就是"亚洲奇迹"时代（the era of the "Asian Miracle"）。这个时代依赖于国家的"嵌入式自主性"（embedded autonomy）、战略干预、出口的迅速增长，以及在增长的同时讲求平等（Ohnesorge，2007a、2007b）。

（四）新发展政治经济学：诸种为一种新型经济而构建的理论

我们之所以需要一种新发展政治经济学，是因为"边缘"国家的发展环境已经发生了变化。无论是对东亚例外情形的解读还是古典发展政治经济学，都将关注点集中于这样一些可供后发展国家（late developer）运用的方法，它们可以使这些国家通过采纳曾经由发达国家首创的惯例和模式而实现工业化。这里所面临的挑战不是要去开发新的工序和产品，也不是要同发达国家的一些领先部门进行竞争，而是要复制先进国家（leading countries）先前的一些发展阶段。下述措施可能能够应对这些挑战，即可以寻找各种方法去生产发达国家在过去曾生产过的同类产品,或者可以寻找各种方法去生产那些曾由发达国家开发而发展中国家却能以更低的成本生产出来的新产品。

发展理论的背景已经发生变化。虽然当代的发展政治经济学汲取了前辈们的工作成果,但是这个领域也在面对一种新背景,这种背景对观念和政策都有影响。不同于以往那些时代的变化包括:更加一体化的全球经济、信息技术革命、知识经济的发展、全球供应链的完善,以及诸如巴西、俄罗斯、印度和中国这样的发展中世界的大国之崛起。

这些"崛起中的国家"有技术优势,资金相对充裕,是地区性强国。这些国家(以及其他一些较小的发展中国家)会成为国际市场上的积极竞争者,它们争夺的目标不仅仅是一些初级产品和那些基于低工资、低技术含量劳工的生产,还包括一些高端以及尖端的产品和服务。因此它们的当务之急是保持全球竞争力,而这又需要在产品质量方面的不断创新和提高。不仅仅只是发展中国家的一些寻求打入高端市场的公司面临此类压力,就所有市场都具有比以往更高的开放度而言,发展中国家的所有公司都面临全球竞争带来的压力,而且国家"竞争力"也受到了所有国家的关注。

1. 新发展政治经济学的诸要素

这种新发展政治经济学强调了许多议题,这些议题导致对国家角色的再评价。它们包括:

(1) 不完全市场。新发展政治经济学重新审视了古典发展主义的那些关于发展中国家市场之不完全性的洞见。他们认识到,比较而言,发展中国家的市场中存在高度的信息不对称、低水平的抗风险能力(low levels of risk tolerance)、脆弱的体制结构以及其他一些使它们不能成为完善的配置机制的障碍。同新自由主义一样,新发展政治经济学也强调完善市场的重要性,但是它认识到那是一个不可能轻易地或者在短期内实现的复杂过程。

(2)市场失灵。发展中国家的市场并非仅仅是不完全的,即便以最佳状态运行它们还是有局限性的。因此,市场未能鼓励一些将会产生包括专门技术和技能发展在内的社会外部效应的投资。而且它们可能无法协调一些相互关联的投资,因此市场价格将不能标示社会中的最佳投资水平。

(3)战略性贸易理论。新发展政治经济学并不否认诸种比较优势观(ideas of comparative advantage),但是强调在现代经济中比较优势是创造的,而非发现的。换言之,国家可以经由计划和有目标的投资而去积极地追求在世界经济中的适当位置。

(4)网络(networks)。随着全球供应链的激增,在全球网络中占有稳固的位置对发展中国家的生产商而言尤为重要。在这一过程中,国家可以发挥辅助作用。

(5)技术能力。新发展政治经济学高度关注技术能力的发展,视其为所有旨在保持全球竞争力和打入全球高端市场之战略的关键要素。因为在一定程度上,专业知识和技术能力都是公共物品,所以,国家可以在增进这些能力和知识的过程中扮演一定的角色。

（6）创新。在对新的机遇和发展环境展开反思之时,新发展政治经济学高度强调通过产品及工序的创新去获得并保持竞争力。国家行动能够促进、支持和奖励创新。

2. 作为一种发现过程（discovery process）的发展——学习的首要地位

上述这些考虑因素致使新发展政治经济学极其*强调学习和发现的过程*（processes of learning and discovery）。受到高度关注的是,如何才能得知选取何种投资途径便可获取最大的社会回报。对这一问题的探究强调新型国家行动的必要性并大力呼吁新型公共服务。

先前理论所提供的知识生产进路（approaches to knowledge production）颇为简单。古典发展主义假定,国家或多或少可以独自增进有效投资所必需的知识——这就解释了规划部门以及五年计划为何受到重视,也解释了为何有人认为应该在许多工业和金融领域设立国有企业。新自由主义的看法却完全相反,断言国家总是会或者几乎总是会提供错误情况。它的解决方法是禁止国家在大多数经济部门制定投资决策以便市场可以自己找到正确道路。"产业政策"这个曾经的改革派口号成了讨嫌的东西。

新发展政治经济学反对古典发展主义对国家的笃信、摒弃详尽的中央计划这一观念（the idea of detailed central planning）。此一派的论者认识到,市场信号具有其重要性,而且私人行动者掌握着制定有效战略所需的许多信息。但是他们也假定,如果没有国家的各种投入和指导方针,私人行动者或者可能不会获知作出好投资所需的整体情况，或者可能没有能力利用他们所掌握的信息。在此种情形下，有效的发展政策要求公共行动者和私人行动者的紧密合作、摸索、试验以及将公共行动限制在特定需要和场合之内（Rodrik，2004；Sabel，2005；Hausmann，Rodrick and Sabel，2007）。

重要的是去强调学习在新发展政治经济学中的重要地位。毫不夸张地说，这套思想把学习能力当成一个成功发展型国家的核心要素。此类文献所体现的许多特征和方法都是为了促进学习（Sabel and Reddy，2003；Rodrik，2004）。

这些关于知识和学习的假定引导新发展型国家的倡导者放弃"一刀切"的进路（"one size fits all" approach）。在某种意义上，古典发展型国家和新自由主义都采取了此类进路。二者都假定存在着一套会带来增长的计划和政策，但它们对这些政策的性质存在分歧。二者也都提出了任何想要保持增长的国家应该遵循的处方。

这种"自上而下一刀切"的进路已经备受责难。学者们业已指出，即使必须要有一些旨在实现特定目的的制度，解决此种目的性需要的方法也是各种各样的。而且他们还指出，考虑到经济制度已经牢牢嵌入社会之中（social embeddness of economic institutions），将制度从一个国家"移植"到另一个国家往往是不可能成功的。他们论辩道，发展政策必须允许每个国家依据自身需要和传统去搭建其制度架构（institutional structure）。

新发展型国家的研究文献既支持否弃"一刀切"的进路，又强调不存在将会在任何时期都能给任何国家带来经济进步的单一政策或模式。但是它超越了那种认为可以在国家层面上允许在不同发展型国家实施不同方案的观点。因为这些新理论强调，政策的形成必须要通过试验和公私合作，而且政策必须要迎合特定产业和地区的需要，所以它们指出，不仅国家之间需要有差异，而且一国之内也需要有差异（Hausmann and Rodrik，2006）。

这种学习倾向（learning orientation）影响了新发展政治经济学对贸易政策的态度。新发展型国家的研究文献拒绝静态的比较优势概念（concept of comparative advantage）。"新"发展型国家认为比较优势并非仅仅取决于最初资质，而是可以被建构的。但是，此种战略性贸易政策要求国家机关和私人行动者在从世界经济中寻求可获利之利基市场（niche）的过程中进行试验与公私合作。此种政策可能也会要求给予出口产业以各种形式的公共扶持：它们包括关税保护和各种补贴。虽然新发展政治经济学赞同此种扶持，但是它们强调，既有必要将这种扶持同一种发现过程相结合，也有必要维持这样一些规定，这些规定将确保扶持不会危害到竞争。

新发展型国家理论的另一个特征是对机动性（flexibility）和可修正性（reviseability）的强调。这源自于试验和合作在该思想体系中的首要地位。研究新发展政治经济学的理论家们发现，发展道路需要试验，试验必然涉及公私合作，而且成功的道路必须包括适当的法规框架（legal and regulatory framework），他们由此假定不可能预先知道正确发展道路（Hausmann and

Rodrik,2006；Sabel,2005)。他们据此得出：政策必须具有足够的机动性，以便允许各种尝试，而规章框架必须具有足够的可修正性，以使学习成果能够很容易地被吸纳。

最后,新发展型国家理论似乎暗示,需要开放透明的治理形式,否则新观念将无法向上渗透,也无法被广泛分享。这使得古老权威主义模式的持久生命力和某种民主形式(some form of democracy)的重要性都受到质疑。

如果我们想要给新发展政治经济学做个简要总结,或许我们应该把发展想象为一种发现的过程,在这一过程中,国家试图壮大私营部门,而且当国家和私营部门被联结于鼓励试验和修正的协作体制之中时,国家与市场的作用才会得到最佳发挥。

3. 新发展型国家的诸要素

现阶段,新发展型国家更多地是一种观念和一系列局部改变,而非具体实践或者成熟模式。我们需要深化该理论并做出更多的经验工作去探明这种新倾向在多大范围内为世人所接受。重要的是指出这一点,即新发展型国家这一概念是一种理想型(ideal type),人们无须在某个特定国家发现所有这些要素和所总结的特性。① 然而我们需要有方法去评测一个国家正在

---

① 进而言之,同样错误的是,将所有国家积极介入经济的发展中国家都视为这种新趋势的例证。国家不用成为"新"发展型国家,也可能否弃新自由主义的约束成为经济中的重要行动者。例如,有些在很大程度上依赖于国有化或重新国有化并且未能促进有力的私人投资的国家正遵循的是发展型国家道路,但是这种道路不同于此处所总结的那种进路。

朝此方向改变的程度。下面给出的是一份政策倾向的暂定清单,这些倾向会标示此种转向或范式转换正在发生。研究新发展型国家现象时,我们应期望去搞清楚在多大程度上存在下述这些情形:

(1) 首先依赖作为投资者的私营部门而非直接为国家所有的部门①;

(2) 认可国家在引导投资、协调各种项目和提供信息等方面,尤其是在一些需要多重投入(multiple inputs)且偿还期长的项目中所扮演的重要角色;

(3) 公共部门和私营部门之间的广泛合作与沟通;

(4) 高度关注出口并对进口保持相对开放;

(5) 直接关注创业者、创新以及新产品开发,而非依赖进口的设备和引进的技术;

(6) 促进生产性(而非投机性)外国直接投资(FDI);

(7) 注重培养私营公司的竞争力,而非为它们提供庇护使其免于竞争;

(8) 由私人或者以公私合作的方式提供公共服务;

(9) 促进国内资本市场和金融部门创造与配置资源的能力;

(10) 关注社会保护,包括一些旨在减少不平等、保持团结和防范某些重组成本(costs of restructuring)的努力;

---

① 可能的例外包括像石油和天然气这样的可能继续采用公有制的自然资源。

（11）有以改善接收者的就业或者人力资本投资为宗旨的福利计划。

4. 新发展经济学的制度和政策后果

新发展经济学中的假定表明需要许多新制度和新政策。它们包括：

（1）有利于公私信息共享的有组织的机制；

（2）将会有助于探寻有前景的产品和市场的补贴机制；

（3）力图建构会增进全球竞争力和国内效率（domestic efficiency）的规章体制的公私合作；

（4）旨在创办具有全球竞争力的一流民族企业（national champions）的努力；

（5）在教育、研发以及技术创新方面的重大投资；

（6）对新兴产业（jump-start industries）在关税、税收和补贴方面的专门待遇；

（7）用公共基金对前景看好的公司进行公共风险资本投资；

（8）以公私合伙的方式进行重大基础设施投资；

（9）诸如基本收入补助金之类的促进团结的新机制。

关于这些新型制度和政策的一个详细例证可见之于奥斯曼（Hausmann）、罗德里克（Rodrik）和萨贝尔（Sabel）的产业政策提议。此一提议反思了新发展经济学背后的假设，并阐明了它所建议的那些新制度的性质。他们指出发展中国家的市场所具有的这样几点特征，它们会导致次优选择（sub-optimal performance）并证明国家干预的合理性。此类市场可能甄别不出那些会以其赢利能力为国民经济创造积极的外部经济效果的新产品;可能提供不出会协调相互关联的诸种投资的机制;也可能产生不出成功产业所必需的那些公共投入的相关知识。为了解决这些市场失灵问题,他们提出了一些筹划产业政策的新进路。

第一条进路将被适用于这些领域,在其中存在一些产业,但这些产业既需要支持以变得更强、更具竞争力,也需要支持以扩充现有的生产或服务范围。依照这条进路,国家必须组织一个部门内、一个区域内或者一个产业内的公司之间以及公司和国家之间进行对话;必须刺激这种合作所赞同的那种公共投入;必须鼓励持续不断的改良;必须创设一套制度去监管已经审议的项目;而且必须确保通过上述过程而得到的学习成果被共同分享。这些论者给出的建议包括:以东亚先例(East Asian precedents)为模板创设公私合作式"审议委员会"(public-private "deliberation councils");一项足以支付公共投入(包括建设诸种新规章体制)之花费的特别预算;以及一种会作出影响委员会审议和项目设计的直接反馈的定期诊断或质量检查(2007)。

第二条进路旨在应对这样一些情形,在其中,迄今为止还没有扎实的产业基础可供进一步建设,而且需要大型风险投资才能将经济推入一个新的领域或者层面。在成熟的经济体中,这个任务属于风险资本家。但是,总体而言,发展中国家并不存在此种行动者,因此国家必须填补这个空当。论者们认为国家发展银行能够扮演起风险资本家的角色,投下必要的战略赌注(strategic bet)(2007)。这种提议为发展银行指出一个新角色，一个会要求许多人去采纳新政策进行新实践的角色。

　　所有这些制度创新都会对法律产生重大影响，反之亦然。以奥斯曼、罗德里克和萨贝尔提出的独特见解为例。他们的有些提议——挑选一些产业在其中推行公私合作式审议并且为对它们的政府投入(government input)设立特别预算——将会引发一系列的行政法和宪法问题。不断加大并且定期监管公共投入的提议可能会遇到一些难题，如果这种加大和监管与那些裁定谁有权修改规章的规则不相符，或者如果它们与通过宪法或制定法规定的审计部门来确保政府履行其职责的一些传统形式相冲突。而且发展银行从借贷者向风险资本家的这种转变可能需要修改许可证、创设新型所有权并重新培训员工。

5. 新发展型国家与其他发展进路之比较：一张关于发展政策空间的示意图

　　为了全面描述新发展型国家这种新兴观念的理论背景，让我们把新近提出的所有理论都置入一个总体分析框架之中。从最一般层面来看，我们会看到发展理论呈现出两大互不相同的特征：国家需要在多大程度上扮演一种积极角色(国家干预程度)，以及这种观点——只有被完全自由化并因此向世界经济开放，发展中国家的经济才能得到最好发展——是在什么程度上讲的(开放程度)。如果我们将这两种特征间的关系绘成图表，我们就可以发现政策性思维(policy thinking)的总体变化趋势。① 如表一所示：

表一　政策空间:开放程度与国家干预程度

开放程度

Lo(低)	CDS2	CDS1
Hi(高)　NL2	ADS······ NDS······	······
NL1		

Lo(低)　　　　　　　　　Hi(高)
国家干预程度

注:NL——新自由主义
　　CDS——古典发展型国家
　　ADS——亚洲发展型国家
　　NDS——新发展型国家

该图表有四个单元格,而每个单元格都是一个连续统一体(continuum)。这样一来,左下方的区域包括一系列既具有相当高的开放度而且国家在其中的角色又相当有限的政策。在此一区域,我们会期望发现这样一种经济,它朝对外贸易和外国投资开放,倾向于以出口拉动增长、高度私有化、对国家在经

———————————

① 海伦娜·加西亚指出这份图表大为简化了一个复杂过程。其他一些方法也能衡量国家与发展之关联的性质,而非只有"干预程度"这一种,因此这种性质可能需要一系列图表来表述。

济中的角色加以严格限制。在与此相对的另一极,亦即在右上方的区域,我们会发现一种相当封闭的经济,国家的角色在这种经济中非常重要。在极端情形下,这会包括针对进口货物的高关税和低配额、对外国投资的资本控制和阻碍;包括银行业在内的主要产业的国家所有制、强大的规章体制,以及中央集权化和国家指导下的资本配置。

在这一分析中,如果一个国家遵循不折不扣的新自由主义政策,我们会希望它被放置在左下方区域的左下角(NL1 处),而那种以进口替代型工业化为导向(ISI-oriented)并奉行干预主义的,换言之"古典"的、发展型国家会处于与其遥遥相望的右上方区域的右上角(CDS1 处)。

当然,世上既不会有完全相同的新自由主义政策,也不会有完全相同的发展主义政策。一些倾向于新自由主义的国家保留了国家直接参与经济的某些角色并且设置了一些对开放的限制。为了表明图表中的"新自由主义"区域包含着一系列可能性,我已经插入了第二种可能性并将其标记为 NL2。图表中由具有更多国家干预的封闭经济组成的区域也具有相同情形;由于存在封闭和干预的各种程度,在 CDS2 所标示的区域之内还存在其他一些可能的区域。

该图表还有助于我们辨识新发展型国家(NDS)及其直系前任亚洲发展型国家(ADS)的可能位置。因此,我们或许可以想象这两种体制(configuration)涉及比新自由主义更多的国家干预而比在古典发展型国家中可能发现的更少的干预和更多的开放。因此,我把这二者放在右下方的区域,这表示,同新发展型国家相比,(由于对外国投资的限制)亚洲发展型国家的开放度稍微低一点;由于国家官僚机构的强大和自主,干预主义倾向稍微强一些。我用一些圆点去表示可能存在于水平轴线上的一系列位置,在垂直轴线上应该存在相同情形。

二、法律与新发展型国家:一个初步分析

在这一节,我将讨论各种经济发展理论与它们所倡导的那些法律进路之间的历史关系,然后对似乎为新发展政治经济学所要求的那些法律框架和工具加以初步解释。

(一)发展理论同法律与发展学说(Law and Development Doctrine)之间的关系

在这一部分中,我将详尽阐述一套关于经济观念同法律与发展领域的各种"学说"间关系的理论。法律与发展的思想史表明,流行经济观念与关于法律在发展中之适当角色的主流理念之间有着密切关系。

当我们论及"法律与发展",我们有时用这个术语去指涉许多引导发展中国家法律制度改革的观念。虽然这种"法律与发展学说"不仅仅是一份简单的项目执行手册(recipe book),但也算不上是一套自成一体的学术理论。正如阿尔瓦罗·桑托斯(Alvaro Santos)和我所主张的,它反而最好被视为法律理论、

经济发展理论和发展机构之实践这三者间互动的产物(Trubek and Santos,2006)。

在过去的有些时期,经济学、法律理论和发展机构的实践聚合在一起形成一种相当融贯的构想与学说。这套构想与学说曾引导了来自西方的外国援助机构的实践,也曾影响了国内改革者。当法学、经济学和发展机构的实践被妥当地加以结合,就可以得出一套相对明确的政策,并规划出一系列相对清晰的项目计划。近年来,这种情形发生过两次。第一次就是发展型国家的法律:在这种模式中,法律被首先视为一种促使国家干预更为有效的工具。第二次就是赋予法律在新自由主义市场秩序——它认为法律在根本上就是服务于市场的一套框架和抵御国家对市场活动之不当干预的一套甲胄——中的那种角色(Trubek and Santos,2006)。

这些模式中的每一种都与同时期的主流经济理论相关联。20世纪60年代,一些发展经济学家赞同国家扮演重要角色,相信私有企业缺乏建设关键产业的资源而国家所有制则是必不可少的,并认为进口替代型工业化以及脱离世界市场是唯一可能通向发展的道路。法律与发展学说的第一阶段就立基于这些理论,并指出需要强化国家机构以使其得以扮演其角色。但是随着该模式的局限及其所导致的不正常现象变得愈发明显,经济学家们开始质疑这些处方,建议弱化国家的角色并向世界市场开放。经济学内部的这种转变帮助了法律与发展学说第二阶段,亦即新自由主义阶段的形成。第二阶段强调法律在保护投资者预期利益、促进私人交易以及限制国家角色诸方面的作用。①

　　法律与发展学说的这两大主要模式的每一种都曾主导了一段特定时期的援助活动,并且对国内改革活动产生了重大影响。但是,这两个阶段都已经过去了。尽管这两种模式的一些方面还残留在人们的思想和实践之中,但是每一种都不占有支配地位。毋宁说,我们发现自己处于这样一种时期,在其间,无论在发展理论中还是在法律与发展学说中,都不存在占优势的正统理论。这是一个诸多构想相互竞争的时期,这些构想包括从世界银行《全球营商环境报告》(*Doing Business Project*)中的那种经过重构的新自由主义(the reconstructed neo-liberalism)到诸如旨在复兴社会主义的努力,以及旨在重建一种更古典的发展型国家的举措之类的尝试。

　　正是在这种背景下,关于新发展型国家的那些观念才得以产生;也正是在这种背景下,一些论者才开始研究这些观念对法律的可能性影响。作为新自由主义之根基的共识正在瓦解。我们看到,在发展经济学和国家实践这二者中都形成了一些新观念。这些观念指向不同发展模式并赋予了法律不同的角色。

(二) 法律与新发展型国家:一个初步分析

　　在学术层面,一些政治经济学家通过研究形成这样一种观

---

　　① 最近的研究指出了第三种模式——法律在亚洲发展型国家中的角色(Ohnesorge,2007a、2007b)。尽管,在将来讨论法律在发展中的角色时,这种模式可能会有意义,然而,在一些国际金融机构(IFI)和西方双边援助机构(Western Bilateral Aid Agency)曾经奉行的那些法律与发展学说中,它是不存在的。

念,即存在一种新的发展型国家观(new developmental state idea)。他们的理论,在回避为以往发展型国家所推崇的那种国家所有制以及自上而下式中央集权控制的同时,表明了国家干预具有持久的重要性。而且这种新模式可以隐约地见诸巴西这样的一些国家,有迹象表明这些国家想要超越新自由主义,而非仅仅试图重回 20 世纪五六十年代的发展型国家。

这项理论课题仍有待于被学界完全接受,而且,在一个健全的模式中,这些新型国家干预的试验本不会被具体化。但是,有证据表明这正在发生变化,这种变化将可能对法律产生重大影响。在这一部分,我指出了这种新发展型国家理论和实践对法律的一些可能性影响,并且概述了下述这类议题中的一部分,如果我们要为这种新发展型国家构建一套法律理论和实践,我们就必须要处理此类议题。

1. 法律实践

法律秩序中的哪些变化以及哪些新法律制度,可能被视为朝向新发展型国家转变的证据呢? 如果关于新发展型国家实践的证据是零零散散的,关于其法律实践的数据几乎是不存在的,以及研究新发展型国家中的法律的那种理论仍未被建构出来,那么我们就只能承认自己真的一无所知。但是我们会希望,除其他事项外,我们将非常感兴趣于为各种形式的公私合作创设法律框架(legal framework);我们将极为重视为一种能够扶持并奖励创业者的资本市场创建法律架构(legal structure);我们将极其关注在公司治理方面朝向鼓励投资和促进创新的诸种转变;我们将高度认可对机动性和对各种鼓励试验的方法的需要;我们将极力挑战国际经济法的任何可能阻碍国家干预的方面。

2. 法律理论

我们需要一套与这种新发展经济学相称的法律理论。这项工作仍有待于完成,尽管法学界现在的一些流行观念或许会为此目的而被修正。然而,在转向那一讨论之前,重要的是先去探究这种新发展政治经济学对于诸种盛行的法律与发展理论具有何种可能性影响。据此,我们将会更清楚地看到新发展政治经济学如何有赖于这样一些法律观念,它们不同于最初的拉美发展型国家、亚洲发展型国家以及新自由主义这三者中的任何一者所采纳的那些法律模式。这一分析将有助于我们看清那些试图提出一套适宜这种新发展型国家现象的法律理论的研究者所面临的挑战。

(1) 相互冲突的诸种目的:新发展型国家之法律所面临的两难困境。

在最初那种发展型国家,法律就是供国家去管理经济和引导社会转型的一种工具。在这种法律中,法律效力备受关注。由于私人投资的角色是次要的,与对私人行动者权利之保护和对国家和私人间互动之促进这二者相比,对国家权力之加强便受到更多强调。法律的稳定性(stability)和可预测性(predictability)受到的关注很少,当它们妨碍国家将要采取的措施时才会如此。

相比之下,新自由主义模式却将对私有产权之保护、对合同法之推行以及对国家裁量权之限制置于其法律模式的中心。

对于新自由主义者而言,市场法制(the law of the market)的最重要特征应该是它的可预测性。这意味着它不应该轻易改变规则。新自由主义甚至曾一度钟情于那种视复兴法律形式主义为一种确保法律确定性、可预测性和稳定性的方法的念头。

新发展型国家似乎既需要机动性也需要稳定性。要致力于试验就需要具有机动性和针对性(specialized)并易于调整的框架。无论在程序层面还是在实体层面都需要此类框架。管理那种为了甄别(identify)新市场、新产品和新工序所需的公私合作就需要程序性框架。需要实体性框架是为了提供下述这种专门管理体制(regulatory regime),它既要最适合于吸引私人投资,又要最适合于确保这种投资能够服务于公共利益。因为这种试验的全部目的就是去测试新观念并寻求新道路,所以,这些程序似乎就需要考虑到最高限度的机动性,而实体性框架似乎就应该可以被便捷地调整。

但与此同时,因为新发展型国家依赖于私人投资,所以其法律体制的设计者们需要保证私人投资者对法律框架有足够的信心,并因此愿意对那些产生于试验的有风险的企业进行投资。我们如何能够做到既具有机动性又允许管理上的高度针对性,同时还不会引发私营部门的诸种担忧? 在允许规则可以被迅速修订的情形下,我们如何能够保证私人投资会受到保护? 我们如何能够排除这种担忧,即为了获致机动性而需要的裁量权将会被一些寻租的官员所利用? 我们如何能够减少这种风险,即制定出来的那些专门管理体制只是有利于特定产业而不是有利于国家(nation)的那些战略性优先项目(strategic prioritye)？我们如何能够具有这样的一些专门针对产业的规则体系(systems of industry-specific rules)，它们在不回避议会制定的通常的程序和保障措施的前提下就能轻易被修正？

（2）新发展型国家的法律理论应该讨论哪些问题？

上述这些问题仍有待于我们去回答。实际上，只有当我们直面新发展型国家的产生并且开始去理解其对于法律的重要意义时，它们才开始成为问题。我们也许会需要用这些问题中的一部分问题去探究并说明欧美的一些发展——这些发展或许会对那些想要构建新发展型国家的法律理论的研究者产生助益，而找出这部分问题是有可能的。

当我们思索新发展型国家的法律秩序时，我们需要提出一系列非常具体的问题。初步分析表明，这些进路是否能够成功将实质上受影响于这一因素，即国内和国际的经济法在多大程度上促进或阻碍了被认为是新发展型国家所固有的那些政策与计划。因此，要理解新发展型国家与法律之间的关系，人们会想知道下述问题的答案：

① 如何在不抑制创新或创造性破坏(creative destruction)的前提下保护财产权？

② 如何在不妨碍国家和私人行动者之间信息自由流动的前提下创造透明的公私关系？

③ 如何在既不引起垄断又不产生效率低下的公司也不与全球贸易规则相冲突的前提下管理政府对特定产业的扶持和补贴？

④ 如何在继续致力于法律上平等(legal equality)的前提下依照产业需要和全球机遇调整管理体制？

⑤ 如何确保私人在公共事业和基础设施方面的投资会达到国家目标（national objectives）？

⑥ 如何确保治理公司的法律会既鼓励投资又鼓励创新？

⑦ 如何制定出既会加强对社会需求的关注又会促进贫困的减少的法律制度？

⑧ 如何保证"富人获得优势不是"因为具有复杂性、机动性和可修正性的游戏规则，不必要地给予大型经济行动者比其他行动者更多的支持？

（3）有无一种一般性法律理论可能使我们制定出能够应对新发展型国家那些复杂需求的制度？

尽管所有这些相当具体的问题都需要回答，然而新发展型国家所提出的这种具有多重目的的挑战可能却要求人们从根本上重思法律的性质和目的（the nature and function of law）。而且，由此我们可能就可以求助于法律理论中的一系列新近发展，在美国它们有"新治理"（new governance）、"民主经验主义"（democratic experimentalism）和"混合型体制"（hybridity）这几个不同的称呼（Sabel and Simon，2006；Trubek and Trubek，2004；Trubek and Trubek，2007；de Burca and Scott，2006）。这套思想试图重新去想象法律秩序，认为法律秩序应该去促进位于新发展经济学之核心的那种公私合作和试验。处于这种传统中的学者曾经论述过许多这种由新兴的新发展型国家在法律上的两难困境所引发的议题。

第一种，也是最基本的困境就是如何获致这样的一套体制，它既具有机动性，又仍旧能够提供投资者可能会要求的那种确定性和稳定性。欧美学界关于"新治理"的新近研究表明有两种可能会以上述方式运作的基础机制（basic mechanisms）：第一种机制是去构建一些混合型制度，在这种制度中，具有法律约束力的"刚性的"部分与更具柔性、机动性的规范和准则相互结合（Trubek and Trubek，2007）。第二种机制就是使规则易于被修订，但是只有在所有行动者全体参与并同意的前提下才允许修订规则。当被适用于新发展型国家的议题时，这可能意味着拥有一套允许迅速变化但却需要投资者同意这些变化的体制。

第二种困境就是关于国家机构被操纵的问题。对密切公私合作的需要和对适宜管理框架的共同构建和修正的需要有可能使国家机构受到监管对象的影响和控制（agency capture①），甚或可能产生公私勾结和腐败。解决新治理理论家所关切的那些问题的方法就是，既要要求在新合作机制中实现广泛参与以使利益而非产业得到讨论，还要坚持最大透明度。

第三种困境就是民主控制（democratic control）、议会至上（parliamentary sovereignty）以及法律一致性（legal uniformity）等议题。古典法律模式假定，议会遵从公共意志（general will），议会的权力（writ）至高无上，故而它们制定的规则约束下级政府机构，而且被制定的规则具有一致性，因此类似案件被类似地处理。新治理的倡导者坚决主张这种"传动带"

———————————
① agency capture 意指一些旨在管理某些产业的国家机构最终却被应该受其管理的公司影响并控制。详情参见http://www.conservapedia.com/Agency_capture。——译者

(transmission belt)模式是一个错误见解,并寻求替代性机制去确保管理体制对利害关系人(stakeholder)负责。他们提出诸多质疑,包括:议会有没有对民众意志(popular will)作出迅速反应;各种机构是否真正受到了已制定规则的约束;以及考虑到由此产生的裁量权,类似案件是否得到类似的处理。由于这种模式似乎不能满足民主理论的那些标准,他们想要通过一些新的参与方式和实现透明度的方法去确保管理能够随机应变而管理者能够为利害关系人负责(Sabel and Simon,2006)。

这些观念既未得到完全发展也没有被广泛接受,即使在它们的发源地也是如此。迄今为止,也没有人试图将这种文献中的洞见在发展中世界付诸实施。但我却相信,我们将在这套思想中找到一些处理前述两难困境的线索。在我们试图去构建新发展型国家的法律理论时,这套思想也会有所助益。

三、一些源于实践的证据:巴西①

在这一部分,我将描述通向行动主义者国家(activist state)

---

①　本节基于一份初步研究报告,该报告由巴西分析计划中心(Brazilian Center for Analysis and Planning,简称 CEBRAP)的保罗・马托斯和迪奥戈・科蒂尼奥主持,专为法律与新发展型国家报告所作。法律与新发展型国家报告(the Project on Law and the New Developmental State,简称 LANDS),是巴西分析计划中心、美国威斯康星大学麦迪逊分校和哥伦比亚的洛斯安第斯大学(Los Andes University)三家合作的课题。该初步报告的全文和关于法律与新发展型国家报告的更多信息,请登录http://www.law.wisc.edu/gls/lands.html。

的新进路,用证据表明巴西正在试验一些新进路,列出人们可能会希望任何正朝这一方向转变的国家所具有的一部分特征。

(一) 基本取向

在过去,拉美发展型国家通过公有制形式来运营它们的许多经济部门,限制与世界经济的接触,没有打击垄断行为,禁止同民族工业相竞争的进口活动,依赖国内市场来刺激增长,经由进口现成技术来实现工业化,重视增长甚于分配。在今天,我们看到了一种新取向,在其中,各国仍旧力图积极地促进增长,但却首先依赖于市场去配置资源,认为私人投资和私有制是增长的引擎并加以优待,以开放姿态面向国际市场,而且对社会平等和社会保护予以直接关注。

(二) 新兴实践:巴西

如果考察巴西近来的发展,我们便能够看到,有许多变化表明它意欲朝这种新发展型国家范式(the new developmental state paradigm)转变。巴西曾经是拉美最初的那种发展型国家的主要倡导者之一,国民经济的很大一部分为政府所有。政府为工业提供了大量补贴,大力禁止那种与民族工业相竞争的进口活动,并创设了中央计划机制。在20世纪90年代,所有这些都发生了变化,巴西向国际贸易打开了大门,启动了一个重大的私有化进程,废除了积极的产业政策,并且创设了独立管理机构去监管私营部门。

在今天,我们看到,有许多举措显示出一种想要重返对经济的较积极干预的欲求。然而,这似乎并不是表明欲图重拾20世纪五六十年代的古典发展型国家的那些政策和实践。毋宁说,巴西似乎正在沿着上文所述的那些路线探索新方向。这些重要的发展包括:

1. 公私合作机构

巴西产业发展署(Brazilian Agency for Industrial Development,简称 ABDI)是一个网络,它将联邦政府部门、国家资金提供机构(state funding agencies)、私营部门代表、市民社会以及一些大学联合起来共同去促进巴西各产业部门的技术和经济发展。巴西产业发展署已经对巴西新产业政策的出台产生了助益,而且甄别(identify)并引导了在技术研究、创新和产业发展等方面的投资。

2. 新型产业政策

达席尔瓦(Lula da Silva)政府曾经试验过各种各样的产业政策。刚刚试验过的那一种被称为"生产力发展政策方案"(Productive Development Policy Initiative,简称 PDP)。

这种政策强调在提高基础设施建设能力、生产投资能力、出口能力以及科技公司实力等方面的公共投资和扶持的重要性。

3. 发展型财政(development finance)的新角色

国家财政在巴西经济中扮演了重要角色。巴西国家经济社会发展银行(Brazilian National Bank for Economic and Social Development,简称 BNDES),世界最大的国家发展银行之一,每年的拨款额度比世界银行还高。联邦和州的其他一些提供发展性融资(development financing)的机构为它提供补给。虽然这些机构中的大部分已经存在很久,但是政策方面的侧重点最近发生了变化。巴西国家经济社会发展银行的投资支行(简称 BNDESPAR)扮演了一种特别有趣的角色。

该支行的目标包括:支持技术创新;扶持小型企业及新办企业生产有竞争力的创新型产品;支持种子基金和风险资本市场的创设;支持巴西公司购置外国资产。该支行既像私人股权基金(private equity fund)和风险资本家那样运行,又为其他扮演这些角色的机构提供帮助。该支行能够向新办企业和未上市公司直接投资,参与它们的管理,并且影响公司战略和治理。在有些情形中,该支行要求那些接受其扶持的公司提交创新计划。它也鼓励那些受其扶持的公司通过公开募股获得私人资本。而且它还扶持那些提供,尤其是为中小企业提供,私人股权和风险资本的封闭式投资基金(closed investment fund)。该支行向一些由私人管理、以一些具体经济部门为目标并吸引到大量私人资金的封闭式基金投资;目前,该银行向这些基金划拨的资金占到它们所筹集资金的 1/4。

(三)法律的新角色?

国家政策中的各种转变是否表明在巴西法律的角色正在发生变化?我们缺乏回答那些问题所必需的详尽信息。但是,通过调查巴西投资与金融领域当时的形势,巴西学者保罗·马托斯(Paulo Mattos)和迪奥戈·科蒂尼奥(Diogo Coutinho)作出如下总结:

"国家依法制定的一些新机制已经得到认同（identified）。为了巴西公司的国际化，它们同私人投资者共担风险去增加对技术研究和创新的投资，提高产业实力（industry capacity）和出口量，并加大对外国资产的购置。就其目标、手段和安排而言，这些新机制主要有下述特征：

（1）由政府意向书确定，对公共投资战略具有约束力，对私营部门具有指示作用，而且能引导私人投资决策的机动产业政策；

（2）以私人股权、风险资本和种子基金为投资方式的政府投资，与信贷津贴一起，作为扶持或补充私人投资的主要手段；

（3）政府机构与公共信贷公司（public credit companies）、研究中心以及私营公司这三者达成的公私合伙与合作协议；

（4）公共信贷机构利用机动的私人契约（信用购买契约（credit contracts），亦即股东与资金投资者之间的协议）去迫使私人公司许诺依照产业政策进行投资，并使它们受公司治理目标的约束。"（Mattos and Coutinho，2008）

（四）存在一种新发展模式吗？

在2007年的一篇文章中，保罗·马托斯写道，尽管迄今为止可能不存在一套绝对融贯的政策和实践，然而现任巴西政府正在寻求一种"关于国家在促进经济发展中之角色的新观念"。他主张，这种角色不同于那种"存在于20世纪五六十年代的'凯恩斯主义国家'模式（'Keynesian State' model），那种兼具国家主义和官僚主义的模式忙于通过人为制造的垄断或准入障碍进行直接干预",在干预过程中,由政府来决定谁输谁赢。但是,它也背离了 20 世纪 90 年代的那种新自由主义进路。与此相反,现任政府力图制定新型产业政策并建立新型治理体制,使它们立基于公共部门和私营部门的合作,"在其中,政府和私营部门相互交流信息并共同学习促进经济发展的方法"。(Mattos,2007)

在他们最近的研究(Mattos and Coutinho,2008)中,马托斯和科蒂尼奥强调,这种新兴模式会涉及公共部门和私营部门之间很大程度的合作与风险分担,会启用一些新手段和兼具法律性和制度性的新安排(new legal-institutional arrangement)。他们认为这标志着巴西国家行动的一段新时期,并将其与国家行动和经济法先前的历史时期做对比。下面的表二总结了这一分析:

表二

	国有公司模式	私有化计划模式	由国家分担风险的模式
目标	直接生产产品和服务。	将国有公司私有化。	为了巴西公司的国际化,同私人投资者共担风险去增加对技术研究和创新的投资、提高产业实力和出口量、加大对外国资产的购置。
手段	通过直接公共投资去发展巴西经济中的产业部门。	出售国有公司资产;特许经营权合约。	私人股权、风险资本和种子基金,再加上信贷津贴。

合法的制度性安排	依法创立的股份有限公司；依法建立的合法垄断企业（在 1988 年《宪法》之前）。	出售和管理公共资产；进行经济调整。	由政府意向书确定的机动产业政策；公私式合伙；合作协议；私人契约。

资料来源：Mattos and Coutinho,2008。

四、结论:超越"法治"共识

虽然思考法律与发展运动的人和思考新自由主义的人都重点关注了国家与法律的关系,但是他们所得出的关于这两者的结论却截然相反。对于法律与发展运动而言,国家是有效发展的核心,而法律则应该是国家手中的长剑。对于新自由主义来讲,国家促进增长的努力最终很可能产生反作用,因此法律应该是防范国家的盾牌。这两种观点都导致了"法治"方案("Rule of Law" initiative)和大规模改革之举。

这两种进路的每一种都曾在一段时期占据过重要地位,它们的一些要素如今依旧为我们所用。但是它们在今天都不是主流。正如一些发展问题专家(development expert)曾一度对那种强有力的发展型国家不再抱幻想一样,在今天,许多人正在质疑新自由主义所开出的处方背后的有些假设。而这些顾虑应该引起对这些进路所给出的有些法律改革模式的再评价。

有些学者从政治经济学角度去研究发展过程中的法律。他们所关心的一个方面就是,人们愈来愈关注于恢复或重新发现国家在增长中的角色。首先,虽然新自由主义的确曾经在许多发展中国家导致了对国家角色的弱化,许多国家的主要经济部门被私有化,但是这种私有化过程往往是选择性的。此外,伴随着私有化过程的推行,常常会设立实质上仍由国家控制的管理机构。因此,即使在新自由主义的鼎盛时期,许多国家依旧继续在经济治理中扮演着关键角色。其次,随着新自由主义时代的逝去,我们看到一些国家开始试验一些新的干预方式和治理手段。正是这些方式和手段提出了法治方案当前面临的挑战。

国家在发展中国家的经济中继续扮演重要角色,出现了各种在过去未曾使用过的干预方式,这暗示我们,一种受到新发展政治经济学启发的"新发展型国家"可能将会问世。如果是这样,我们就可以预期需要新型法律和法律秩序。

当然,有些正在发生的情形更像是以往那些很可能已经声名狼藉的国家干预方式的复辟。例如,在一些国家,一些私有化了的产业又以各种最终可能会对增长产生反作用的方法被重新国有化。但是也有许多涉及重大新型国家行动的方案,它们包括:国家通过风险资本投资与私营部门分担风险的诸种努力;公私式合伙的发展;强调活力(activation)和员工发展的新型社会政策;以及各种各样旨在促进创新和保持竞争力的努力。

这些新方案的核心在于尝试由国家采取行动去壮大私营

部门。不同于古典发展型国家,新发展型国家往往偏向于协助私营部门而非直接参与金融活动、制造活动或者其他一些初级经济活动。但是,不同于新自由主义,研究新发展型国家的这种政治经济学承认私营部门缺乏创业倾向(entrepreneurial orientation)、技术实力以及承担风险的倾向,而这三者都是在一个开放的世界经济体中发掘新机遇并保持竞争力所必需的要素。因此,可能需要国家干预通过鼓励创业、补贴知识创造(knowledge creation)以及减少风险去壮大私营部门。

这并不意味着重回过去那种常见的中央集权化计划制国家干预形式。学者和决策者们最终承认并非国家才有战略性经济智慧(strategic economic wisdom)。因此,这些新方案常常通过国家和私营部门的紧密合作才得以贯彻,并且往往基于试验和不断的修订。①

就我们所看到的新发展型国家和新发展政治经济学的兴起而言,法律可能会受到什么样的影响? 在我看来,那些能被一般性适用的既定的具体规则受到的关注将会较少,而那些开放性标准、个殊化合同、机动的法律体制和可修正的合伙将会受到较多的关注。法院受到的关注将会较少,而机构、规章、作为风险资本家的国家发展银行、附条件的拨款和贷款、行政法以及以法律途径解决问题之取向的养成(the creation of a problem-solving orientation in the bar)将会受到较多关注。

---

① 法律与新发展型国家课题已经汇编了研究新发展型国家的那种政治经济学的相关文献。查阅文献精选,请登录http://www.law.wisc.edu/gls/lands.html。

　　新自由主义者和新政治经济学的倡导者们都相信最终目标是壮大私营部门。新自由主义者宣扬达到这一目标最好的方法就是限制国家行动、约束裁量权,并且用法院去守护据此得到的界限。但是如果国家同私营部门一起加入承担风险的合伙,促进试验,认可对法律体制不断进行调整和修正的需要,裁量权的有效运用方式和确保国家承担责任的替代性进路就会受到更多关注。

　　上述所有因素可能会一起导致一种从诸古典“法治”方案向一种更宽泛的经济治理观念的转变。在这种观念中,传统法律手段和新治理方式将共存于一些复杂的混合体制之中。这不仅要求人们对法治实践进行重新思考,它还把法治运动同法律理论与实践的更宽泛发展趋势重新联合起来。在当下的法律思想中存在一种明显动向,它力图去构想更具试验性、参与性(participatory)、机动性和可修正性以及更多层次的新的治理方式与法律体制。① 新发展型国家在应对法治问题时,这种文献可能会成为一种有价值的思想和实践资源。

(樊安*译)

---

　　① 关于“新治理”及其对法律的重要意义的文献介绍,参见,O. Lobel,“The Renew Deal: The Fall of Regulation and the Rise of Governance”, *Minnesota Law Review*, 2004, Vol. 89, p. 342; D. Trubek and L. Trubek, “New Governance and Legal Regulation: Complementarity, Rivalry, and Transformation”, *Columbia Journal of European Law*, 2007, Vol. 13, No. 3, p. 539; G. de Burca and J. Scott (2006), *Law and New Governance in the EU and US*。

　　* 樊安,吉林大学理论法学研究中心 2008 级法学理论专业博士研究生。

参考文献

1. Chang, Ha-Joon (1999), "The Economic Theory of the Developmental State", in Meredith Woo-Cummings (ed.), *The Developmental State*, Cornell.

2. De Burca, Grainne and J. Scott(2006), *Law and New Governance in the EU and US*.

3. Hausmann, Ricardo and Dani Rodrik (2006), "Doomed to Choose: Industrial Policy as Predicament", Unpublished MSS.

4. Hausmann, R, Rodrik D, Sabel CF (2007), "Reconfiguring Industrial Policy: A Framework with Application to South Africa", Unpublished MSS.

5. Lobel, Orly (2004), "The Renew Deal: The Fall of Regulation and the Rise of Governance", *Minnesota Law Review*, Vol. 89, p. 342.

6. Mattos, Paulo (2007), "Industrial Policy and Competition in Developing Countries: from the Regulatory State to the New Developmental State", Paper Presented at LSA and RCSL Annual Meeting Berlin, Germany.

7. Mattos, Paulo and Diogo Coutinho (2008), *Law and the New Developmental State: Pilot Project on Brazil*.

西方哲学研究的思想风险及其规避可能

童世骏

主讲人简介

童世骏,1982 年、1984 年在华东师范大学分别获得学士学位和硕士学位,1994 年在挪威卑尔根大学获得博士学位。现任上海社会科学院党委副书记、哲学研究所所长、研究员、博士生导师,兼任教育部社会科学委员会委员。主要研究领域为:西方哲学,尤重当代实践哲学与德国批判理论。出版中英文著作十余种,在国内外学术刊物和集刊中发表论文百余篇,出版译著近十种。主要著作有:*Dialectics of*

Modernization：*Habermas and the Chinese Discourse of Modernization*、《批判与实践：论哈贝马斯的批判理论》等，译著有：《在事实与规范之间》(哈贝马斯著)等。

时　间：2009 年 1 月 5 日 18：30

地　点：复旦大学光华楼东辅楼 103 报告厅

主持人：邓正来(复旦大学特聘教授、社会科学高等研究院院长)

评论人：孙周兴(同济大学人文学院院长、复旦大学社会科学高等研究院双聘教授)

　　　　吴晓明(复旦大学哲学学院院长、教育部长江学者"特聘教授")

　　先解释一下这个题目。这里说的"西方哲学研究"，是指中国人用汉语进行的西方哲学研究，也就是说不包括西方人的西方哲学研究，也不包括其他非西方地区的人们对西方哲学的研究。这些人们的西方哲学研究估计也有思想风险，但那不是我这里讨论的对象。这里说的"思想风险"，不同于技术风险——西方哲学不管怎么研究，估计也不会发生触电事故、压塌事故，除非是在比喻的意义上说。这里说的"思想风险"也不同于社会风险或政治风险。在意识形态领域"折腾"得厉害的时候，在学术问题和政治问题联系得过紧的时候，西方哲学研究确实是有社会风险和政治风险的。但我这里所说的西方哲学研究的思想风险，不是指那种会直接导致社会危害或政治惩罚的作用，而是指西方哲学研究可能会带来思想上的谬误和混乱。我今天讲演的主题是：在什么样的情况下，西方哲学研究比较容易导致这种谬误和混乱，我们有没有办法来避免这种谬误和混乱。

一、单纯依赖西方哲学的中文译本，
常常会使思想误入歧途

西方哲学研究产生思想风险的第一种情况最简单，那就是你只用西方哲学著作的中文译本或中文引文，但这个译本或引文当中有不少毛病，甚至有严重差错，而你却不知道，稀里糊涂读下去，一点儿疑惑也没有。久而久之，你就适应了这种糊里糊涂的思维。好一点儿的，你发现这句子不怎么通、这思路不怎么顺，但你是一个对自己要求很高的人，是一个总在自己身上找问题的人。于是你就使劲儿想啊想，结果"想通"了，但其实麻烦更大了。

西方哲学研究的这种类型的风险应该说相当普遍。我们在回顾改革开放三十年的时候，在回顾过去三十年的学术研究和哲学研究的时候，也可以回顾一下这三十年间，我国出版了多少西方哲学的译本，这些译本的质量如何。总体上说，情况不容乐观。许多明显不具备翻译学术著作条件的译者、不具备出版学术译作的出版社，使我们的西方哲学研究，尤其是年轻人对西方哲学的学习，假如完全依赖于这些译本的话，成了一件有高度风险的活动。

　　由劣质译本而导致的西方哲学研究的思想风险虽然非常严重,但也容易规避:只要译者们有起码的学术良知,只要出版社有起码的学术标准,只要读者有起码的学术眼光,这个问题不难解决。所以,由译者的翻译水平或专业水平导致的思想风险及其规避可能,不是我这次讲演的重点。

　　重要的是,问题常常不只是出在译者的翻译水平或专业水平上。有时候,水平不错的译者也会出现问题,而这样的问题更值得持久的重视。也就是说在学术翻译及其出版普遍比较规范以后,仍需要我们高度重视。以美国哲学家理查德·罗蒂一篇题为"作为较大忠诚的正义"的文章的翻译为例。通常人们把"正义"与"忠诚"区分开来:正义是普遍的、一视同仁的;忠诚是特殊的,有特定对象的。但罗蒂认为,其实两者之间并没有质的差别,只是一个范围大些、一个范围小些:忠诚的范围扩大些,就成了正义,所以说正义不过是范围较大的忠诚而已。在这篇文章的中译文①中,我读到这样一个句子:"我们大多数人现在至少对如下见解将信将疑:植物是有观点的,动物具有某种权利。"如果我是一个像前面所说的那种对自己要求特别严格的人,我就会设法去理解这个句子:有许多人是主张动物有权利的,这一点我本来就知道;看来,还有人主张植物有观点、有思想啊!但我对自己的要求并没有那么严,我觉得问题可能不在我这边,而可能在译文当中。查了一下原文,发现罗

————————

　　①　参见〔美〕理查德·罗蒂:《后形而上学希望——新实用主义社会、政治和法律哲学》,张国清译,上海译文出版社 2003 年版。

蒂的原话是："Most of us are at least half convinced that the
vegetarians have a point that animals do have some sort of
rights."①正确的译法是："我们中的多数人至少是半信半疑地
承认,素食者们主张动物有某种权利,是有点道理的。"罗蒂的
意思是说,要说"正义"是普遍的,你还可以把范围扩大到动物
身上呢! 所谓 animal rights,就是这个意思。接下去他说,但是
一旦发现某地的奶牛和大袋鼠身上带着对它们无害而对人类
致命的病毒,人们就会顾不得被指责为"物种主义",恨不得马
上将它们斩尽杀绝,可见看上去普遍主义的"正义"观念,其实
也是有特殊指向的。在上述那句译文中,译者显然是把
"vegetarians"错看成"vegetables"了。

在翻译的时候,眼神出错,把这个字错看成另一个字,经常
会有。我们在用这样的译本进行西方哲学研究的时候,可不能
对自己要求过于严格,总苛责自己,而也要想想,很可能是译本
有错。在刚才那个例子中,发现问题本应该不难,但在有些情
况下,译者看错了字,读者还不容易发现。比方说,美国哲学家
希拉里·普特南在《理性真理与历史》中谈到 two conceptions
of rationality,也就是对合理性的两种看法,一种是 criterial
conception of rationality,一种是 non-criterial rationality。普特
南写道："I shall call any conception according to which there
are institutionalized norms which define what is and is not

① Richard Rorty: *Philosophy as Cultural Politics*: *Philosophical Papers*, Vol. 4,
Cambridge University Press, 2007, p. 42.

rationally acceptable a criterial conception of rationality."[1]
"Kuhn has rejected this interpretation of the SSR[2], and has since introduced a notion of 'non-paradigmatic rationality' which may be closely related to if not the same as what I just called 'non-criterial rationality'."[3]普特南在这里所表述的观点,一位学者是这样概括的:"普特南把逻辑实证主义的这种观点称为'批判的合理性概念',并对之进行批驳。他认为并不存在任何固定不变的规范,我们可以据以确定什么是合理的或者什么是不合理的。"[4]显然,这位作者是把"criterial"误读作"critical"了。

我再说一遍,我这里并不是要对用中文翻译或引用西方哲学著作的学者吹毛求疵。事实上,英文和专业都很好的学者也可能出这样的差错。甚至普特南自己在结束其 35 年哈佛教书生涯的时候,在他的最后一堂课中也出了一个洋相,一个大洋相。在 2000 年 5 月 4 日的题为"To Think with Integrity"的告别演讲(此演讲发表在 The Harvard Review of Philosophy Ⅷ 2000)中,普特南讨论了 John Searle 在 Minds, Brains, and Science 当中的一个命题:"The smell of the rose is a rate of neural firings."普特南说:"There you have the whole

———————

　　[1]　Hilary Putnam: Reason, Truth and History, Cambridge University Press, 1981, p. 113.

　　[2]　SSR, 即 Structure of Scientific Revolution。——引者注

　　[3]　Hilary Putnam: Reason, Truth and History, Cambridge University Press, 1981, p. 113.

　　[4]　涂纪亮:《美国哲学史》,河北教育出版社 2000 年版,第 201 页。

'Cartesian-cum-materialist' picture in one sentence: the small of the rose is a rate of neural firings."在 *The Harvard Review of Philosophy* Ⅸ(2001)中,塞尔断然否定普特南的这个指控: "No such sentence occurs in my writings, neither in *Minds, Brains, and Science* nor in any other of my works. The sentence, 'the smell of the rose is a rate of neural firings', which he quotes and then emphatically repeats, twice, is that rare thing in analytic philosophy, a total fabrication. Well, you might think, perhaps I am just quibbling over details, perhaps Putnam got the overall thrust of my views right even if the exact quote is not correct. Nothing could be further from the truth. Putnam attributes to me a view he describes as 'tolzen-identity' of sense data and rates of neuron firings. But that is not a view I have ever held and indeed it is a view I have frequently attacked. It is not surprising that Putnam gives no quotations from my works to support the 'token-identity' interpretation. There are none. He would have had to fabricate another 'quotation'. The position I do state in the book in question and have maintained in a number of writings is that all of our conscious processes are intrinsic, qualitative, subjective phenomena that are caused by neuronal processes in the brain."塞尔又写道:"I think a careful philosopher should have noticed the difference between is 'identical with' (Putnam's expression) and is 'produced by' (my expression). Having fabricated a quotation, and having misdescribed my views as some crude version of the identity theory, Putnam then goes on to describe my position as 'Cartesian-cum-materialist'. The problem with this characterization is that one of the main aims of my writings on the philosophy of mind has been to attack and overcome precisely the traditional categories of both Cartesianism and materialism."塞尔还在文章中反驳普特南批评他认为"intentionality and other things could be 'defined' in terms of properties of neuron firings"。塞尔说他不认为普特南是有意编造,但认为普特南确实失之疏忽大意,而小心谨慎也是普特南这个告别演讲中所说的 integrity 的组成部分。同一期的《哈佛哲学评论》发表了普特南的道歉:"My heartfelt apologies to you, John."他也作了一些辩解,说这个讲稿在发表时他看得不仔细,因此把间接引语变成了直接引语,但这仍然没有改变他搞错了塞尔的意思这个事实。他之所以搞错了,并非是误解了塞尔的 Minds, Brains, and Science,而是因为他没有读塞尔的其他著作:"My error, as I see it, stemmed not from an unreasonable interpretation of Minds, Brains, and Science but rather from having failed to read the other writings that Searle refers to. I will certainly read them now, John, and I will certainly discuss them with greater care in the future. Again my sincere apologies."

还有一种情况,西文中的不同语词,在中文译本中用同一个词翻译,而我们如果只凭中文译本进行研究的话,很可能洋洋洒洒写出其实并没有文本依据的论文甚至专著出来。比方说，许多人曾经写文章对马克思的"交往"观与哈贝马斯的"交往"观进行比较。查一下期刊网，发现有几十篇论文是做这方面题目的，如，孙淑红的"哈贝马斯与马克思交往理论之比较"（《黑龙江教育学院学报》2006 年第 5 期）（英文题目是："Analysis of Marxist Theory of Communication and Habermas Theory of Communication"），忻鸿的"哈贝马斯与马克思交往理论之比较"（《理论界》2007 年第 3 期），郑召利的"哈贝马斯和马克思交往范畴的意义域及其相互关联"（《教学与研究》2000年第 8 期）（英文题目是："Relevant Field and Correlation：An Analysis of the Category of Interaction Raised by Marx and by Habermas"）。郑文引用了马克思在 1846 年 12 月 28 日致安年柯夫的信中写的一段文字："为了不致丧失已经取得的成果，为了不致失掉文明的果实，人们在他们的交往〔commerce〕方式不再适合于既得的生产力时，就不得不改变他们继承下来的一切社会形式。——我在这里使用《commerce》一词是就它的最广泛的意义而言，就像在德文中使用《Verkehr》一词那样。"①作者随即写道："而'commerce'或'Verkehr'最广泛的意义不仅包括生产过程中的由所有制和分工所导致的人与人之间的交换关系，而且还涵盖贸易、商业、交通、运输、两性关系和社交，甚至战争也是交往的一种形式。而哈贝马斯的'交往'基本上是局限于精神交往的范畴。"欧力同的"交往的理论：马克思与哈

---

① 《马克思恩格斯全集》（第二十七卷），人民出版社 1972 年版，第 478 页。

贝马斯"(《上海社会科学院学术季刊》1993 年第 4 期)和刘怀玉的"马克思的交往实践观与哈贝马斯的交往理性观"(《中州学刊》1994 年第 4 期)与上面那些文章一样,也都没有引用马克思和哈贝马斯的德文与英文著作。

　　但其实,中文版马克思著作中的"交往",德语原文大多是"Verkehr"(艾思奇的译文把这个词译成"往来",非常确切),而中文用"交往"翻译的哈贝马斯所用的词,则是"Kommunikation"。Kommunikation 这个词在马克思那里,通常都在 Kommunikationsmittel 这个复合词当中用,也就是当做"交通"解。港台把哈贝马斯所用的 Kommunikation 一词译成"沟通",很有道理。当然,"往来"和"沟通"都属于"交往",所以马克思著作的中文译者和哈贝马斯著作的中文译者,可以说都没有错。但若在此基础上讨论马克思和哈贝马斯对"交往"这个概念的不同理解就有点儿不着边际了。

　　因此,我赞同邓正来的弟子孙国东的观点:"据我初步考察,论者们所谓哈贝马斯'交往理论'与马克思之关系的论说忽视了一个重要前提,即将两者人为捏合在一起的'交往'在马克思和哈贝马斯那里其实根本就不是同一语词。"①为了避免对哈贝马斯和马克思的交往观之比较这样的不着边际的研究,我也赞同孙国东的建议,即可以把"Kommunikation"译成"沟通",并

---

① 孙国东:"'交往',抑或'沟通'？——哈贝马斯理论中'Communication'译名辨兼及'Law As Communication'的翻译",原载〔比〕马克·范·胡克:《法律的沟通之维》,孙国东译,法律出版社 2008 年版,第 348 页。

且接受他的批评：我在解释之所以把"Kommunikation"译为"交往"而不是"沟通"的时候，说"这样更符合现代汉语的通常用法"，对此，孙国东批评说："童世骏一句'通常用法'搪塞了所有对其进行进一步研究的可能。"但我想补充一句，孙国东说："在（马克思著作的）相关的英译本之中，'Verkehr'（交往）都被译为了'commerce'或'intercourse'，而非'communication'。"[①]其中的 commerce 一词恐怕并不是英语，而是法语，是马克思用法语给法国人安年柯夫写的信里所用的一个对应于 Verkehr 的词。据我所查，在《资本论》的英文版中，commerce 的含义是"商业"，基本上对应于文本中的 handel。这当然只是一个小小的疏忽。

二、西方哲学中一些概念区分虽然在中国
也非常重要，但不容易在
汉语中妥善安置

西方哲学擅长于进行概念分析，这是西方哲学研究的思想风险的又一个重要根源——即使我们直接通过阅读西语原版西方哲学著作来从事西方哲学研究，也还是会出现一些麻烦。

---

① 孙国东："'交往'，抑或'沟通'？——哈贝马斯理论中'Communication'译名辨兼及'Law As Communication'的翻译"，原载〔比〕马克·范·胡克：《法律的沟通之维》，孙国东译，法律出版社 2008 年版，第 349 页。

西方哲学在概念分析上的优势,我国学者很早就注意到了,并总体上给予积极的评价,如王国维说:"西洋人之特质,思辨的也,科学的也,长于抽象而精于分类,对世界一切有形无形之事物,无往而不用综括(generalization)及分析(specification)之二法,故言语之多,自然之理也。"①近年来,受"后分析哲学"、"后现代主义"的影响,这种注重概念分析的思想传统不仅在西方,而且在中国,也受到颇多非议。但我认为,即使在这种情况下,在种种 dichotomies 或"二分"受到重重批评和解构的情况下,概念区分的重要性也是不可忽视的,西方哲学——尤其是分析哲学——在概念区分方面的长处,以及我国的西方哲学研究在引进概念区分方面所做工作的价值,也是不可忽视的。我们今天在哲学当中熟悉的那些概念区分,很大程度上都是通过西方哲学的翻译和研究而明确起来的,如思维和存在、主体和客体、自然和文化、事实和价值,以及原因和理由、规律和规则等。这些概念区分之所以重要,是因为人们通过概念区分所把握的那些方面之间的区分,是理解这些方面之间关系的前提;而这些方面的关系常常也就是人类所面临的一些基本关系,在我看来它们都应该归入"哲学基本问题"的范畴。人类文明的发展,无论是个体精神的发展,还是群体文化的进化,都是逐步在语言中、概念中形成和更新一系列区分的过程。但问题是:我们在肯定这些概念区分在中国非常重要、非常值得引进的同

---

① 王国维:《论新学语之输入》,载佛雏编:《王国维学术文化随笔》,中国青年出版社 1996 年版,第 14 页。

时又要意识到,在汉语中妥善安置这些概念区分并非易事。在借助于西方哲学研究而引进或突出一些必要的概念区分的同时,我们常常会碰到一些问题,甚至陷入一些误区。这些问题和误区,也可以说是我们在从事西方哲学研究时应注意尽力规避的思想风险。

通过从事西方哲学的翻译和研究用中国术语把原先实际上也存在于中国人的意识中的一些概念区分,明确地表达为重要的哲学问题,这是西方哲学的中国研究引进新的概念区分的最普遍的方式。西方哲学的思想风险的一个重要表现,是随着把这些概念范畴区分开来而带来的割裂对象、遮蔽联系之类的问题。我不赞成后分析时代的西方哲学家如理查德·罗蒂对概念区分的激烈反对,但并不认为在概念区分建立起来以后,就可以对区分开来的概念之间的关系作简单的理解。但是,单纯的概念区分的这种思想风险不仅在中国有,在西方也有,所以不是本次的讨论重点。

西方哲学的中国研究引进新的概念区分的第二种方式,可以说是最重要的方式,是通过对西方哲学的翻译和研究,使我们在思想中建立起一些原先并不清楚,甚至并不存在但在现代社会非常重要的一些概念区分。典型的例子是"权力"与"权利"、"法制"与"法治"、"必需"与"必须"。这三个例子有两个共同特点。第一,它们都是有关 Faktizitaet 和 Geltung 之间的区分或"是"与"应当"之间的区分:权力的大小是一个经验问题,而权利的有无是一个价值问题;法制是一种社会现象,而法治是一个社会原则;"必需"是一个客观事实,而"必须"是一种规范要求。第二,它们都是书面写法完全不同,但口语发音完全一样。也就是说,在书面语言中作出上述区分应该是相当方便的,但在口语当中,说话者是否作出了正确的区分则常常并不清楚,由此反过来造成书面表达中也经常出现对"权利"和"权力"不作区分或乱作区分的情况。在这种情况下,我们在西方哲学研究和普及的时候,强调把"rights"和"power"区别开来、把"the rule of law"和"the legal system"区别开来、把"obligatory"和"necessary"区别开来,很有必要。但同时也要防止把这些方面截然割裂开来,因为 rights 离开了 power 往往就无从兑现,the rule of law 离开了 the legal system 就无法操作,规范上的 obligatory 的依据,也往往就是客观上的 necessary。

西方哲学的中国研究引进新的概念区分的第三种方式,是同一个英文概念可以用几种不同方式译成中文,而在这些方式中间进行选择,实际上就已经把一些重要的概念区分带入了汉语思维。换句话说,我们在研究西方哲学的时候向汉语思维引进的概念区分,有的已经存在于西方哲学文本当中;有的则本来并没有明显地存在于西方哲学文本之中,但因为要把西文概念译成中文,我们不得不在不同的汉语语词当中进行选择,这种选择本身就是澄清甚至建立一些概念区分,而这些概念区分可能恰恰在西文的原文中反倒是不那么容易建立的。但与此同时,以这种方式在汉语思维中建立起来的概念区分,往往容易把西方语境中密切联系着的不同方面被迫过于清晰地切割开来。最著名的是恩格斯在《费尔巴哈论》中提到的例子:

"idealism"一词,既可以理解成中文的"理想主义"的意思,也可以理解成中文的"唯心主义"的意思。当我们强调"唯心主义"与"理想主义"之间的区别的时候,往往会忽视这两者之间的联系,而这种联系在西方人那里或许是比较理所当然的事情。我们在讲近代西方哲学的时候经常碰到的另一个问题是"rationalism"的翻译,它既可以译成"理性主义",又可以译成"唯理论"。在不同的语境中用这样两个中文词来翻译rationalism这同一个英文词,有助于区别西方哲学中的两个不同争论:rationalism(唯理论)与 empiricism(经验论)的争论和rationalism(理性主义)与 irrationalism(非理性主义)的争论。但这种译法同样也强化了"唯理论"与"理性主义"之间的区别,而忽视了两者之间的联系。

同样,英文中的"law"既可以译成"规律",也可以译成"法律"。按照中国人的理解,规律是客观存在的,法律是人为制定的。中文翻译 law 必须在"法律"和"规律"之间作区分,有助于凸显"自然的东西"和"人为的东西"之间的区别,但这样一来,西方社会思想中的"自然法"的概念就很难理解,西方自然哲学中关于上帝是自然界之"法则"的制定者的思想也较难表达。李约瑟曾经分析过这种情况对中国科学思想传统的不利影响。

类似的情况在翻译"civil society"一词的时候也有。在西方,civil society 的含义随着社会史和思想史的演变,已经发生了较大变化。因此,civil society 在汉语中不仅可以译成"市民社会",也常常可以译成"公民社会"、"民间社会",甚至"资产阶级社会"（"civil society"的德文对应词"buergerliche Gesellschaft"
的字面意思就是"资产阶级社会"）。问题是，中文的这四个词的
意思不完全相同，而我们在特定语境中必须选择其中之一来翻
译 civil society。这四个词虽然不同，但相互之间有重要联系；
当我们选择其中之一来翻译 civil society 的时候，我们不得不切
断所选择的那个中文概念（如"市民社会"）与其他中文概念（如
"民间社会"）之间的联系。为了解决这个问题，德国人干脆在
buergerliche Gesellschaft 之外使用一个在形式上与 civil
society 直接对应的词——"Zivilgesellschaft"。但我们在汉语
中好像没有这个便利，由此就会出现一些特殊的麻烦。

　　引入新的概念区分的第四种情况：西文中存在着重要差别
的两个概念，中文作者意识到两者的区分，都认为应该用两个
不同术语来翻译，但究竟用哪个术语翻译哪个概念，没有达成
共识，由此会引起一些误解，甚至比较严重的误解。比方说：
rationality 和 reasonableness，哪个译成"理性"，哪个译成"合理
性"？ action 和 behavior，哪个译成"行动"，哪个译成"行为"？
万俊人译的约翰·罗尔斯的《政治自由主义》和姚大志译的罗
尔斯的《万民法》，都把 reasonable 译成"理性的"，而把 rational
译成"合理的"，但我认为，罗尔斯对 reasonable 的理解类似于中
文的"合乎情理"，故主张译成"合理的"，而 rational 一词则常常
用在"the theory of rational choice"（理性选择理论）之类的词组
中，故主张译为"理性的"。尤根·哈贝马斯用的 action 和
behavior 两个词，许多论者都没有太在意它们之间的区别，而我

觉得应该重视两者之间的区别,不仅因为哈贝马斯本人很重视这种区别,而且因为忽视这种区别会产生重要的理论后果。我而且还认为应该把 action 译成"行动",把 behavior 译成"行为"。当然,尽管我对自己的观点进行了一些论证,但我主要根据英美行动哲学所提出的这种观点到底是否有充分根据,我自己也没有十分的把握。然而重要的是,这些问题若不搞清楚,我们在从事西方哲学的翻译和研究的时候,所造成的问题可能还多于所澄清的问题。

引入新的概念区分还有第五种方式。往往有这种情况,即英文中的两个不同概念,在我们这里是用同一个术语翻译,而这个术语若放在不同语境中,我们通常是知道应该做不同理解的,但用它来翻译两个英文术语的话,常常会带来理解上较大的不确定性。比方说,英文的"efficiency"和"validity",中文常常都译成"有效性",但我们都清楚,当我们说"这个方案太脱离实际了,根本就缺乏有效性"的时候,与我们说"这规定是某某人违反程序制定的,根本就缺乏有效性"的时候,"有效性"这个词的含义是不同的:前者是指经验意义上的"效用性"、"实效性",而后者则指规范意义上的"正当性"、"值得承认性"。这里说的"规范意义上的"、"正当性",看上去只涉及社会领域的人际关系,但若从语用学的角度来考察认识论问题,也涉及事实命题是否"真实"或是否"符合"的问题:根据语用的真理论,说命题之为真的主张,也是一种"有效性主张",是有待于认知商谈参与者们通过合理商谈来确定应否认可的。这两种意义上的"有效性"之间的区别,我们在日常语用活动中通常已有所意识,但未必非常明确;借助于 efficiency 和 validity 的区分,可以对二者在中文语境中的区别有更加明确的意识。但如果我们不努力从建立必要的概念区分的角度来看待问题的话,我们反而会因为中文当中用的是同一个词,反过来连西方文本中已经相当明确的概念区分也视而不见。与此类似的是"legality"和"legitimacy",中文常常把两者都译成"合法性",但我们在说"政府的这个房屋拆迁行为根本没有合法性"的时候,我们的意思可能是政府的这个行为没有法律依据,也可能是政府的这个行为即使有实证法的依据的话,也缺乏道德正当性。在特定的语境中,我们所说的"合法性"到底是什么意思,我们是可以区别的;但抽象的一句话,尤其是在中文语境中翻译或转述西方人的一句话,确切的含义往往不容易搞清楚。就像借助于 efficiency 和 validity 的区分,可以把我们在不同语境中"有效性"一词的含义的差别有更明确的意识一样,借助于 legality 和 legitimacy 之间的区分,我们也可以把不同语境中"合法性"这个词的不同含义搞得更加清楚。当然,就像刚才所说,另一种可能恰恰是反过来把汉语中非分化状况带到对西方哲学的理解中去。

有必要强调一下,我们在这里要搞清楚的不是某个多义词的多种词义,也不是两个近义词之间的联系和区别,而是搞清楚对于个体成长、社会进步来说非常重要的一些范畴区分问题。前面提到的两种"交往"概念也属于这种情况:Verkehr 讲

的是经济社会意义上的物质流通和人际往来，Kommunikation
讲的是精神文化意义上的语言交际和思想沟通，两者之间有
重要区别，但这种区别背后恰恰蕴涵着重要联系。这两种"交
往"之间的关系确实值得研究，但要明确，那是在研究以同一
个中文词"交往"所表示的两种情况之间的关系，而不是马克
思和哈贝马斯对同一个 concept 的两种不同 conceptions 之间
的关系。前面提到的 criterial conception of rationality 和
critical conception of rationality 之间的关系也是这样。critical
conception of rationality 虽然是中文作者对原书中 criterial
conception of rationality 这个词的误读的结果，但它的含义基
本上也就是普特南在书中所说的 non-criterial conception 的意
思。因此，把 criterial conception of rationality 误读成 critical
conception of rationaltiy 不仅是看错了一个词，或出现了一个
误译，而是漏过了一个重要的概念区分。

　　以上所说的对重要的概念区分的忽视、混淆和倒置，是我
今天所说的西方哲学研究的思想风险的重要表现。要规避这
些思想风险，我们不仅要对西方哲学的中文译本作谨慎对待，
而且要对概念区分的哲学意义——很大程度上也是概念区分
的文化意义和社会意义——高度重视，这同时也意味着更加重
视对西方分析哲学的研究，更加重视把哲学文本的研究和哲学
问题本身的研究的结合，更加重视在用现有中文词汇进行哲学
研究的同时，借助于哲学研究来提炼和改进我们的学术语言与
日常语言。

三、西方哲学中有些问题和概念与西方语言和
文化难解难分,要通过用汉语的研究来
显示其在汉语世界的意义尤其困难

　　概念区分主要是分析哲学传统的特点;与分析哲学的中国研究相比,欧陆哲学的中国研究,以及西方古典哲学的中国研究,可能有更大的思想风险,因为在这些研究中涉及了更多与西方语言和文化难分难解的问题及概念。

　　近年来我国哲学界围绕"Sein"或"being"应该译成"存在"或"存有"、"在"、"有",还是"是",以及与之有关的对"ontology"该译成"本体论"还是"是论"等展开了热烈的讨论,是我国的西方哲学研究涉及与西方语言和文化极难分开的问题和概念的一个典型例子。这种讨论表明,对于西方哲学的最基本的概念和最基本的分支,中国哲学家们有各种不同的理解。但这还不是我今天要说的中国人的西方哲学研究的思想风险的主要根源,因为在西方哲学家当中,对 Sein 和 being 也有许多不同的理解,尽管这种"不同"的程度可能低一些。我这里要强调的是,中国哲学家在选择对 Sein 或 being 做某种特定解释的同时,还面临着如何处理与这个德语词或英语词或它们的希腊语和拉丁语的对应词有关的其他词的关系的问题,尤其是如何用汉语来表达这些关系的问题。这样的问题在研究西方哲学的西方人那里可能就不大会出现。陈嘉映有

一个说明,或许有助于说明这种困难。他说:"Sein 通常相当于现代汉语里的'是'。Die Rose ist rot,你一定译做玫瑰'是'红的。Ontologie 讨论的那些深不可测的问题,就是从系词这种通常用法来的。把 Sein 译做'是',多少能透露出高深义理和通常用法之间的联系。"①而他又说:"但我们立刻会碰上一个技术性的困难。困难虽说是技术性的,但几乎无法克服。看一下这句话——Das ontologische Sein des Daseins ist...能译做'此是之是论之是是……'之类吗?"陈嘉映说这不是他有意刁钻挑出来的例子,"熟悉《存在与时间》的读者都知道这样的句子在在皆是"。②

除了 Sein 以外,倪梁康在"关于海德格尔哲学翻译的几个问题之我思"中还提到了一些概念的汉语翻译,如"Dasein"译成"亲在"、"缘在",或干脆不译,直接引用原文。"Ereignis"译成"大道"、"统化"、"本是"、"本有"、"缘起生成"、"庸"、"本成"。"Lichtung"译成"澄明"、"开启"、"林间空地"、"林间空场"、"自身揭示所在"、"疏明"、"疏明之地"。针对这种情况,倪梁康说:"大多数译者都认定自己的专有译名经过深思熟虑,因而不愿轻言放弃。现象学概念中译名的现状总体上看要比德国古典哲学概念中译名的情况混乱得多。尤其是在海德格尔哲学概念上,而且是在其基本概念上,中译名的混乱与不统一已让人

---

① 陈嘉映:"也谈海德格尔哲学的翻译",《中国现象学与哲学评论》第二辑《现象学方法》,上海译文出版社 1998 年版,第 287 页。

② 同上。

感到无所适从。"①

类似的话孙周兴也说过,他在谈论"Transzendenz"(超越)、"transzendental"(先验的)和"transzendent"(超验的)三个术语的中译的时候写道:"众所周知现在汉语学术的译名有点儿混乱,有时简直让人不知所从。"②

面对这种局面,陈家琪发出这样的感慨:"解释(翻译只是一个方面)的乃至哲学自身的界限(不是指标准)到底何在或有无界限?在对哲学问题的思考中,当语言、文化的因素不得不纳入我们的视野时,这个问题真变得有点含糊了……"

我现在的问题是:这些当代中国学界最好的头脑们,这些二十多年如一日啃着硬骨头的"海学"家们,当他们异口同声地发出"无所适从"、"不知所从"的时候,我们该如何来看待西方哲学研究的思想风险?

与上面几位相比,张祥龙是对西方哲学的这种思想风险估计最严重的,同时大概也是对规避这种风险的可能抱有最高期望的。他借助于维特根斯坦、海德格尔、德里达的观点来表明:"理解的根本不在于线性的对应,即能指符号与所指(包括所译原著的所指)的对应和相符,而在于结构中的多维可能的开启和沟通、语言游戏的形成和语境印迹的'播撒'(dissemination),

① 倪梁康:"关于海德格尔哲学翻译的几个问题之我思",中国现象学网,http://www.cnphenomenology.com/modules/article/view.article.php/355/c7,最后访问于2009年8月10日。
② 孙周兴:"超越·先验·超验——海德格尔与形而上学问题",学术中华网,http://www.xschina.org/show.php?id=5290,最后访问于2009年8月10日。

也就是边缘感的活跃、'对应'在'遗失'后的'再现'以及构意间隙的蜂窝状出现。"①他承认,翻译这种"游戏"文字要比译平板的文字从技术上更难;但他认为,恰恰是这种"最困难"的翻译,同时又是"最有趣、最有可能引发出文化间的相互理解的翻译":

> 语言游戏现象使得线性的对应翻译不可能,但并未使翻译本身不可能;相反,它倒是逼人去进行那可能引发出理解的翻译,也就是丢开"一天译五千字"一类按部就班的计划,潜心于对原著的揣摸、品味和理解,然后在另一个语言的结构中,就合着那个特定语言的特殊表现方式,摸索和开创出一种新的表达。它是原作"播撒"出的"印迹",悬浮于一个微妙的平衡之中。相对于原作,这新的表达几乎肯定要做"扭曲",拓扑式的翻转、拉挤、错位。这里既有造成断裂、歪曲而完全丧失原意的危险,又有不毁掉原本(原来的文本)生机而让其在新语境中成活的些微希望。"何处有危险,何处也就有希望"(海德格尔所引荷尔德林的诗句)。没有这种危险之处,也就没有这种希望,这正是上边讲到的"边缘"和"空隙"的含义。真正的翻译是非机械的、将技术变为艺术的转化,有希望引出领悟的转化与"变易"。它总在涉险,"挽狂澜于既倒"或被狂澜吞没。②

①　张祥龙:《海德格尔思想与中国天道》,生活·读书·新知三联书店2007年版,第293页。
②　同上书,第295页。

这种意义上的翻译与我们通常所理解的翻译,尤其与我们通常所见的翻译,相差何其之远! 这哪里是翻译,这分明是研究! 但这样说也还没有把握住张祥龙这段话的核心意思。确切些说,这哪里是我们通常所理解的西方哲学研究! 再进一步说,这哪里是我们通常所理解的哲学研究!

对这样的问题,我猜想张祥龙会回答:当然不是,真正的哲学就是要超越所谓"通常"的东西,那种人云亦云的东西!

在我看来,对哲学研究做这样的理解,对西方哲学研究做这样的理解,很可能是要么极有意思,要么是极没有意思,而且极没有意思的可能性要高于极有意思的可能性。如何避免第二种可能,或至少是如何避免这两者之间的非此即彼,是我今天所说的"规避西方哲学研究的思想风险"的命题的最重要内容。

从形式上说,张祥龙提出的一个建议我觉得很值得重视:

> 对于这种最困难又最有趣、最有可能引发出文化间的相互理解的翻译,还可给一个具体的建议:即这种译文应放弃"平整可观"和"以原著文字为中心"的要求,而以增加理解的维度为目的。所以,"译者注"要从以前的仆从地位上升到多中心之一的地位,形成与正文互映互喻的一个经纬结构,就如同中国古籍的注疏一般,甚或更突出得多。这不仅指译者注的分量和频率大大增加,也指注评的功能种类或维度的增加。译者不仅给出第一次出现的关键词的原文及构词特点、游戏方式的说明,而且要显示出它们

在行文中的应机表现,这些词相互之间的或明或暗的关系网络,它们在其他作品包括其他作家的文字中的前兆、呼应、折射和流变,它们在其他的技艺和文化形态中谐音与余韵,等等。而且,以"集注"的方式给出有此著作以来其他研究者、译者的译法、注释、解释、评议、变形转现等等。此外,译者可在某句、某段、某章及全文之后附上自己由此而生的反思、评点、感触,如"太史公曰"或"脂砚斋评"一般。由于明白地标出是译者的"独出心裁",反会有"在无形中歪曲原著"的危险。最后,一部完整的译本还应包含原著的原文,以增加一个维度。总之,译本以有机的多样、质的多维为尚,而不以"短、平、快"为荣。①

这个建议要认真实行的话,难度当然极高。但一般而论,提倡西方哲学著作的译者为译作尽可能多地加注,应该是一个规避西方哲学研究的思想风险的最重要措施之一。

从内容上说,我要向包括张祥龙在内的这些学者们,这些才华出众因此容易孤芳自赏的学者们提出这样的建议:在翻译胡塞尔、海德格尔之余,你们最好还能经常地讨论一些我们平常人理解得了的问题,可以是专业问题,也可以是日常生活问题,最好是经过专业提升的日常问题。对于那些借助于他们的译本进行西方哲学研究的人们,我建议同时也更多地关注这些学者们对日常问题的专业讨论,看看他们在这些问题上是否确

---

① 张祥龙:《海德格尔思想与中国天道》,生活·读书·新知三联书店 2007 年版,第 296 页。

有高明见解,有什么样的高明见解。

　　我觉得,哲学术语一定要与我们的日常生活发生联系——或者其术语本来就是日常用语,或者它能用日常用语加以阐释,才真正有意义。相对来说,分析哲学虽然有时会用一些人工符号,但与日常生活联系更密切——如前所述,在中国研究分析哲学的好处是提醒我们,原来在我们的思维深处已经存在着这样、那样的范畴区分;随着社会的发展,原先看似只具有理论意义的概念区分越来越具有显示的社会意义。分析哲学的中文译著的内容一开始会使国人很陌生,诸如"分析"与"综合"、"经验"与"先验",尤其是"意义"与"意谓"、"合理的"与"理性的"之类的,但经过解释、经过把这些术语夹杂在日常语言中使用,人们慢慢会在日常生活中适应并接纳这些概念。但在中国研究海德格尔之类的哲学,其意义很大程度上是语用学上的而不是语义学上的。这些哲学与特定民族如欧洲或德意志民族特有的语言和思维方式的联系的密切程度,使得让这些哲学家讲汉语很难有公认的成功效果;即便这些哲学家在孙周兴们的教导下结结巴巴地用汉语讲下来了,听的人常常也仍然会觉得莫名其妙、无所适从。在这种情况下,在中国研究欧陆哲学,我觉得最重要的成果可能并不是用疙疙瘩瘩、莫名其妙的汉语译成的那些中文版海德格尔著作的内容本身,而是译者在把海德格尔著作译成中文的时候所获得的那种未必已经在译文中找到合适表达方式的理解和体会。这些理解和体会真正起作用的地方,可能不局限于他们笔下的那些译文,也包括甚至首先是他们在其他场合用普通中国人能理解的语言来对种种问题的讨论。这些人的翻译工作就是他们进行哲学思考、甚至哲学训练的过程。那些阅读他们译著的人们，如果不愿意同样经历从德语原文向汉语译文的转变过程，如果不重视他们自己写的东西，往往是这些译者的"陪练"或"拉拉队"。与运动场上的陪练或拉拉队不同的是，哲学界的陪练和拉拉队非但没有薪酬或补贴、加分，反而要付钱买书，并且很可能因此而在哲学上、思想上虚度一生。

　　这样的说法或许有些危言耸听，但我想，在任何领域，有效规避风险的一大条件是对风险有清醒的认识；在学术研究中要有效规避西方哲学研究的思想风险，同样要对这种风险有清醒的认识。

德国的纪念文化与弗里德里希·席勒的世界性遗产[*]

克劳斯·迪克

主讲人简介

克劳斯·迪克(Klaus Dicke),The Coimbra Group 名誉主席、德国耶拿大学校长、政治学教授、复旦大学名誉教授,其主要著作有:*Effizienz und Effektivität internationaler Organisationen,Menschenrechte und Entwicklung*(合著)等。

---

* 本文是 2009 年 2 月 24 日克劳斯·迪克教授在复旦大学社会科学高等研究院演讲的整理稿。非常感谢迈克尔·德雷尔(Michael Dreyer)教授对本文写作提出了宝贵的意见。

时　间：2009 年 2 月 24 日 14：30

地　点：复旦大学光华楼东辅楼 103 报告厅

主持人：邓正来（复旦大学特聘教授、社会科学高等研究院院长）

导　言

耶拿这个小城有很多历史遗迹，其中一处是弗里德里希·席勒避暑山庄之内的花园。在这个花园的一个角落里，有一张厚重的石桌，可供游人休息时使用。在 18、19 世纪之交时，弗里德里希·席勒常与歌德在这个石桌旁聚会。他们谈天、制订计划并写下后来以《讽刺诗》出版的诗篇。席勒的出版商在推广该书的一封信中写道："人类最重要的事情莫过于了解自己的命运。"（"Nothing is more important to mankind than to know its destiny."）①这句话不但是席勒与歌德之间友谊本质的明证，同时也真实描述了对启蒙运动这一欧洲史上特定时期的自觉和理解。在欧洲，启蒙运动的遗产产生了现代民主宪政、现代文艺、大学自治及造福于民的科学——或者，简而言之，产生了欧洲 19、20 世纪的现代化。

哈勒大学"魏玛及启蒙运动中心"（Weimar and the

---

① Nichts ist der Menschheit so wichtig als ihre Bestimmung zu kennen, Buchhändleranzeige Xennien.

Enlightenment Center at the University of Halle)有一个"古典
基金会"(Classic Foundation)——弗里德里希·席勒—耶拿大
学(the Friedrich-Schiller-University of Jena)联手该基金会,共
同创立一个称为"启蒙运动实验室"的研究系列。在该研究系
列中,社科及人文的诸位学者共同合作,以发现那些源于我们
可称之为"1800 年魏玛—耶拿事件"的现代化道路。这个流行
词——"1800 年魏玛—耶拿事件"——独一无二地囊括了一批
从 1776 年到 1835 年之间在魏玛与耶拿双城中的作家、哲学家、
科学家及艺术家。① 我的演讲将主要介绍到目前为止该研究系
列中有关弗里德里希·席勒的研究成果。我的一个导向性的
问题是:在 2009 年,德国会庆祝席勒诞辰 250 周年。自从 1934
年开始冠以席勒的名字以来,耶拿大学的责任与贡献将是什么
样的呢? 作为一个政治科学家,我将集中讨论作为政治理论家
的席勒。我将提出这样一个命题:耶拿大学在聚焦于席勒的政
治遗产之时,将拥有一个影响德国纪念文化的独特契机。为了
对这一命题展开讨论,我将首先简要介绍一下这种纪念文化。
本文的第二部分将转入关于席勒作为政治理论家的讨论。在
最后一部分,我将作出一些有关耶拿大学 2009"席勒年"方案的
结论。

---

① 比较 Klaus Manger, *Das Ereignis Weimar-Jena um* 1800 *aus literaturwissen-schaftlicher Sicht*, Stuttgart/Leipzig, 2005。

一、德国的纪念文化

纪念文化是德国及欧洲当下政治生活中最突出的特色之一。[①] 议会、学校、媒体,尤其是出版业、大中小院校、博物馆、剧院及地方文化局从不错过任何这样的机会来组织活动、讨论、讲座,发表一系列专家文章,播放专家访谈或庆祝周年庆典,以及举办"纪念某某"的公共讲座。归功于诸纪念活动,地方、区域及国家用红字标识的纪念日、周、月,甚至年,数量日增,以纪念机构成立,或是艺术家、作家、政治家、哲学家诞辰或忌日。因此,以 2008 年的耶拿大学为例,我们庆祝了 450年校庆、大学主楼 100 周年庆典、大学乐团 50 周年及生物门系博物馆(Phyletic Museum)100 周年。2009 年,德国庆祝魏玛国民议会 90 周年、德国第一部民主宪法——《魏玛宪法》90 周年、目前的德国宪法——《德意志联邦共和国基本法》(Grundgesetz,以下简称《基本法》)60 周年、作曲家费利克斯·门德尔松-巴托尔迪(Felix Mendelssohn-Bartholdy)200 周年诞辰、莱比锡大学 600 周年,及耶拿大学今年的重头戏——席勒诞辰 250 周年。席勒是耶拿大学冠名的人物,德意志民族最负盛名的诗人之一、欧盟之歌——《快乐歌》和《欢乐颂》(Freude

---

① 比 较 Volkhard Knigge/Norbert Frei (eds.), *Verbrechen erinner*, *Die Auseinandersetzung mit Holocaust und Völkermord*, Bonn,2005 中的学术贡献。

schöner Götterfunken）——的词作者。（这样的纪念活动很多）我们同样可以非常容易地加上一个相似的英国、法国或意大利的纪念活动清单。

从一名像我这样的政治学家的观点来看，该纪念文化同时完成了多项使命。其中最重要的莫过于以下五点：

第一，该文化塑造并不断地重振公众集体记忆。因此，在2009年，学校会安排阅读席勒的剧作、论述《基本法》，各个大学会举办关于宪法历史的公共讲座，有为门德尔松-巴托尔迪专设的节日，德国大学校长联席会议及其他学术机构会在莱比锡举办年会，德国期刊上将充满有关诸纪念话题、富有见地的研究论文。我们可将之描述为一种在欧洲社会集体记忆图上强大的日程制定功能。

第二，时下的纪念文化发挥一种"民间宗教"（civil religion）的作用，这在某种程度上是德国特有的。前面所提到的所有周年纪念活动邀请并预期公众能够与庆祝活动、机构或个人产生一个积极的身份认同。然而，与那些积极并带有强化性质的纪念活动形成鲜明对比的是，这种纪念文化还有一个"第二轨道"（the second track），即"永远不再"的纪念日程（the "never-again" commemorative agenda）。第二次世界大战之后，德国重视历史研究及教育，以保持对两次世界大战及大屠杀和纳粹制度残酷性的鲜活记忆。这种努力还有一个目的，那就是防止德国再次筹划战争，或背弃其有关人权和人类尊严的历史承诺。这个政策在20世纪80年代获得了一种新的动力，当时，在柏林的德国国会大厦（Reichstag）开过一个有关纳粹1933年1月上

台 50 周年纪念的全国性会议。通过该会议,学者及媒体重新
关注民族社会主义的历史。在积极的日程(positive agenda)和
"永远不再"的日程之间形成的鲜明对比深深地烙在公众良知
之中:德国之历史传统亦善亦恶,纪念文化一个重要的功能,就是
不将这种善恶拆开,以遮羞避丑,而是推动对历史的整体认识。

　　第三,这一点对德国来讲很重要,即纪念文化使遍布州、
市、大学、教堂及公共组织的公共注意力多元化。总体而言,纪
念方式公平公正,能够让政治和文化历史中的不同地点在全德
国范围内提高知名度。在我的学术生涯中,我必须要学习了解
不下五个大学、市和州的历史。我现在虽然居住在图林根州
(the State of Thuringia),但是德国媒体通过不同方面,如门德
尔松-巴托尔迪生平、介绍包括席勒出生地——马尔巴赫市在内
的符腾堡王国(the Kingdom of Württemberg)、先人谈判或协
商制定《基本法》的地点,不断地为我提供了审视汉堡和莱比锡
历史的新洞见。

　　第四,在一个飞速发展的世界里,纪念文化通过使历史变
得触手可及的方式为人们提供了平稳感、传承感,甚至超越感。
政治家兼政治学家的卡洛·施密德(Carlo Schmid)在 1959 年
有关席勒的一次纪念演讲中指出:"较之于瞬影飞逝的日常活
动,我们在数百年历史背景映照下获致的某种考量中之所见,
会使我们更为明了某些事物的价值。"[1]我会毫不犹豫地把这种

---

① 　Carlo Schmid, Vom Reich der Freiheit, in Bernhard Zeller (ed.), *Schiller*: *Reden im Gedenkjahr* 1955, Stuttgart 1955, pp. 99-120.

功能(function)在一定意义上与亚洲文化中的敬奉先贤相提并论。在当今社会中，人人都受制于现代生活的"加速"，在这种情况下，一个经常回顾历史的公共文化能够满足每个人的基本需求。

最后，这种纪念文化还有经济的一面。历史学家、新闻记者、公共和私人机构在一个可称之为"纪念产业"中找到一份职业。顺便提一下，这对大学来讲是个好消息，因为，不仅学者是这一产业的一部分，而且也让公众产生了对有教养的、专于下述一些领域的专家的需求：学术史，以及那些将展览、人物专栏(features)、历史事件和其他纪念方式结合起来的更具实践性的领域。

显然，这种纪念文化已经被高度政治化了，尤其在德国纪念文化具有这种双轨的性质的背景下。有一个问题变得不容小视，即"在2009的'席勒年'里，耶拿大学要向何处去"。席勒好比歌德的一个孪生弟兄，德国人庆祝他诞辰250周年，将给耶拿大学提出双重挑战：首先，大学不仅要参与其中，同时还必须在这些纪念性的活动中发挥主导作用。我们的大学不但冠以席勒的名号，而且，他在1789年被聘为耶拿大学的终身教授。他关于正确研究普遍历史的就职演讲享誉海内外。席勒在耶拿的避暑山庄，就是他写出力作（诸如《华伦斯坦》三部曲）的地点，而且是他与歌德经常聚会的地点。正是在耶拿，席勒研习了康德哲学，并发展出他自己的政治理论以及对自由的理解。

讲到此处，似无大碍。然而，在另一方面，2009年耶拿还有

另外一个周年纪念:75 年前,正是图林根纳粹政府,冠本校以
"弗里德里希·席勒大学"之名。这个事件的发生有三重背景:
其一,1934 年是席勒诞辰 175 周年,人们举办了许多纪念活动,
旨在将纳粹运动与德国古典主义的伟大文化传统联系起来;其
二,当时耶拿有一个旷日之辩,即是以大学创始人约翰·弗里
德里克(Johann Friedrich)还是以弗里德里希·席勒之名来重
新命名图林根州立大学(Thüringische Landesuniversität);其
三,图林根纳粹政府作出了一个有利于弗里德里希·席勒的
决定。①

　　在这个背景下,我现在要问:是否席勒政治理论本身能为
我们制订一个周全的纪念活动提供任何建议?

二、席勒的政治理论

　　从很早开始,席勒深受启蒙运动精神的熏陶。他在戏剧、
信札、文章及论文中所涉猎的议题,都处在欧洲 17 世纪末及 18
世纪后人称为"启蒙运动"的伟大讨论之内。18 世纪末,多名哲
学家、作家参与"何为启蒙运动"的讨论,包括伊曼努尔·康德
和摩西·门德尔松(Moses Mendelssohn)。撇开该讨论不谈,

---

　　① Jürgen John/Rüdiger Stutz, Die Jenaer Universität 1918-1945, in *Traditionen-Brüche-Wandlunge*, *Die Universität Jena 1850-1995*, ed. by Senatskommission zur Aufarbeitung der Jenaer Universitätsgeschichte im 20. Jahrhundert, Köln/Weimar/Wien,2009, pp. 463-466.

在我们转向质询席勒如何融入于这幅场景之前,简短归纳一下"启蒙者们"所共同关心的话题大抵是有用处的。"启蒙者"的讨论内容有不下七个议题:

第一,对所有启蒙者而言,"启蒙"意味着在生活各个方面教导及启发对人的认识。这种教导及启发有一个整体的重心:启蒙者不懈努力于"育人以自由之实践"[①]。在这种努力中,科学发挥了重要作用;根据法国《百科全书》,启蒙者们视实践知识为解放人类的方式。

第二,启蒙运动最重要的前提之一,就是在历史进步观上达成一个共同的信念。人人皆信奉变化——人类行为的变化以及社会结构的变化。只有在德性的变化是否可能的这个问题上,才显现出 18 世纪末启蒙论点之间的分歧。但是总体而言,他们都具备一种"是的,我们能做到"(yes, we can)的精神。

第三,从本质上讲,启蒙运动是反教条主义的。他们摒弃了以圣·托马斯·阿奎那及后来的其他权威为代表的本体论形而上学的传统,发展出一种论辩文化(a culture of argument),确立了"非经理性检验、确定及授意则无效"的原则。启蒙运动的这一特定方面,后来被黑格尔称为"新教及一个崭新纪元的伟大原则"[②]。

[①]　Florian Weber, Goethe und Schiller zwischen Poetik und Politik, in Klaus Dicke/Michael Dreyer (eds.), *Weimar als politische Kulturstadt, Ein historisch-politischer Stadtführer*, Berlin/Jena, 2006, p. 109.

[②]　Georg W. F. Hegel, *Grundlinien der Philosophie des Rechts* (Werke Vol. 7), Frankfurt a. M., 1970, p. 27.

　　第四,启蒙运动的重中之重在于反专制,因此,它本质上是政治性的。启蒙运动的头号敌人是旧制度中独断君主的专制,及墨守各种传统权威的家长式和虚张声势的作风。在启蒙思想中,革命之志永存。美国大革命与法国大革命成为启蒙运动的成果兼转折点,这一点绝非偶然。

　　第五,启蒙运动的总体思想在于以人为本,从本质上讲是个人主义的。人,而非自然;人,而非国家,才被视为是必然的。自然、社会及国家,都只不过从属于人定的法则而已。自治自决是启蒙运动的核心理想。

　　第六,启蒙运动是一个泛欧洲的运动。以席勒为例,他通悉意、西、荷、法、英等国的历史,他遍览弗格森、孟德斯鸠、卢梭、伯克及德国思想家的作品,由此开阔了视野。魏玛的启蒙者们不但翻译了莎士比亚,还翻译了伏尔泰及意大利和西班牙作家的作品。虽然德国启蒙运动的历史集中于诸如魏玛、汉堡、沃尔芬比特尔、莱比锡等地方[1],但是,启蒙者之间达成了一个共识,就是要让这个运动跨越文化及国家的边界。

　　第七,由此产生另一启蒙运动的标志性元素,即世界主义(cosmopolitanism)。席勒作为见证人曾宣称:"欧洲诸国已成一家。"席勒相信,他生活在一个"世界主义来临"的时代,"所有有思想的人,都在一个世界性的联合体中团结

---

　　① 比较 Engelhard Weigl, *Schauplätze der Deutschen Aufklärung*, Ein Städterundgang, Reinbek,1997。

起来"①。

　　紧接启蒙时代之后,在19世纪早期,浪漫主义掀起强势的反启蒙运动。即便如此,启蒙运动为欧洲学术、文学、宗教、艺术及政治的现代性扫清了道路,这一点是毋庸置疑的。后者的这种情形是否也同样适用于席勒呢?

　　的确如此。这一结论,哪怕对席勒作品的本质只是略略一瞥,也不难得出。这些作品包括戏剧、哲学,尤其是18世纪90年代的美学作品及其历史著作。席勒写过《尼德兰独立史》(1788)及《三十年战争史》(1793)的严肃学术专著,他还有一系列的戏剧作品——从《强盗》、《斐爱斯柯》到呼吁言论自由的《唐·卡洛斯》,从《华伦斯坦》或《玛丽亚·斯图亚特》到《威廉·退尔》,这些作品都关注于反专制斗争、社会及政治解放、权力合法性乃至反抗的权利。他的哲学著作——尤其是《审美教育书简》(1795)——则涉及自由理念。这些作品与启蒙运动的内容完美地结合在一起,它们或多或少关注的都是那些研究现代政治科学的学者们所熟悉的主题。

　　根据这个匆匆一瞥所能得出的结论来看,一个颇令人讶异的地方在于:直到最近,政治理论及政治观念史的研究才注意到席勒,在此之前,他几乎完全被忽略掉了。这个解读及纪念席勒的政治盲点是非常令人诧异的。主要原因有四:首先,人

----

　　① Frederick C. Beiser, Enlightenment, Revolution, and Romanticism, *The Genesis of Modern German Political Thoughts 1790-1800*, Cambridge, MA: Harvard University Press,1992, p. 91.

们根本就不愿意视席勒为理论家。《席勒——被低估的理论家》是一本在 2007 年出版的书的名字①。其二，政治学家们完全没有注意到席勒作品中大量的关于制度、宪法结构或政治机制的细致分析。席勒本非宪法学家，他也不准备参与到当代政治的辩论中去。恰恰相反，在写给歌德的一封信中，他明确反对任何政治化的意图，他写道："我从未写过针砭时弊的只言片语。"②席勒不符合主流政治学家或政治分析家及观察家的期待。其三，从政治角度来看，席勒是值得怀疑的。在评价人们对席勒《三十年战争史》的接受程度时，我的耶拿同事——乔治·施米特（Georg Schmidt）——曾表示：在 19 世纪，本书被职业史学家所排斥，因为，它的世界主义取向本身与 19 世纪以民族为导向的主流政治价值观背道而驰。③　其四，就哲学著作而言，席勒视自由为一个在美学或文化范畴之内的概念，那么政治学中究竟何为美学、何为文化？

最近，如我所言，这种从多方面看都是误导别人的观点已经有所改观，至少部分地归功于现代纪念文化的兴起，对这一过程，耶拿学者也参与其中。我将简明扼要地总结一下一些研

———————

　　①　Georg Bollenbeck/Lothar Ehrlich （eds.），*Friedrich Schiller. Der unterschätzte* Theoretiker，Köln/Weimar/Wien，2007.

　　②　〔德〕弗里德里希·席勒：《致歌德的一封信（1794 年 10 月 20 日）》。但实际上，席勒写了很多关于政治的句子，比较 Frederick C. Beiser，"Enlightenment，Revolution，and Romanticism"，*The Genesis of Modern German Political Thought 1790-1800*，Cambridge，MA：Harvard University Press，1992，p. 84 et seq。

　　③　Georg Schmidt，Friedrich Schiller und seine Geschichte des Dreißigjährigen Kriegs，in Klaus Manger/Gottfried Willems （eds.），*Schiller im Gespräch der Wissenschaften*，Heidelberg，2005，pp. 79-105.

究成果。时下，这些成果在介绍弗里德里希·席勒时，都把他称做是一个值得在政治理论教科书里提及的政治理论家。

　　上一次的"席勒年"是在 2005。当时，公众日程上安排的是席勒忌日的 200 周年纪念。所有学科，尤其是人文学科的学者，产生了丰硕的学术成果。这些成果在许多方面体现了一种对席勒作品的新解读。耶拿学者以数本学术专著冲锋在前[①]。这些出版物中讨论的话题之一是一种跨学科的尝试，以求从新视角来审视席勒的历史著作。根据这种修正的看法，并且作为这种修正最重要成果之一，席勒有关三十年战争及尼德兰为自由而战的史学研究，取决于他有关启蒙运动的一个信念，即史学研究需要在历史事件中考察自由的边界。在席勒 1789 年耶拿就职演讲——"我们为什么及为何目的而研究普遍历史"——中，他提出以理论为导向的史学方法论。在实践过程中，他在一定程度上追随一种康德的进路，视历史为"一种世界主义的意图"[②]。理性、文化进步及自由都是席勒在他历史著作中所要关怀的理想。当然，这种旨趣既不符合当时占主流地位的实证历史主义，也不符合 19 世纪末德国史学分析德意志民族发展的主流学术旨趣。乔治·施米特在总结自己的研究成果时称席勒是"一个为自由而战的世界主义斗士，在德国历史，尤其是新教伦理中，发现一个反专制的德意志自由原理，并且，

　　① Manger/Willems, Klaus Manger (ed.), *Der ganze Schiller—Programmästhetischer Erziehung*, Heidelberg, 2006.

　　② *Following Immanuel Kant*, *Idee zu einer allgemeinen Geschichte in weltbürgerlicher Absicht*, Akademie Textausgabe Ⅷ, Berlin, 1968, pp. 15-32.

他殚精竭虑,希望让这个原理能够泽被众生"①。从这个旨趣来看,席勒有资格被视为一个政治哲学家兼哲学历史学家(philosophical historian)。

　　最近跨学科研究的第二个重要发现,就是反思席勒对法国大革命的立场。印度学者苏布拉马尼安(Subramanian)令人信服地指出,席勒所著的《审美教育书简》一书受伟大的英国保守主义学者埃德蒙·伯克(Edmund Burke)的影响,因此应当将这本著作进行一番政治伦理意义上的解读。② 如同许多欧洲哲学家及作家一样,席勒赞颂法国大革命的反专制和共和主义。然而,当革命转向血腥和残暴时,他坚持与革命的后遗症保持距离。为此,他赢得了荣誉法国公民的嘉奖。苏布拉马尼安指出,对于残暴如何借理性及自由之名而进行的问题,席勒百思不得其解。他后来论证的脉络如下:席勒发现,纵观历史,人类有两种倾向,有两种模型可以解释人类行为,即由萨拜因·罗尔(Sabine Roehr)提出的和谐模型及自由意志取胜模型。③ 从本质上看,前者为美学,后者为伦理学。在《审美教育书简》这部著作中,席勒认为文化扮演的是一种中间调停的角色,各种

　　① Georg Schmidt, Friedrich Schiller und seine Geschichte des Dreißigjährigen Kriegs, in Klaus Manger/Gottfried Willems (eds.), *Schiller im Gespräch der Wissenschaften*, Heidelberg,2005,p. 105.

　　② Balasundaram Subramanian, Die "Ästhetischen Briefe" als "Fürstenspiegel" der politischen Moderne, Zum Einfluß Edmund Burkes auf Schiller, in Georg Bollenbeck/Lothar Ehrlich (eds.), *Friedrich Schiller, Der unterschätzte Theoretiker*, Köln/Weimar/Wien,2007,pp. 7-121.

　　③ Sabine Roehr, Freedom and Autonomy in Schiller, in *Journal of the History of Ideas*, Vol. 64,2003, p. 134.

解释模型也都存在局限性。所以，文化教育发挥了一个显著的政治功能：育人以美学世界中的和谐倾向，以及公民社会中自由意志耐冲突的能力（the conflict-bearing power）。相似地，弗里德里克·拜塞尔（Frederick Beiser）总结道，席勒"关于美育的学说，坦率地讲，极具政治性：它被视为一种共和宪政的基础。席勒相信，唯有美育，才能确保人民为共和国的高尚道德情操所激励。因此，任何称席勒将艺术与政治分离的说法，都与席勒的精神背道而驰，……他视美育为共和主义的利器"①。

　　耶拿哲学家比尔吉特·桑德考伦（Birgit Sandkaulen）详细地分析了席勒的学说。他认为席勒的美育计划目的在于在公民社会中结交益友、礼仪教化；以此类推，美育可以达到有关自由的教化。② 另一耶拿史学家——亚历山大·施米特（Alexander Schmidt）曾经说过："唯有通过美和品味，人类才能习得他的'社会性'，并把个人和谐地融合于人类的整体需求之中。"③而且，从另外一种意义上讲，施密特的解读是非常重要的，因为他指出了席勒在有关共和的著作中曾论及古斯巴达及古雅典的立法者——来库古（Lykurg）及梭伦（Solon）。施米特的研究表

　　① Frederick C. Beiser, Enlightenment, Revolution, and Romanticism, *The Genesis of Modern German Political Thought 1790-1800*, Cambridge, MA: Harvard University Press, 1992, p. 98.

　　② Birgit Sandkaulen, Schänheit und Freiheit. Schillers politische Philosophie, in Klaus Manger/Gottfried Willems (eds.), *Schiller im Gespräch der Wissenschaften*, Heidelberg, 2005, pp. 37-55.

　　③ Alexander Schmidt, Athen oder Sparta? Friedrich Schiller und der Republikanismus, in Klaus Manger/Gottfried Willems (eds.), *Schiller im Gespräch der Wissenschaften*, Heidelberg, 2005, p. 130.

明,席勒在法国大革命多年前就已提出他的见解。在耶拿的日子里,席勒反思康德、澄清自己的思想,并阐明了这一观点,发展出独到的理论进路。

三、结论:耶拿大学 2009 年纪念席勒的活动

最后,请允许我在结束语中再说两句,上述视席勒为政治理论家的解读,有助于弗里德里希·席勒大学在 2009 年开展席勒诞辰 250 周年的纪念活动。在我看来,有三条指导意见:

第一,更广范围内的纪念文化与诸跨学科进路之间有一个关联,这些进路最近对席勒政治理论提供了新的洞见;

第二,关于启蒙运动核心问题——“人的命运何在”,席勒的回答是:人的命运在于公民社会中的自由及和谐。这个图景并非意指一个没有冲突的世界,而是一个有教化的民众往来有礼的社会。

第三,席勒的学说似乎对形成一个全球性的社会意义非凡。席勒不但可以从多方面与非欧洲文化产生共鸣——这种和谐的理念即是一例[1],与此同时,席勒也倡导,待人接物要有礼有节。

---

① 有关席勒的和谐观,参见 Ronald D. Miller, *Schiller and the Ideal of Freedom: A Study of Schiller's Philosophical Works with Chapters on Kant*, Oxford, 1970, p. 91 et seq.

　　最后我想指出,在 2009 年夏季,耶拿大学将庆祝"年度席勒日",通过关于席勒政治理论之讲座来纪念其就职演讲。之后,我们将举办大学夏季节,在闻名遐迩的格里斯巴赫花园(Griesbach Garden)款待师生、职工及友人,共度良宵。一年之中,将举办数场讲座及辩论,从历史的角度来梳理全球范围内是如何接受席勒的。我们还将举办两个展览:一个在修葺过的席勒花园,另一个将展示一些有关席勒在耶拿活动及产生影响的档案,包括 1934 年大学的重新命名。250 周年纪念定在 11月 10 日举行。我的一个想法,就是鼓励不同文化背景的学生去解读席勒。我很荣幸也很高兴,能邀请复旦大学乃至中国的学生学者一起参与进来。

(林曦*译)

---

　　*　林曦,复旦大学讲师、社会科学高等研究院研究人员。

情性与礼义

——荀子政治哲学的人性公理

陈 来

主讲人简介

  陈来,1976 年毕业于中南矿冶学院(现名中南大学)地质系;1981 年毕业于北京大学哲学系,获哲学硕士学位,同年留系任教;1985 年毕业于北京大学哲学系,获哲学博士学位。曾任北京大学儒学研究中心主任、北京大学哲学系学术委员会主任、北京大学哲学系中国哲学史教研室主任。现任清华大学国学院院长、复旦大学社会科学高等研究院和武汉大学及香港科技大学兼职教授、首都师范大学特聘讲座教授、教育部社会科学委员会委员、中国哲学史学会会长等职。主要研究领域为：儒家哲学、宋元明清理学。主要论著有：《有无之境——王阳明哲学的精神》、《古代宗教与伦理——儒家思想的根源》、《朱子哲学研究》、《现代中国哲学的追寻》、《东亚儒学九论》等十余部。

时　间：2009 年 2 月 27 日 18：30
地　点：复旦大学光华楼东辅楼 103 报告厅
主持人：邓正来（复旦大学特聘教授、社会科学高等研究院院长）
评论人：朱维铮（复旦大学特聘资深教授、社会科学高等研究院学
　　　　术顾问）
　　　　张汝伦（复旦大学哲学系教授）

　　研究者早就注意到，荀子的人性理论与政治思想同霍布斯的人性观和政治思想颇有可比之处。列奥·斯特劳斯指出，霍布斯的政治哲学归结为"两条最为确凿无疑的人性公理"：第一条是自然欲望公理，第二条是自然理性公理。[①] 同样，研究和说明荀子政治哲学的基础，既可以采用传统哲学研究的论述进路，也可以取"公理"方法，即还原荀子政治哲学的原始假设和根本出发点。这将使我们可以更清楚地揭示出荀子哲学中最基本的价值及其结构。本文分为三大部分：首先，通过对情性

---

　　① 参见〔美〕列奥·施特劳斯：《霍布斯的政治哲学》，申彤译，译林出版社 2001 年版，第 10、17 页。

和势物的讨论,理清荀子政治哲学对自然状态必然引致争夺的人性论论证;其次,通过对分辨和礼义的讨论,说明荀子对息止争夺的政治条件的设计;最后,通过对心和知的讨论,说明荀子哲学中心作为理性的重要意义。

一、情性与知能

先看《荣辱》篇,荀子说:"材性知能,君子小人一也;好荣恶辱,好利恶害,是君子小人之所同也;若其所以求之之道则异矣。"①

"材性"指人生而具有的本性;"知能"指人生而具有的知觉本能和知觉能力,"一"即相同。荀子在这里强调人生而具有的本性和知觉取向,都是相同的,都是好荣恶辱、好利恶害的。这一段话是很有名的,不过也应指出,材性、知能作为两个概念,除了《荣辱》篇外,荀子很少使用。然而,虽然荀子很少使用这两个概念,但此处的重点在于说明人生而本有的性情,其讨论属于荀子对于人性的讨论,这里所表达的思想与荀子其他的情性论思想完全是一致的。

材性的概念应该包含有两个意思:性是生而具有的意思,

---

① 《荀子·荣辱》。以下《荀子》引文只引篇名。按王天海《荀子校释》言:"材性,资质、禀赋也。知能,即智能。一,一样,相同也。"王天海:《荀子校释》,上海古籍出版社2005年版,第137页。

材是本始朴材,也就是原始素材的意思。材性的生而具有的性质与材性的原始素材的意思,荀子在《荣辱》篇的另一个地方也谈到了,他说:

> 凡人有所一同:饥而欲食,寒而欲暖,劳而欲息,好利而恶害,是人之所生而有也,是无待而然者也,是禹、桀之所同也。目辨白黑美恶,耳辨声音清浊,口辨酸咸甘苦,鼻辨芬芳腥臊,骨体肤理辨寒暑疾养,是又人之所常生而有也,是无待而然者也,是禹、桀之所同也。可以为尧、禹,可以为桀、跖,可以为工匠,可以为农贾,在势注错习俗之所积耳。是又人之所生而有也,是无待而然者也,禹、桀之所同也。①

这段话,通过“人之所生而有也,是无待而然者也,是禹、桀之所同也”,一方面,讲了材性、知能的三个一般特征,即材性、知能是生而具有的;材性、知能是不依赖外在社会条件而如此的;材性、知能是所有人都相同的。另一方面,又讲了材性、知能的三层具体内容:第一层,指出“饥而欲食,寒而欲暖,劳而欲息,好利而恶害,是人之所生而有也,是无待而然者也,是禹、桀之所同也”。此是指生而具有的情性义,即自然欲望和本能,此是人人之所同。这一点同于霍布斯的自然欲望公理。第二层意思,“目辨白黑美恶,耳辨声音清浊,口辨酸咸甘苦,鼻辨芬芳腥臊,骨体肤理辨寒暑疾养,是又人之所常生而有也,是无待而然者

---

① 《荣辱》。

也,是禹、桀之所同也。"此是指知能义,即自然的知觉分辨能
力,也是禹、桀之所同。第三层意思,"可以为尧、禹,可以为桀、
跖,可以为工匠,可以为农贾,在势注错习俗之所积耳。是又人
之所生而有也,是无待而然者也,禹、桀之所同也。"王先谦氏以
此句为衍文,似非是。若生而即有,无待而然,为性,则此性不
可说是恶,这是作为原始素材的自然材性,这一句是讲材性义,
即人格发展在原始素材上的多样可能性,乃随环境而被塑造,
这也是人人之所同。情性、知能、材性,这三个概念的意义是有
区别的。

　　前面说到,事实上荀子只在《荣辱》篇使用一次"材性"的概
念,他比较多地使用的是"情性"的概念。就情性而言,其内涵
就是:饥而欲食,寒而欲暖,劳而欲息,好荣恶辱,好利恶害。如
果加以分别,其中前三项是自然欲望,后两项是社会欲望,因为
"荣辱"是要在具体的社会中来界定的。若比照霍布斯,这五项
也可以统称为自然欲望。荀子对性和情的内涵不作严格区分,
认为人之性即表现为情欲、欲望,故喜欢用"情性"一词。如荀
子在《性恶》篇说明:"今人之性,饥而欲饱,寒而欲暖,劳而欲
休,此人之情性也。""夫好利而欲得者,此人之情性也。"

　　所谓"是人之所生而有",即我们所说的"性"的生而具有的
总特征;而"可以为尧、禹,可以为桀、跖",即"材"的原始素材的
意思。可见,上面所引的荀子的叙述清楚地表达出了他的材性
思想。材性的观念其实已经隐含了、预设了"加工"、"塑造"的
概念,这是霍布斯自然欲望公理所没有的,因为荀子不是仅从
政治哲学立论,也从教育和修身哲学着眼。

荀子接着说：

> 尧、禹者，非生而具者也，夫起于变故，成乎修，修之
> 为，待尽而后备者也。人之生固小人，无师无法则唯利之
> 见耳。人之生固小人，又以遇乱世，得乱俗，是以小重小
> 也，以乱得乱也。君子非得势以临之，则无由得开内
> 焉。……是若不行，则汤、武在上曷益？桀、纣在上曷损？
> 汤、武存，则天下从而治，桀纣存，则天下从而乱。如是者，
> 岂非人之情，固可与如此，可与如彼也哉！[1]

人生而具有的是“饥而欲食，寒而欲暖，劳而欲息，好荣恶辱，好
利恶害”的情性，而尧禹的圣人人格和德性都不是生而具有的，
是在材性基础上加工而成的。因此，可以说，人生下来都是自
然的小人，只有通过修为才能成为圣人。人性的自然状态是唯
利是图，只有通过社会加工才能改变；在素材与加工的关系中，
人性提供加工的原初材料，故荀子在《礼论》篇也说：“性者，本
始材朴也；伪者，文理隆盛也。无性则伪之无所加，无伪则性不
能自美。”因此，人不是绝对的、独立的实体，一定是在社会加工
中存在和改变着的；人不是天生所成的样子，一定是社会作用
成的样子。故离开社会的具体塑造和自我的修养努力，孤立地
去说天生的人性，对现实的人生没有决定意义。材性论提供了
荀子道德哲学的人性基础，在修身哲学上我们重视材性的概念，
但在政治哲学上我们更重视情性的概念如何导出政治制度的

---

[1] 《荣辱》。

形成,而不是材性如何通过修身而改变。①

二、势　　物

　　荀子政治思想的出发点是情性,我们想指出的是,如果从政治哲学的角度来看,荀子的情性观联系着两个定理,正是借助这两个定理而得以展开到政治思想。这两个定理,一个是与"势"相关的定理,一个是与"物"相关的定理:

> 　　分均则不偏,势齐则不一,众齐则不使。有天有地,而上下有差;明王始立,而处国有制。夫两贵之不能相事,两贱之不能相使,是天数也。势位齐,而欲恶同,物不能澹,则必争;争则必乱,乱则穷矣。先王恶其乱也,故制礼义以分之,使有贫富贵贱之等,足以相兼临者,是养天下之本也。书曰:"维齐非齐"。此之谓也。②

"分"、"势"在这里是政治学的概念,分别指名分、地位。"天数"表示这是普遍的规律。

　　"分均则不偏,势齐则不一,众齐则不使",是指如果所有人

---

　　①　"对霍布斯而言,自然状态是从人的情感中推演出来的,是为了揭示阐明为了形成正确的政治秩序我们必须了解人的自然倾向,它主要用来确定人形成政治社会的原因、目的、目标,认知了这些目标,政治问题就变成了该如何为了更有效实现这些目标而把人和社会组织起来。"〔美〕列奥·施特劳斯等主编:《政治哲学史》(上),李天然等译,河北人民出版社1993年版,第469页。

　　②　《王制》。

政治地位和等级没有差别，那就没有人可以领导他人、支配他人，政治领导将成为不可能，只能导致争斗和混乱。这里所表达的是"势位齐而必争"的政治学定理，本来荀子也可以以此作为等级制的礼制的独立论证，但荀子并没有把它作为独立的论证。

"势位齐，而欲恶同，物不能澹，则必争；争则必乱，乱则穷矣。"如果没有地位等级的差限，大家对物品的欲望又相一致，物品和资源的供给将不能满足需求，从而必然引起纷争，导致混乱无序，这是"欲多物寡而必争"的经济学定理。

这两个定理是关于争的起源的定理，被荀子看做"天数"，具有普遍的意义。势位齐而必争，欲多物寡而必争，争夺即霍布斯所谓的"自然状态"。而避免冲突和社会无序，是一切国家权力和政治制度的基本功能。荀子所要着力探讨的是争的根源和息争止乱的条件，这是荀子的基本问题意识。至于"先王制礼义说"则是一种设定。总之，在这里，荀子政治哲学认为，等级制的礼制是出于人和社会的可持续生活的需要，而不仅是政府和国家的主观设计，国家和政府自身也是为适应这种需要而产生的。

荀子又把这两条定理称为"势不能容"和"物不能澹"：

夫贵为天子，富有天下，是人情之所同欲也；然则从人之欲，则势不能容，物不能澹也。故先王案为之制礼义以分之，使有贵贱之等，长幼之差，知愚能不能之分，皆使人载其事，而各得其宜。然后使谷禄多少厚薄之称，是夫群居和一之道也。①

"贵为天子,富有天下,是人情之所同欲也",这就是属于"好荣恶辱"的社会性欲望,这是人的情性。"从人之欲"的欲即人的基本欲望,应有二义:一为君人,即统治或领导别人,而不被人所领导;二为占物,即占有物品,无限地占有生活物品。势与物对,虽然荀子并未清晰区别对权势的占有和对物品的占有,但其思想明显包含着这两个方面。从这里看,礼义的起源和必要性是欲望的无法满足,而不是欲望本身的善恶,也不是人性的善恶。这是从政治学着眼的观点。

荀子在其他地方也多次表述过这一思想:

> 人伦并处,同求而异道,同欲而异知,生也。皆有可也,知愚同;所可异也,知愚分。势同而知异,行私而无祸,纵欲而不穷,则民心奋而不可说也。如是,则知者未得治也;知者未得治,则功名未成也;功名未成,则群众未悬也;群众未悬,则君臣未立也。无君以制臣,无上以制下,天下害生纵欲。欲恶同物,欲多而物寡,寡则必争矣。故百技所成,所以养一人也。而能不能兼技,人不能兼官。离居不相待则穷,群居而无分则争;穷者患也,争者祸也,救患除祸,则莫若明分使群矣。②

"欲恶同物,欲多而物寡,寡则必争矣",就是我们前面所

---

① 《荣辱》。
② 《富国》。

说的第二定理即经济学定理。如果分析来看，欲同和欲多可以是两个不同的方面，但任何一个方面与物寡的条件相结合，即可证成礼制的必要性。从"欲—物"的关系说，如果人们的欲望相同，而物品的供给是无限的，则不必引起供给的纷争；如果人们的欲望很多，而物品的供给是无限的，也不会引起供给的纷争。可见，荀子思想中，物的有限供给，即所谓物不能澹，应是一个更为基本的预设。这既涉及自然资源的有限性，也涉及人的生产力的有限性。而欲同和欲多（欲多之多只是相对物寡之寡而言，多本身不是一个原理，原理只是欲同。众人欲同即是多）都是哲学的情性论所提供的需求。

三、群　　分

以上是荀子论自然状态与人类纷争的根源，那么，在物品的有限供给下，如何防止、息灭争夺，如何摆脱自然状态？荀子认为必须立"分"。

> 礼起于何也？曰：人生而有欲，欲而不得，则不能无求。求而无度量分界，则不能不争；争则乱，乱则穷。先王恶其乱也，故制礼义以分之，以养人之欲，给人之求。使欲必不穷于物，物必不屈于欲。两者相持而长，是礼之所

起也。①

这里涉及不平等的起源问题,荀子这种"论不平等的起源",是从"资源—欲望"的满足关系如何平衡来立论的,属于从功利、工具层面立论的。照这个说法,自然欲望的公理是根本的一项,在这个论证中,政治学定理和经济学定理都未出场。可见,荀子的论证在不同的脉络中侧重不同。但就逻辑关系而言,政治学定理和经济学定理都可视为自然欲望公理的延伸。在上面这段话里,"欲—求—争"是原始的自然状态的主要结构,"欲"是心理层面的,"求"是行为动作的,这是欲和求的分别。以前的解释习惯于笼统地把"分"解释为名分,其实这并不能包含其用法的复杂性。度量分界的"分"(读"奋"音)即是分均则不偏的分,分即等级秩序的安排,而制礼义以分之的"分"则是划分度量分界。二者虽有名词、动词的不同,但其精神是一致的。

"人之生不能无群,群而无分则争,争则乱,乱则穷矣。故无分者,人之大害也;有分者天下之本利也;而人君者,所以管分之枢要也。"②这表示,荀子在政治哲学上不仅从争的起源来看问题,也在整体上注重"群",即社群、社会生活之所以可能的条件,在他看来,群体生活的根本条件就是"分"。分是对欲望满足的限制,有分是"群道"。这种分并不是人性自然包含或带来的,毋宁是外在于人的,而人能够认识"分"对群体生活的意义,从而接受并遵守之。

---

① 《礼论》。
② 《富国》。

　　前面我们概括荀子的思想是主张欲同必争、欲多必争、势同必争，在这里，是强调群居无分必争、同求无分必争。求即需求，无分即无所限制，即自然状态，强调自然状态必然导致争斗。息争止夺的条件则是"分"，而"分"不是自然产生的。因此，表面上，"无分则争"与"欲同则争"都是同一类的论证话语，都属于论述"必争"而对"争"进行的根源性论证，其实两者有所不同。人的欲望是不可改变的，而分的建立与否是依赖于人的。因此，与其说，无分则争，不如说，分是息争的条件；分不仅是息争的条件，也是群居的根本条件。因此，自然欲望公理及其所属的两个定理——政治学定理和经济学定理，都是论究"争"的根源、论究自然状态的根由。而分的提出则是关于"息争"的条件。在这个意义上，"无分则争"、"有分则无争"所表达的"群居"的社会学定理，是属于论究"息争"的条件，不是关于争的起源的认知。

　　在上一节最后一段话里，荀子说"离居不相待则穷，群居而无分则争"，讲的也就是这个意思，都是要一方面阐明"争"的根源，一方面论证礼制的目的是息争归和以维持群居的生活。"分"代表一种社会分级系统，即一种等级化的制度，此种制度规定了一个人在此系统中的政治地位和消费限制。政治地位的分级使人的势位有高有低，确保政治领导成为可能；消费的等级限制使得物品的有限供给不会产生社会冲突。这就是"制礼义以分之，以养人之欲，给人之求"。礼或礼义便是规定度量分界的分的体系。人君则是掌管分的体系的中枢。

　　"分"与"辨"又有关联，荀子说：

　　人之所以为人者，何已也？曰：以其有辨也。饥而欲食，寒而欲暖，劳而欲息，好利而恶害，是人之所生而有也，是无待而然者也，是禹、桀之所同也。然则人之所以为人者，非特以二足而无毛也，以其有辨也。今夫猩猩形笑，亦二足而无毛也，然而君子啜其羹，食其胾。故人之所以为人者，非特以其二足而无毛也，以其有辨也。夫禽兽有父子，而无父子之亲，有牝牡而无男女之别。故人道莫不有辨。①

荀子认为，人之所以为人的特性即人与动物不同的特性，既非人的类本质，亦非他所说的人性。那么，人之所以为人的特性与人性是什么关系？在荀子看来，人性就是天生的情，为本始朴材；性是人生而具有，不是指人生而独有的、与动物不同的性质。他认为，人性与人道不同，人性是自然，而不是当然。人道是当然，却不是自然，人道是人的社会生活得以成立的原理。荀子以"人之所以为人"为"人道"，而非"人性"，故人性不是"人之所以为人者"。可见人性和人道的分别亦是自然和当然的分别。如果进一步分析，人之所以为人的"人"究竟是个人还是人类社群，也是值得注意的。有"辨"的人作为社群的成员具有"辨"的社会意识，显然并不是自然的个人，而是社会化的人群。父子之亲、男女之别也是指人群的行为。在这个意义上，"人之所以为人"在这里应是指人群社会的特性而言。

---

　　①　《非相》。

　　荀子把"辨"看做是人之所以为人者,这里的"辨"不是目辨黑白、耳辨清浊的个人知觉,而是父子有亲、男女有别的社会伦理,这种对父子之亲和男女之别(男女之别应当和等级之分不同,故这里的"辨"并不能直接指向等级制)的分别才是人道的基础。分析来看,辨有二义,一是主观的,即意识知觉的辨别;二是客观的,即社会意义的辨,即人的社会分位的分别,这个意义的辨也就是分。

　　在后一种意义上,即辨的客观意义上,荀子把辨和礼连接在一起:

　　　　辨莫大于分,分莫大于礼,礼莫大于圣王。圣王有百,吾孰法焉?曰:文久而灭,节族久而绝,守法数之有司,极礼而褫。故曰:欲观圣王之迹,则于粲然者矣,后王是也。彼后王者,天下之君也;舍后王而道上古,譬之是犹舍己之君,而事人之君也。故曰:欲观千岁,则数今日;欲知亿万,则审一二;知上世,则审周道;欲审周道,则审其人所贵君子。[1]

父子之亲、男女之别,即是辨,又是分,也是礼,因为区别是分位的基础,礼则是分位的体系。

　　需要指出的是,固然,人若不群,而土地无限广大,则亦可不争,但这是不可能的。"人生不能无群"的确是荀子思想逻辑体系意识到的基点,是比无分必争的社会定理更为基础性的对

---

[1]　《非相》。

社会理解的一个前提条件。

四、礼　义

进一步分析来看,分、辨体现于社会规范体系便是"礼";礼反映在意识和原则上,便是"义":

> 水火有气而无生,草木有生而无知,禽兽有知而无义,人有气、有生、有知,亦且有义,故最为天下贵也。力不若牛,走不若马,而牛马为用,何也? 曰:人能群,彼不能群也。人何以能群? 曰:分。分何以能行? 曰:义。故义以分则和,和则一,一则多力,多力则强,强则胜物;故宫室可得而居也。故序四时,裁万物,兼利天下,无它故焉,得之分义也。故人生不能无群,群而无分则争,争则乱,乱则离,离则弱,弱则不能胜物;故宫室不可得而居也,不可少顷舍礼义之谓也。能以事亲谓之孝,能以事兄谓之弟,能以事上谓之顺,能以使下谓之君。君者,善群也。群道当,则万物皆得其宜,六畜皆得其长,群生皆得其命。[①]

禽兽有知而无义,则"义"作为人与动物的区别特性,应当属于"人之所以为人",这个"义"是道德和伦理的范畴。"义"不是生而具有的,但却说是以人的理性为基础。荀子认为,人能群,牛

---

① 《王制》。

马不能群,说明这里的"群"不是指成群结队,而是结成具有一定结构的社群,"分"则是人类社群得以结成的关键。分的社会结构是以义的价值理念为其依据的,义为分提供了实践动力和价值正当性,即所谓"分何以能行? 曰义。故义以分则和"。义就是处理人的社会关系的各项原则,如孝、弟、顺等。礼义是社会规范与价值体系。当然,人能群,并不表示人天生具有社会性。①

现在我们来看荀子对礼义的起源的说明。社会需要礼义之分,那么礼义之分是如何起源的? 根源与起源不同,本文前几节讨论的自然欲望公理及其所属的两项定理,都是说明礼义之所起的必要性和理由,这是属于根源的讨论。而礼义之发生的历史过程是属于起源的讨论。

概而言之,荀子以"先王制礼论"说明礼义的起源:

> 争则必乱,乱则穷矣。先王恶其乱也,故制礼义以分之,使有贫富贵贱之等,足以相兼临者,是养天下之本也。书曰:"维齐非齐。"此之谓也。②

> 故先王案为之制礼义以分之,使有贵贱之等,长幼之差,知愚能不能之分,皆使人载其事,而各得其宜。然后使

---

① "霍布斯认为,从人的情感中推出的自然状态理论是解决古老的心理学问题:一个对政治哲学有决定意义的问题,即人是不是天生就具有社会性和政治性? 霍布斯的回答是否定的。……如果人天生不是社会性和政治性的,那么所有文明社会必定从社会和政治出现前的自然状态中产生。"〔美〕列奥·施特劳斯等主编:《政治哲学史》(下),李天然等译,河北人民出版社1993年版,第469页。

② 《王制》。

谷禄多少厚薄之称，是夫群居和一之道也。①

礼起于何也？曰：

> 人生而有欲，欲而不得，则不能无求。求而无度量分界，则不能不争；争则乱，乱则穷。先王恶其乱也，故制礼义以分之，以养人之欲，给人之求。使欲必不穷于物，物必不屈于欲。两者相持而长，是礼之所起也。②

> 故古者圣人以人之性恶，以为偏险而不正，悖乱而不治，故为之立君上之势以临之，明礼义以化之，起法正以治之，重刑罚以禁之，使天下皆出于治，合于善也。③

先王制礼义以分之，是荀子反复明确宣称的对礼制起源的解释（当然，他也偶尔用"圣人"代替"先王"，从其思想来看，还是先王论更能代表其思想）。"先王制礼说"实际上是表达了荀子对政治制度的重视，人类社群早期的政治领导者面对"势不能容、物不能澹"而导致的争夺对于组成人类社群的危害，发明了礼义制度，这个等级化的制度和规范体系是通过国家、政治权威的强制性来保证的，而礼义制度的形成是为了限制人的自然欲望，因应人类社群生活的需要，保证社会生活的和平无争。

如果礼义是先王的创制，那么礼与天地的关系如何看待？在春秋时代，人们认为礼是来自于天之经、地之义的，④荀子也

---

① 《荣辱》。
② 《礼论》。
③ 《性恶》。
④ 如《左传》昭公二十五年所载郑国子大叔之论礼。

说过"礼有三本"①，以天地为三本之首。但荀子在他的时代更
重视先王圣人，故说："天能生物，不能辨物也；地能载人，不能
治人也；宇中万物，生人之属，待圣人然后分也。"②因此，对荀子
而言，已经很少把人道礼义追溯到天地宇宙，更加突出的是圣
王制礼义的观念。这是一个值得注意的变化，即荀子对于礼义
不复重视自然法的论证，而更重视圣王的作用。这实际是重视
人类政治经验和政治理性在历史实践中的发现。

　　在荀子的时代，礼义制度是人的理性的结果这一思想不是
绝对不能表达的，如可以表达为：古之人见其乱也，心知其理，
故制礼义以止其争。但荀子不采取这样的说法，而始终坚持
"先王制礼说"，这明显突出了政治权威和历史实践的作用，即
早期政治领导者在政治实践中认识到礼义制度才是止息争夺
的根本办法。用哲学的话说，理性通过政治权威和历史实践来
发生作用。但是，如果突出政治权威，则人对礼义的知能只是
对政治权力及体制的服从，价值上的认同又自何而来？另一方
面，先王不是泛指历史上过去的君王，它实际是指的是圣王，圣
王的概念突出了政治权力的主观因素，这种主观因素不是指身
份，而是特指其智慧和道德而言。在政治领域，道德主要是公
正，智慧即认识人群事务的理性能力。而礼义制度说到底就是
政治制度，礼制的政治合法性似是荀子心目中重要的主题。在
礼制的合法性基础是什么、如何形成的问题上，荀子的思想倾

---

① 《礼论》。
② 《礼论》。

向于认为礼制合法性的基础是社群的整体利益,其形成是依赖于圣王所代表的人的理性和能力。所以,用先王说来说明政治制度的历史形成在荀子看来是最简明的、最有说服力的方式。①

如果礼义只是某几个圣王的创制,为什么人们会接受礼义、认同礼义？是因为圣王作为早期历史的政治领导者代表政治权威？或其创制的礼义法正成了人们的既定社会环境和传统？还是人们普遍认识到礼义是社会生活的需要？如果说人们因为尊崇政治权威和制度传统而接受礼义制度,但人们如何能在内心认同它？在这些方面,荀子的论断往往在逻辑上并不一致,有的论述含混不清,他似乎并没有完成对他的根本论断所作的论证,各篇的论证也有时脱节。而我们所关注的是荀子书中提供了哪些论证,而不是这些论证是否构成严密的逻辑关系。

五、心　　知

因此,我们必须从这种"先王制礼"的说法入手,进而深入到荀子对人类理性的理解。

让我们先回到"知能"的问题上来。

---

①　礼之分当然是必要的,人们是能够同意的,存在的合理性解释只是说明没有这一礼制秩序,人便争夺,物便匮乏,生活变得不可能。可是,谁愿意接受自己在"分"中做奴隶和下民？真正作历史的说明就必须回答:圣人制礼,谁做君子,谁做小人？另外,如果世界只有一个人,他的本性不必受到规制,但每个人都必须生活在人群之中,与别人合作,故必须以理智节制其本性。

　　前面我们引用过《荣辱》篇的下面这句话："目辨白黑美恶，耳辨声音清浊，口辨酸咸甘苦，鼻辨芬芳腥臊，骨体肤理辨寒暑疾养，是又人之所常生而有也，是无待而然者也，是禹、桀之所同也。"这是指知能，即自然的知觉分辨能力，是禹、桀之所同。比较《性恶》篇"若夫目好色，耳好听，口好味，心好利，骨体肤理好愉佚，是皆生于人之情性者也"的说法，《荣辱》篇在这里不说"好"，而说"辨"，表现出二者的不同，即"好"是指情性而言，"辨"是指知能而言。这里作为知能的"辨"是指知性的分辨。

　　知能不仅能辨别，还能认知、学习：

　　　　凡禹之所以为禹者，以其为仁义法正也。然则仁义法正有可知可能之理。然而涂之人也，皆有可以知仁义法正之质，皆有可以能仁义法正之具，然则其可以为禹明矣。今以仁义法正为固无可知可能之理邪？然则唯禹不知仁义法正，不能仁义法正也。将使涂之人固无可以知仁义法正之质，而固无可以能仁义法正之具邪？然则涂之人也，且内不可以知父子之义，外不可以知君臣之正。今不然。涂之人者，皆内可以知父子之义，外可以知君臣之正，则其可以知之质，可以能之具，其在涂之人明矣。今使涂之人者，以其可以知之质，可以能之具，本夫仁义法正之可知可能之理，可以能之具，然则其可以为明矣。①

所谓"涂之人也，皆有可以知仁义法正之质，皆有可以能仁义法

―――――――――

　　①　《性恶》。

正之具"，应当说，这些也是"人之所生而有也，是无待而然者
也"。但这些并不是自然的价值取向，故荀子在这里并不说它
们是"性"。正如人们都可以知篮球如何打，也都可以去打篮
球，但对篮球的这种"知"与"行"的能力，不属于道德价值，没有
确定的价值方向，故不说是性。仁义法正是理，而人人都有知
理、行理的能力。对仁义法正的可以知、可以能、可以为，是人
的多种潜能之一，如果用知能的范畴来说，则"皆有可以知仁义
法正之质，皆有可以能仁义法正之具"，应当也是属于"知能"。[1]
当然，荀子也偶尔把这类知能说为性："凡以知，人之性也，可以
知，物之理也。"[2]这里的性不是情性的性，是指知能而言。因为
知能也是天之就者，也是不事而自然者。

　　问题在于，仅仅是"可以知礼义"，不等于知之而后心便好
礼义，仅仅是"可以能行礼义"，也不等于能之之后便化为心的
德性。这就必须了解荀子关于"心"的思想。

　　我们先来看荀子关于"心知"的思想：

　　　　然则何缘而以同异？曰：缘天官。凡同类、同情者，其
　　天官之意物也同，故比方之疑似而通，是所以共其约名以
　　相期也。形体、色理以目异，声音清浊、调竽、奇声以耳异，
　　甘苦、咸淡、辛酸、奇味以口异，香臭、芬郁、腥臊、酒酸、奇
　　臭以鼻异，疾养、沧热、滑铍、轻重以形体异，说、故、喜、怒、

---

　　①　牟宗三亦认为此质与具指才能而言，参见牟宗三：《名家与荀子》，(台湾)学生
书局1985年版，第228页。
　　②　《解蔽》。

哀、乐、爱、恶、欲以心异。心有征知。征知则缘耳而知声
可也,缘目而知形可也。然而征知必将待天官之当簿其
类,然后可也。五官簿之而不知,心征之而无说,则人莫不
然谓之不知。此所缘而以同异也。①

前面说的"目辨白黑美恶,耳辨声音清浊,口辨酸咸甘苦,鼻辨
芬芳腥臊,骨体肤理辨寒暑疾养",在这里就是天官的征知作
用。更重要的是,这里所说的"喜、怒、哀、乐、爱、恶、欲以心
异",认为情性是每个人与生俱来的,但由于心知的差异,故每
个人的情性之发则是有所不同的。

> 性之好恶喜怒哀乐谓之情。情然而心为之择谓之虑,
> 心虑而能为之动谓之伪。虑积焉,能习焉,而后成谓之伪。
> 正利而为谓之事,正义而为谓之行。所以知之在人者谓之
> 知,知有所合谓之智。所以能之在人者谓之能,能有所合
> 谓之能。性伤谓之病,节遇谓之命。是散名之在人者也,
> 是后王之成名也。②

性是自然本性,性的表现是好恶喜怒哀乐之情,二者合称情性。
但人的情性固然是好利恶害,而情的活动却要受到"心"的管制
选择,所以情并不是直接影响作用人的行为的。"情然而心为
之择"与"喜、怒、哀、乐、爱、恶、欲以心异"是一致的。故现实生
活中"情性"不是单一地直接支配、作用于人的行为,"心"在这

---

① 《正名》。
② 同上。

里发挥着重要的作用。

> 欲不待可得,所受乎天也;求者从所可,所受乎心也。所受乎天之一欲,制于所受乎心之多,固难类所受乎天也。人之所欲生甚矣,人之所恶死甚矣;然而人有从生成死者,非不欲生而欲死也,不可以生而可以死也。故欲过之而动不及,心止之也。心之所可中理,则欲虽多,奚伤于治?欲不及而动过之,心使之也。心之所可失理,则欲虽寡,奚止于乱?故治乱在于心之所可,亡于情之所欲。不求之其所在,而求之其所亡,虽曰我得之,失之矣。①

前面指出过荀子思想"欲—求—争"的自然状态的原始结构,那是荀子的逻辑推演。照荀子这里的说明,在现实生活中,"欲"是天生而有的,但"求"受到心的制约,而心的这种制约主要表现为价值意识的"可"或"不可"。欲虽然是自然天生的,但受制于心,从而在心的制约作用下显现的欲望,就和天生的自然欲望不完全一致了,所以说"所受乎天之一欲,制于所受乎心之多,固难类所受乎天也"。可见,情性并不能独立无阻地对人的行为发生作用,因而,在实际生活中,"欲"会引导到"求",而"求"却不一定导致"争",阻止"求"变为"争"的关键在"心",在"心之所可",这里的"心"即近于霍布斯所谓自然理性的公理了。

在《天论》篇可见有这样的说法:

---

① 《正名》。

天职既立，天功既成，形具而神生，好恶喜怒哀乐臧焉，夫是之谓天情。耳目鼻口形能各有接而不相能也，夫是之谓天官。心居中虚，以治五官，夫是之谓天君。财非其类以养其类，夫是之谓天养。顺其类者谓之福，逆其类者谓之祸，夫是之谓天政。暗其天君，乱其天官，弃其天养，逆其天政，背其天情，以丧天功，夫是之谓大凶。圣人清其天君，正其天官，备其天养，顺其天政，养其天情，以全其天功。[①]

前面所说的好恶情性，此处属之天情。前面所说的知能之辨，这里归于天官之能。作为治天官、宰中虚的心，便是理性了。心被称为"天君"，即天赋的理性，这就近于所谓自然理性的公理了（这也应当是人之所以为人者，所以荀子虽然主性恶，但也了解人的独特性，甚至是本质属性，此独特性可以率导人的情性）。所以人虽有天情，但并非受制于天情，圣人清其天官、正其天君，才能养其天情。天君无疑在这里扮演了中枢的角色。

这样，在荀子哲学中，"欲"和"心"便成为一对矛盾关系，主体对于行为是通过欲和心的双行机制而产生作用，从而意识也不是仅仅由情性主导的。如，好恶有两种，一种是自然情性的好恶；一种是心知的好恶：

夫桀、纣何失？而汤、武何得也？曰：是无它故焉，桀、纣者善为人所恶也，而汤、武者善为人所好也。人之所恶

---

① 《天论》。

何也？曰：污漫、争夺、贪利是也。人之所好者何也？曰：
礼义、辞让、忠信是也。①

这里讲人之所好为礼义、人之所恶为争夺，这里的好恶都是指
心而言，而非情性。欲望主体与理性主体在荀子哲学中呈现出
这种关系，为解决好礼义的问题准备了出路。

在荀子，心之所好为礼义，心之所可即可于礼义，礼义则是
"反于性而悖于情"②，反于情而养情，反于性而归于治：

孰知夫出死要节之所以养生也！孰知夫出（靡？）费用
所以养财也！孰知夫恭敬辞让之所以养安也！孰知夫礼
义文理之所以养情也！故人苟生之为见，若者必死；苟利
之为见，若者必害；苟怠惰偷懦之为安，若必危；苟情说之
为乐，若者必灭。故人一之于礼义，则两得之矣；一之于情
性，则两丧之矣。③

这是说，人的情性是追求养生、养财、养安、养情，但只是贪生就
会致死，只是求利就会受害，只是求安就会处危，只是求乐就会
灭亡；但这种老子式的论证并非要引导到老子的结论，而是宣
称：礼义的名节才能养生，礼义的消费才能养财，礼义的恭敬才
能养安，礼义的文饰才能养情。儒者尚礼乐，能兼得礼义与情
性，墨者尚俭朴，并失礼义与情性。

那么这样的好礼义之心是如何来的？荀子有名言："不可

---

① 《强国》。
② 《性恶》。
③ 《礼论》。

学,不可事,而在人者,谓之性;可学而能,可事而成之在人者,谓之伪。是性伪之分也。"故这样的好礼义的心荀子不认为是性,而这样的心应当是学而始能的伪。尽管这样的心并不是与生俱来的,不是不学而能的,但其作为"人之所好",已经不是一个由"知"而学得的能力,而已经成为一种"才知便好"的内在的价值。在这个意义上,心对礼义之好,便不仅仅是知能或知能的结果了。

　　心在知悉社会之法正后为何易对其产生认同?在这点上荀子似非常乐观:

　　　　人之生固小人,无师无法则唯利之见耳。……是人之口腹,安知礼义?安知辞让?安知廉耻隅积?亦呥呥而嚼,乡乡而饱已矣。人无师无法,则其心正其口腹也。今使人生而未尝睹刍豢稻粱也,惟菽藿糟糠之为睹,则以至足为在此也,俄而粲然有秉刍豢稻粱而至者,则瞲然视之曰:"此何怪也?"彼臭之而嗛于鼻,尝之而甘于口,食之而安于体,则莫不弃此而取彼矣。今以夫先王之道、仁义之统,以相群居,以相持养,以相藩饰,以相安固邪。以夫桀、跖之道,是其为相县也,几直夫刍豢稻粱之县糟糠尔哉![1]

照此说法,人生来只知欲望的满足,而一旦接触到礼义、实践了礼义,就会被其所吸引,如同一直吃糟糠的人吃了美食之后便

---

[1] 《荣辱》。

被其所吸引一样。这就是心对于礼义的"才知便好"、"才知便可"的机制了。这无异于承认人心天然地具有选择礼义的潜在偏向,这是从"知"到"可"的先验根据。"心知道,然后可道,可道,然后能守道以禁非道。"[①]

由此可见,荀子政治哲学有两条线索:一条是"情性说"代表的自然欲望原理,一条是"礼义说"代表的自然理性原理。前者是自然状态的基础,后者使人摆脱自然状态成为可能。所以荀子说:"人一之于礼义,则两得之矣;一之于情性,则两丧之矣。"

六、小　结

如果我们看《孟子·告子上》,在告子和孟子的论辩中,两人的问题意识都没有显示出政治哲学的取向。如告子的"性犹杞柳"说,是讲本性与道德的关系;"性犹湍水"说,是讲本性和行为的关系;"生之谓性"说则是讲性的定义。孟子针对告子所说而论辩之,也没有由性的讨论引出政治哲学的结论。孟子性善之说诉诸四端,落脚在"四德我固有之"、"思而得之,操而存之",这些都是修身取向的,故孟子心性论的确是心性儒学的特色,指向教育和修身。但荀子不同,荀子的人性论问题意识主要不是道德修身,不是从德行出发的,而是从国家、政府、权威

---

①　《解蔽》。

的必要性和自然状态着眼的。与孟子不同,荀子的人性论明显地不是其德行论的基础,荀子人性论是其政治思想的基础,这和霍布斯是一样的。霍布斯的自然欲望公理认为人渴望攫取、占用他人皆共同感兴趣的东西,又认为人的欲望是无穷尽的,从而自然状态是一切人反对一切人的战争状态,这个自然主义的人性论虽然没有说性是恶的,但论证的思路与荀子相同。古代政治哲学以法律规范(礼义)为基点,近代则以个人权利为出发点,荀子的政治哲学正是以礼义为基点的古代政治哲学。① 荀子从自然倾向、自然欲望出发,但其主旨和结论又是针对自然主义的。②

　　荀子人性论的本意是对等级礼制存在的合理性作一说明,这可谓对制度存在的"合理性论证"。但此种说明需要借助某种历史的或自然的追溯,于是表现为一种对制度起源的"历史性解释"。列奥·施特劳斯指出:"对霍布斯来说,所谓的"自然状态",并不是一个历史事实,而是一个必需的构想。……对他的政治哲学至关重要的是,这个政治哲学应该着手于自然状态的描述,它应该使国家产生于自然状态。从这里出发,霍布斯不是在描述一个真实的历史,而是在把握一个典型的历史。"③实际上,正如霍布斯一样,自然状态在历史上未必存在过,荀子

---

　　① 传统的自然法,主要是一种客观的法则和尺度,一种先于人类意志的有约束力的秩序,古代学说从自然"法则"出发、诉诸某种客观秩序,与近代诉诸个人的权利思想不同。参见〔美〕列奥·施特劳斯:《霍布斯的政治哲学》,申彤译,译林出版社 2001 年版,第 2 页。

　　② 列奥·施特劳斯认为,自然主义的政治哲学的后果必然是对正义本身作为一个概念的取消,无法区分强权与公理,同上书,第 33 页。

　　③ 同上书,第 124 页。

构想的礼制的起源在历史上也未必如此,但这种对起源的描述也不妨看做一种对历史的想象和把握。在霍布斯,自然状态只是一种逻辑的条件,在荀子恐怕亦是如此。"对霍布斯而言,历史问题并不十分重要,自然状态是从人的情感状态中推演出来的,是为了阐明正确政治秩序的形成原理。为了做到这一点,必须了解的人的自然倾向,它主要用来确定人形成政治社会的原因、目的、目标。认知了这些目标,政治问题就变成了该如何为了更有效实现这些目标而把人和社会组织起来。"①从荀子对起源的解释可以看出其存在的关怀,即对匮乏的恐惧、对争夺的恐惧以及在制度上是对失去礼制的担忧。这种担忧既是对晚周礼坏乐崩的回应,也是面对新的统一时代来临而对礼制秩序的强调。因为惧怕失去礼制,就要论证礼制的必要性和合理性,由于礼制的必要性是面对"争"而消解"争",从而必须深入于情感状态的人性基础和政治秩序的制度安排。这一政治学的视角自然便与教育学的修身视角在性与心的看法上大不相同。从政治学上来看,荀子的论证重点其实是在于"人为什么需要礼制"的逻辑论证,而并不是"礼制是如何起源的"的历史论证;其人性论是指出欲望的现实,以明了政府建立的必要性;而理性的认识,提供了制度和秩序建立的可能性。荀子把感性欲望视为人的本性,而没有把理性在人性的意义上加以肯定,从而使得感性和理性的紧张没有在人性的层次上明确展开。

---

① 〔美〕列奥·施特劳斯等主编:《政治哲学史》(下),李天然等译,河北人民出版社 1993 年版,第 469 页。

与人性不同，人道是建立在理性的基础上的，故人性与人道的紧张是荀子思想直接呈现的紧张。

如果人性是饥而欲食、寒而欲暖、好利恶害、好荣恶辱，那么秩序和道德能否建立在人性基础上？荀子认为秩序和道德不是从人的情性基础上自然生长起来的，情性的自然状态是不能建立秩序和道德的，人性不足以支持礼制秩序。自然的放任适足以破坏社会，人为的社会导正系统才能建立秩序，君上、礼义师法、法正刑罚是规范人心和行动的根本条件。秩序是面对自然情性而采取的社会规制。① 因此人性并不是根本的价值，维持个人和社群的生活有序才是最高的价值。这不能不说是一种社群主义的观点。这个需要构成了最基本也是最重要的价值。要依据这个价值对现实的人和制度予以调节与改造。一切价值都是面对"人类合作而可持续地生活"而产生，这也是荀子哲学的根本目的。合作即人的生活必须以社群为形式，可持续即人的生活必须依靠一定的自然资源，这些资源必须能够持续地与需求平衡。

人需要礼制是因为人性恶（感性本性、欲望本性），但人之所以能建立礼制并服从它又因为人有理性。说到底，理性虽未出场，但作用着，圣人是人的理性的代言者，（圣人即人的）理性看出人类社群生活的真正需要，于是制定政治礼制；而人们有

---

① 可是这样一种想法和法家的观念是不是相合？与荀子前的儒学传统是否背离？儒家当然赞成礼制，但这是一种非法律的调节机制，儒家正统的理解是：礼近于德，而远于政。荀子则有所不同。这种观念是不是秩序情结？

理性,故能接受圣人的创制并认同之。所以,在荀子哲学里,理性隐藏着,但作用无所不在。礼制的建立和起源本质上是人的理性面对社群生活的现实和需要所做的创制,道德则是其中的一部分。圣人就是人类理性的化身。人心之知能可知本性欲望,学习社会规范和习俗,修养性情而发展德性,发展心之所好而使理性彰明和成熟。

变化中的国际法制度

——WTO 与中国

约翰·H.杰克逊

主讲人简介

约翰·H.杰克逊教授(John H. Jackson),曾先后在美国加利福尼亚大学伯克利分校法学院、密歇根大学法学院任教,曾任美国国际法学会副会长,获 Manley O. Hudson Medal 等许多学术奖励。现为美国乔治敦大学国际经济法研究院院长、复旦大学社会科学高等研究院学术委员会创始委员。主要研究领域为国际经济法。自 20 世纪 60 年代初开始从事《关税与贸易总协定》(GATT)研究,1969 年发表的

《世界贸易与 GATT 法律》使得 GATT 的研究开始成为法学的研究对象;1973 年至 1974 年,他被聘为美国总统贸易代表办公室法律总顾问,参与起草美国 1974 年贸易法;GATT 的乌拉圭回合期间,他总结了 GATT 的经验教训,提出建立世界贸易组织(WTO),完善了争端解决机制,被公认为是"WTO 之父"。

时　间:2009 年 3 月 17 日 15:30
地　点:复旦大学江湾校区法学院学术报告厅
主持人:邓正来(复旦大学特聘教授、社会科学高等研究院院长)
评论人:赵龙跃(美国乔治敦大学国际关系学院特聘教授)
　　　　张乃根(复旦大学教授、法学院国际法研究中心主任)

　　下午好! 我很高兴能够来到这里。这并不是我第一次来到复旦大学。事实上,这是我第三次来。但这却是我第一次来到你们美丽的新校区。看到你们正在发展建设中的宏伟的学院,我祝贺你们所有人,也祝贺中国。你们对高等教育的期许令人肃然起敬,也给我留下了深刻的印象。能够来到中国并且了解这里正在发生的一切对我和我的妻子来说十分有益。中国无时无刻不在变化,而且总在向好的方向发展。我也很荣幸能成为复旦大学社会科学高等研究院学术委员会的一员。
　　今天下午我将简要地从几个不同的角度和大家谈一谈国际法。我想这么做,但并不希望花过长的时间。我希望能把这次演讲的时间压缩在比一般教授授课稍短的范围内。尽管如此，我的演讲仍将分为四个方面。

　　我要说的内容是目前最新的情况，即全球化问题，在此次经济危机中我们所面临的东西，以及以上内容是如何与国际法问题相衔接的。我知道你们中的很多人已经上过国际法的课程，也知道国际法的一些基本概念。我将以尽可能简单的方式向你们讲述，以使那些没有上过国际法课程的学生也能理解我所讲的内容。但是，我要先提醒大家，我一会儿要说的某些内容争议性很大，因为在我看来国际法已经落后于时代的发展。我们需要从不同的角度重新思考国际法，而这也是我今天想和大家说的内容的一部分。

　　我的演讲将分为四个部分。首先，我想说一下我们现在所面临的问题的实质，即全球化问题。问题的背景为何（也就是我有时说的"政治远景"）？有哪些问题摆在我们面前？有哪些问题需要我们注意？它们又给我们带来了什么？

　　其次，我将把注意力放在国际法的一个基本概念即"主权"这一概念上。在这一问题上我会持一种批判的态度。但我不会穷尽这一概念的方方面面，因为我认为我们需要的是对主权或我所说的"现代主权"的新思考。我想说，我所说的很多内容来自于我 2006 年出版的题为《主权、WTO 与变化中的国际法基础》的论著。你们中的一些人可能对这本书很熟悉，而另外一些人可能想去看看这本书，因为在这本书里我详细解释了今天我将要讲的内容，而且我也不希望把今天的演讲拖得太长。我想说的是，我们的确需要从一个更深的角度思考主权问题。我们现在所处的经济危机从某种意义上说明了：与三年前刚出版时相比,现在这本书对我们更有意义,也更具相关性。因为这次的危机所带来的挑战要求我们对国际性的合作组织制度重新作出思考。能不能通过布雷顿森林体系、某种形式的会议、G20峰会,以及通过对国际货币基金组织和世界银行进行修正,或通过其他方式对制度进行再造? 所以,我的第二个话题就是主权及其与其他不同主题的关系。

第三,我将把目光放在国际法整体上。我将讨论一些我认为也需要重新思考的国际法概念。其中一些和主权概念相关,而一些则无关。

最后,我会简要地说一下 WTO,以及 WTO 是如何与以上问题衔接的。我不会讨论过多关于条约解释等技术性问题。明天我会在复旦做另一次演讲,我将在那次演讲上更深入地讨论这些问题。所以,今天我就只想和大家讲述一个粗略的框架,一些基本的、我们需要进一步深入思考的原理。

现在我就进入正题。

我们经常讨论全球化。我肯定你们中的很多人都理解这个概念。很多人批评"全球化"这一词语含义太过模糊,或太宽泛,或不够完善。但我认为,总体来说,我们可以以此理解这个世界上正在发生的事情,那就是互相联系。互相联系已经无处不在。所以,我们看到许多不同的力量在快速移动,经济力量、政治力量,或国家间的其他力量,从一个国家转移到另一个国家。在过去四五十年发生巨大变革的背景下,我们看到这些力量在移动。这些巨大变革有些是政治的,有些是经济的,但是许多是科技的。我只想提两项技术进步,它们与四五十年前甚至一百年前相比完全不同。

在这两个技术进步中，第一个和运输有关。在经济和运输技术方面，我们目睹了运输时间的大幅减少和运输成本的大幅降低。这样，货物就在全世界以更快的速度流转。当贸易和货物快速流动后，社会的一些部分也承担了某些负担，正如一些经济学家曾警告我们的那样，全球化、国际贸易和自由化并不总是对每个人都有利。有赢家也会有输家，我们必须在一些情况下考虑到那些失败的人。我们必须通过某些方式帮助那些失败者——无论是采取社会安全保障、事业补偿金的方式，还是采取其他类似的方式。这就是在运输能够变得迅速（也在事实上变得非常迅速）后，我们看到正在发生的事情。巨型飞机从世界上一些遥远的地方运来货物，我们可以选择是在上海、华盛顿或是在欧洲的布鲁塞尔提货。我们拥有以前无法拥有的大量选择，因为运输能力可以让货物快速移动而不会在途中腐烂。此外，成本也降低了。在一百年前，成本相对于交易的货物来说仍十分高昂。但是，现在它们已经变得非常低廉。运输的高成本在一百年前本身就是贸易障碍，它阻止世界发生快速的变革。以上就是我所说的运输问题。

在过去的几十年间，另一个技术变革则与通信有关。这次的故事十分类似。也是关于通信成本的降低和通信速度的加快。我相信现在几乎每一个在场的人都在使用电子邮件，你们也一定非常了解通信在这方面发生的巨大变化，你们可能也知道信息能以很快的速度环绕全球。仅需按一下电脑按键，巨额资金就会转移。这些都让国家的联系越来越紧密。所以，当去年,尤其是去年11月我们发生金融危机时,你能看到国家间的紧密联系。你看到欧洲的某个国家可能准备了一些措施以帮助解决危机,如保证银行存款的有效性,马上世界上的其他国家也必须做同样的事情。新西兰必须这么做,美国也必须这么做,而且是在措施首次实施后的几个小时内就这么做。因为如果它们不采取一些类似的保障存款的措施,资金就会从它们国家的市场中大量撤出。所以它们被迫陷入了这样一种境地:国家无法有效执行规则以保护其国民或选民并获得利益,在许多方面国家都没办法独自完成这件事,而这是国家存在的根本。当然,国家还可以做许多事,它仍是非常重要的。它当然可以做些事,但是它已经无法完成几十年前人们认为它能够完成得那么多了。

所以,我们拥有这些或其他一些技术上的进步。但是在世界经济体系中,我们也面临着深刻的问题。我相信你们中的一些经济学家一定很熟悉"市场失灵"这一概念。市场拥有许多优点,它能创造许多财富,能为世界上许多人创造一个更好的人生,能降低贫困量。我们在世界上许多国家都见证了这些,这些国家包括中国和印度。但是,市场也是险恶的。市场失灵会造成巨大的萧条,对此我们必须作出反应,而由于许多原因这些反应一般必须是政府行为。看看现在发生的事情,政府失灵了,现在不仅仅是市场失灵,政府的监管也失灵了。我不得不说,这次的失败很大一部分归因于美国。但我们必须克服这些障碍,我们必须通过美国和其他国家的行动克服障碍,我们也必须通过一个更好的国际法体系解决这些发生的问题,这就是最基本的工作，也就是我所说的我们所面临的"政策远景"。我们不能回避问题，而必须团结一致与这些问题抗争，我们的政府也正在努力。前几个月举行的 G20 峰会也许能发挥作用，但是现在仍有不少担忧，认为这些行动仍然不够。因此，我们必须考虑在国际组织体系中进行更长期的变革。

　　现在，就让我转入我的第二个话题——主权。主权是什么？主权一般被认为是一个在 1648 年会议上产生的、有关国家应该在其国境内拥有至高无上统治权的概念。每一个国家都被统治者所统治，无论其统治者是个人、君主、国王、独裁者、议会或其他任何形式。但是，每个国家的统治者拥有对其国民而言的至高无上的权力。国家能随时没收国民的财产或任何其拥有的东西。当然这仅仅是理论，而这一理论并不完全正确。几百年已经过去，这一为了建立国际法体系而设计出的理论已经变得越来越无法引起人们的兴趣，也愈发没有吸引力。随着时间的流逝，现在已经变得十分明确的是，主权的旧概念已经不再盛行。

　　一位叫做 Krasner 的作者写了一本题为《国家主权：组织性伪善》的书。在这本书中，他对许多观点进行了批判，也批判了 Helbling 的主权概念。事实上，很多重要的学者和思想家都说过我们应该抛弃主权这个概念，我们应该抛弃这个"s"打头的单词。然而，我从未说过这种话。我认为，国家主权的概念不仅有其存在的必要，而且仍然占据着重要的位置，只不过它所承担的使命不再是我们过去想象的那样罢了。国家主权固然已经不再是数百年前 1648 年会议上所确立的概念了。那么，现在对于国家主权的定位是什么呢？我认为，这个定位的关键在于我们应该如何分配权力，如何在世界范围内把决策权配置给不同层级的政府。也就是说，相对于国际层面，决策权应给予民族国家层面、次民族国家层面或是其他。我们也可以从另一个角度去理解这个问题：当我们聚焦于某个政策问题时，我们会问这个问题或这个问题的一部分是否应该由某一层级的政府决定，如日内瓦——WTO的所在地；或是华盛顿特区——一个民族国家的首都；或是萨克拉门托——美国加利福尼亚州的首府；或者甚至是加利福尼亚州的一个城市，如伯克利；或者甚至是更小的地方，比如一个居民区。

所以，我们需要关注的是权力是如何在这些世界上不同层级的政府机构间分配的。因为正如我前面所提到的那样，我们会发现有些问题的决策权是无法由一个民族国家单独完成的。他们必须联合起来。举个例子，比如应对竞争问题、反垄断、垄断政策以及市场失效，就需要各国联合起来行动。一个民族国家可能会发现它很难对付世界上的垄断和卡特尔势力，因为这些行为往往都是在全球范围内跨境运作的。许多垄断行为发生在外国，使一国的司法及其他法律程序并不能对其进行管辖。因此，这时就需要能够在国际层面有一个机制。这种机制可能是WTO，可能是国际货币基金组织的一个部门，也可能是一个新设的机构。但是，无论形式如何，必定有这样一个机制。

然而，我们现在也不必将所有与竞争事项有关的决策权全部交由国际组织去解决。可能仅有部分问题的决策权需留给国际层面。因此，我们首先要掌握如何对问题作出区分，有些问题让国际机构去决策,有些则可以由华盛顿或萨克拉门托解决,对于一些小问题甚至可以在伯克利解决,等等。换句话说,我们需要把主权拆分开来看待。主权必须被切分成许多部分区别对待,其中有些部分又必须由国际层面而非更低层面的政府进行处理。你可以想象,不同的主权事务将由不同层级的法律机构进行管辖,从而构成一套完整的体系。

这就是我们今天所处理的事务的一部分。我们需要考虑这种权力的分配,而且我们需要认识到一个事项究竟应该交由国际层面管辖,还是民族国家层面或更低层面管辖,这种层次分配间的紧张对立一直存在。并且,这种紧张局面绝大部分来自于国际层面与民族国家层面的对立。这种权力分配的紧张对峙渗透于世界上的各种决策中,而每时每刻,在许多国家的首都、在社会的许多方面都需要作出这些决策。这种紧张对峙也体现在 WTO 中,尤其是它的争端解决程序中。WTO 争端解决程序给我们提供了非常丰富的法律体系。你可以从中发现:在争端解决的过程中,总有想将争端提交给更高的层级(如国际层面)和那些想将解决争端的权力保留在民族国家层面的两者间产生的摩擦。我不想在这里预先判断这两个层面哪一个更好。我不会说国际法层面总是最好的。你必须仔细审视政策本身,无论是竞争问题、垄断问题,还是其他问题。

我给这种主权观点一个特殊的名称,我称其为"现代主权"。这个词语出现在我过去十年的一些文章、论著中,也出现在我刚才提到的那本书的第三章里。因此,我认为"现代主权"理论可以被用来真正地帮助我们克服一些在当前世界背景下、在狂暴的金融风暴背景下所面临的难题。金融风暴所带来的风险已经影响到了许许多多的个人和政府,数以亿计的民众的经济财富正因此遭受损失。媒体最近估计:此次金融危机已经导致了对财富的摧毁性破坏,损失将超过 17 万亿美元。并且,这种趋势已经波及各家各户和私营企业,这对他们中的许多人来说是场灾难:他们将失去养老金,失去他们为子女提供教育的机会,等等。而这也是当今世界中需要许多国家联合起来共同面对的问题。

到目前为止,我还没有提出针对这个问题我们究竟应该具体怎么做,因为我不是一个经济学家,我也不会声称自己各个学科门门皆通。但是,我衷心地建议:我们需要用这种新型的思维模式来考虑和解决所面临的一些问题。在我的书中,除了竞争政策,我还用了一些其他例子来阐释这个问题。当我们努力解决问题的时候,当我们目前试图通过 G20 峰会或者其他行动成立一个国际机构来解决这场危机中的许多问题时,会发现这种新的思维模式将有助于我们探讨国际法和国际机构的问题。而谈到国际机构,这也就引到了我所要讲的第三个问题上。

我要讲的第三个问题就是从整体上看待国际法体系,看它是如何应对或是未能有效应对我们现在所面临的一些问题的。众所周知,国际法的渊源主要有两个:一个是我们所称的国际习惯法;另一个就是条约,或者叫协约国际法。这两个不同的渊源是国际法规则发展的核心。相对于其他制度设计,它们是国际法发展的主要渊源。

现在,正如过去二十年中的许多著述所阐述的那样,国际习惯法的问题在于其模糊不清,我们很难确定国际习惯法在何时形成并可以被当成法律规则对待。同时,我们也很难对国际习惯法作出改变或是用其去解决一些棘手问题,因为国际习惯法的产生和确立需要很长的时间。对于国际习惯法还有许多其他批评意见。有意见认为事实上国际习惯法已经被政府滥用,也有许多人声称一些国际习惯法的规则事实上并不能达到通常的国际法规则的标准。所以,我在这里将不探讨国际习惯法,而把重点放在经济活动领域中的法律规则上。我们是幸运的,因为在这一领域接触的大部分都是条约,虽然我并不会在此对这个问题作出更深入的解释。因此,国际法以及国际经济法真正的核心是条约。当然,在这些领域中也有一些习惯法规则,但大部分还是条约。

那么,在条约领域我们有什么呢? 条约遵循国际法的一般同意理论。每个国家都对其自身行为和其公民享有自治的、完全的主权,除非该国同意另一国际法规则。如果你顺着这种主权理论思考,你就会发现一个国际法的同意基础,那就是条约。于是,条约只适用于已经对它表示同意的国家,而不适用于不同意它的国家。也就是说,条约只对适用它的国家具有约束力。

这一国际法的同意理论本身需要被重新思考。而这一思考本身是有风险的,也是一个很困难的命题。但是,正如我前面所提到的,在有些领域这种重新思考正在进行,特别是在有关联合国以及涉及战争和其他一些可能对民众造成伤害的残暴行为的危险领域中。

但是,我们并不需要在这一道路上走得过远。我们也可以通过关注条约本身来发现条约对我们来说可以是非常有利的。条约是成立国际合作机制与机构的一条非常重要的途径。但是,国际法中的条约本身是有缺陷的,因为许多人认为条约是一成不变的。条约具有一种法律上的特性,它需要通过法律解释或者其他方式进行解读,从而保持条约的一致性,并且所有的条约都是如此。而这部分正与《维也纳条约法公约》有关,这一公约的成员国并不具有广泛的代表性。《维也纳条约法公约》通常被认为是条约国际法解释学的来源。但是,当你审视这个公约的时候,你会发现 WTO 中超过 16 个成员国都没有批准这个公约。因此,类似于《维也纳条约法公约》的那些公约和原则也就不适用于 WTO。

但是,《维也纳条约法公约》的一部分,特别是论及条约解释的第 31 款和第 32 款,事实上被许多人认为是对国际习惯法的重申(请允许我暂时回归探讨国际习惯法)。第 31 款和第 32 款确实为条约解释提供了一个很好的开端,但是这还远远不够。现在,让我来解释一下我的观点。我认为,有些条约需要我们像对待宪法一样地对待它们,而不仅仅把它们当成是条约。我称这些条约为"宪法性条约"。什么是宪法性条约?我认为宪法性条约首先是一个由众多成员国签署的条约,通常至少拥有 40 个以上的成员国,有时可能超过 100 个,如 WTO 现在就有 153 个成员国,当然 IMF 和世界银行的成员国数量还要大大超过这个数字。宪法性条约的特征之一就是它有着众多的成员国。

　　这类条约还以建立国际机构为目标。这些机构通常是长期存在的，用来推动或者执行条约起草者或者是签署条约的成员国所赋予其的使命。此外，宪法性条约必须提供一种渠道来解决世界上多国协商签署的大规模条约经常存在的问题。由多国协商签署的条约不可避免的一个问题就是这种条约存在着差异和模糊。这种现象是不可避免的。这也是人类社会运行的方式。如果不允许一些差异和模糊存在，经常的情况就是我们将无法把这些政府聚集在一起，或者说是无法把如此多的政府聚集在一起让它们为一个共同的条约而努力。因此，我们必须要有一个机制来实现这个目的，弥合差异，消除模糊。而这个机制就是争端解决体系，有时我将其称为"司法体系"。

　　我继续讲什么是宪法性条约。我提到的这种条约通常是一种成员国数量很多、修改程序存在缺陷的条约。事实上，它们中的许多都不能被有效地修改，或者即使能够修改，这种情况也很罕见，因为通常在起草时就把修改条约规定得十分困难。因此，我称这种条约为"刚性条约"或者"将条约刚性化的过程"。这种条约即使在世界格局或经济形势发生变化时也仍然保持不变，跟不上现实世界的情况。所以我们必须为"宪法性条约"考虑一些组织结构上的条款，以便条约能够更新，能够通过一般的解释方法让条约以较小的步伐进行适当的改变。

　　这可能听上去有些难以理解。但我相信大家都知道解释不是万能的。如果条约说四，你不能把它解释成十。但另一方面，条约的文字通常都有歧义。在很多情况下，运用解释的方法，能够让条约跟上世界变化的步伐，比如说这次的经济危机。

这就是我所建议的内容。如果你这样做,并且思考例如争端解决过程这样的解释机制,我就将其称之为"司法过程",你可以发现这种僵化的过程也可以走得很远,即使不完全,但也能够保证条约结构良好,与现实相关。但是,你可能会被《维也纳条约法公约》中列举的解释方法所限制,这样的话你就不能达到目标了,不能实现保证条约对现实世界仍然有意义的宪法性演变。

你需要的是另外一种解释。比如,你需要的是一种叫做"目的解释"的方法,有时也称其为"目的论解释"。解释者看了条约说道:"如果要保证条约能继续履行其使命,我们应该怎么做呢?解释'shall'或者'should'等字词会有怎样的影响?"这就是应该加到《维也纳条约法公约》解释方法表上的内容(只有《维也纳条约法公约》才讲到解释方法)。但是,《维也纳条约法公约》在目的解释这一内容并没有具体规定。有人声称他们已经找到了在《维也纳条约法公约》下运用目的解释的办法,但这种做法通常有很大麻烦。

还有一个概念叫做"演变的条约解释"。这是"海龟/海虾案"中所提到的解释方法。你们中的一些人肯定知道这个案子。我认为"海龟/海虾案"是 WTO 中最重要的宪法性案件。因此,"演变的条约解释"是我们应该加到解释方法表上的另一内容。最后,我们也应该认可 WTO 和其他国际法庭等司法机构的"先例效力"。先例效力有助于保证司法机构的解释过程在时间上的一致性。我不想深入讲这个复杂的问题,对此可以有很多角度加以思考。但是,我必须提醒你们这不是"遵循先例"原则,因为"遵循先例"原则是普通法上的针对特定范围的先例的原则。这不是我们今天所讨论的,我们讨论的是具有不同等级的先例,以强制遵循之前的协议或判决,但我们有时也不得不摒弃这一原则。这就是我要讲的大致内容,希望能给大家带来有关国际法的一些思考,窥探国际法问题的冰山一角。

最后我还是讲讲 WTO 本身。现在 WTO 可以在组织上被分成两部分:一部分是争端解决机制;另一部分是 WTO 的其他部分,我称之为 WTO 的"政治政策协商"部分。WTO 里的争端解决机制是目前国际法庭中最强有力的。它在法理上要求各国政府必须使用争端解决机制来解决任何关于 WTO 条约的问题。这是一项要求。它还有精细的程序规定,并且必须在限定的时间内完成程序,这样争端解决程序就不会永远持续下去而无法完结。争端解决机制不仅设有专家组,而且还有处理上诉的上诉机构。争端解决机构目前已经受理了超过 390 件起诉。一半的起诉最终没有到达专家组阶段,因此的确有许多争端得到了妥善解决。这是很明智也很有意义的,因为这样政府能有机会预测上诉机构报告的可能结果。

上面我们看到的是争端解决机制里组织上的相互作用。WTO 争端解决机构已对超过 115 个案件作出了报告,包括专家组报告和上诉机构报告。这是非常大的案件处理量。在大约 13 年的时间里,WTO 争端解决机构每年处理的案件量常与国际法院相当。这在许多方面都的确是一项巨大的成功。但争端解决机制也不是完美的。有许多争端还一直没有得以解决。但是,WTO 争端解决的执行记录是相当好的。我自己虽

然没有在这方面做过研究，但是我的同事和同作者，包括 Bill
Davey 教授在这一方面研究得很仔细。他们发现 WTO 争端解
决机制的裁决被执行的比例非常高。当然也存在做得不好的
地方，有不执行的情况。奇怪的是，不执行的情况通常来自世
界上最大的两个贸易实体——美国和欧盟。但是我认为它们
也尽力在执行，去解决问题以便执行争端解决报告。当然，美
国还有政治上的困难，执行难的情况经常发生在国会中。在美
国，如果上诉机构的报告说美国必须修改国内法以保证履行其
WTO 义务，假如美国的行政方面能够绕过国会，那么就不会有
问题，往往是行政方面必须得到国会批准时出现了麻烦。但是
即便是必须得到国会批准，在许多情况下，国会也被说服并在
美国法下通过相应的法律。因此，争端解决机制的执行记录一
直都很良好。

　　现在我来讲 WTO 的另一部分——政治部分，或者说政治
协商部分。这里对它的利用情况就不太好。总体上我们有很
多失败的案例。你们中的许多人可能很关心多哈回合的进程，
那么你们一定了解其中很多谈判破裂的情况是怎么发生的。
有些人说我们应该重新启动这个回合的谈判，让多哈回合继续
进行下去。但是美国在这一过程中扮演了落后者的角色，美国
主管贸易政策的官员甚至都还没有上任。因此，多哈回合的成
功需要时间，许多人甚至怀疑多哈回合是否仍会继续。另一些
人则说我们应该放弃多哈回合，承认它的失败，然后重新开始
新一轮的谈判。有人说可以称新一轮谈判为"奥巴马回合"。
当然也有其他不同的意见。但是我们必须重视 WTO 的非争端

解决机制的部分，即 WTO 的决策过程。三年前我参加的
WTO 萨瑟兰(Sutherland)报告曾试图深入分析可能进行的改
革。我们有必要思考 WTO 决策中的协商一致规则。因为，现
在的协商一致规则意味着对 WTO 任何要做的事情都提供了
153 个否决投票。因此我们必须对它进行适当反思，因为在我
看来协商一致规则仍然很有价值，只是在某些地方还需加以
修改。

　　这就是我今天所要讲的四个要点。现在我就回顾一下，讲
讲这些要点的意义并做一个总结。如果认真考虑我讲的这些
要点，可以想象，我们不仅拥有了应对经济危机的经济刺激方
案，我们还将拥有一个新的规则框架。我们必须拥有一个新的
规则框架，一个设计得更好的国际制度结构的规则框架。现
在，对于银行业和金融业，我们有《巴塞尔协议》、《巴塞尔第一
号协议》、《巴塞尔第二号协议》和对巴塞尔体系的改革。有许
多人说这还不够，它们太弱了。我们的确需要更强的规制。尤
其是在透明度问题上，我认为我们的确需要加强。我们需要知
道世界上发生了什么。对一些技术性的金融工具，如金融衍生
品和信用等，人们根本不理解，甚至正在使用这些金融工具的
公司也不理解。公司一直在做风险建模，而风险模型却令人失
望，没有起到任何作用。这些就是造成这次严重危机的部分原
因。所以，我们的确应该把我所建议的那些概念运用于实践，
比如现代主权、规则体系、条约的宪法性实施和条约的解释等。
如果我们想成功地克服这次经济危机所带来的困难，我们必须
朝着这些新的方向前进。

　　最后,我想说,我来中国的原因之一就是因为中国现在十分重要。并不是只有我这么认为。我们看到越来越多的对国际政治和国际法了解颇深的人都提出了相同的看法。他们认为,在需要国际化的领域中,取得进步的关键就是中美合作。而中美合作必将发生。我们可以在这个合作的基础上加入其他国家,或者我们可以采取 G20 峰会的模式(G20 峰会有时被认为有 28 个政府参加)。不过,还是有许多人认为,在核心层面,中美关系是目前和未来世界上最重要的关系。中美两国应进一步了解对方的经济和社会差异、了解对方的现状,并通过持续的对话协调一致。除了对话,也许两国还应达成某些协议,以推进制度框架上的进步。

　　这就是今天我想传达给大家的信息。谢谢大家今天下午听我的讲座!

(王干、王肖倩、王宇芳＊译)

　　＊　王干、王肖倩、王宇芳,复旦大学法学院 2008 级国际法硕士研究生。

文明的概念与中国的文明

王斯福

主讲人简介

    王斯福（Stephan Feuchtwang），1966 年获牛津大学文学硕士学位，1975 年获伦敦大学人类学博士学位。曾任伦敦城市大学中国研究所所长、英国中国研究学会会长（1999—2002）。现为英国伦敦政治经济学院（LSE）人类学教授、中国比较研究网项目主任、《人类学批判》（*Critique of Anthropology*）杂志主编（1996—   ）、复旦大学社会科学高等研究院学术委员会创始委员。研究领域包括人类学理论与

中国民间宗教、各文明之比较研究与历史人类学。其主要著
作有：*Memorials to Injustice：In Memory，Trauma，and
World Politics*（2006）；*Making Place：State Projects，
Globalization，and Local Responses in China*（2004）；
Popular Religion in China：The Imperial Metaphor（2000
年再版）等。

　　时　间：2009 年 3 月 30 日 14：30
　　地　点：复旦大学光华楼东辅楼 103 报告厅
　　主持人：邓正来（复旦大学特聘教授、社会科学高等研究院院长）
　　评论人：张乐天（复旦大学社会发展与公共政策学院副院长、教授）
　　　　　　常向群（英国伦敦政治经济学院研究员）

　　任何人要用任何社会科学来研究中国都迟早得面对这样
一个事实，即他必须也是一名历史学家。此后，不管他是否接
受，他都会面临这样的挑战：长时间的连续性与伟大的转型都
出现在了被称为"中华文明"的事物中。在我作为人类学家的
晚期生涯中，我正遭遇着这种挑战。
　　我的好友兼合作者王铭铭已经向你们展现了他关于中国
人类学研究的"三圈说"（conception of the three rings）：核心圈
（the inner ring），指的是位于核心的地方性研究（local studies）
或者对占据多数地位的族群的研究，亦即费孝通所谓的"乡土
中国"；第二圈则是对中国非汉民族（non-Han peoples）的研究；
第三圈指的是中国学者对外国的研究。这是从中国的文明中

心观出发所得出的一种现代"三圈说"。一个更老版本的"三圈说"则是指：核心圈（第一圈）；由部分被同化或被"开化"的"熟藩"(assimilated or "cooked" barbarians)组成的边缘圈（第二圈）；以及由"生藩"组成的最外圈（第三圈）（对此的解释，比如说，参见 Stevan Harrell(1995)所著中有关儒化运动的内容）。

在欧洲，启蒙运动以后出现的对世界上的民族的研究是从另一种一分为三的观点出发的。在其普遍历史(universal histories)中，哲学家和政治经济学家把人类世界划分为三个大的历史阶段：未开化(savage)阶段、野蛮(barbarian)阶段与文明阶段。这种一分为三的 20 世纪版本是将人类世界划分为：原始社会、古代文明与现代文明（关于这种早期人类学史的出色介绍可参见 Stocking,1982、1987)。

从 20 世纪 60 年代开始，世界各地的人类学家都从对原始社会与文化的研究转向了地方性的深入研究，包括他们自己所谓的"现代"社会。就我本次讲演而言，最重要的一个要点是，正如"文化"一词现在被应用于每个社会（包括那些早期被归为原始社会的社会）一样，"文明"一词也确实有可能适用于所有社会。我希望接下来我能将这一点表达清楚。

王铭铭目前为具有媒介性的第二圈(the mediating ring 2)所深深吸引。我也是如此。我认为，这个媒介性的圈事实上形成了两个中心：一个远外的中心(a distant one)与一个（将自己远离于该远外中心的）地方性中心。在这个媒介性的圈中位居最内层的圈(the innermost circle)就其自身的中心性而言是地方性的，但它也涉及某个地区和中国内部以及中国之外的经济权力、政治权力、文明权力等级。一个事例是位于西南边缘的南诏(Nanzhao)王国——它是自己的文明和贸易中心,但它也是维系着中国文明中心与中国朝贡中心(即西藏和印度)之间关系的媒介。同样地,第一圈中的每个地点都是其自身文明的中心,但它也涉及中国内部的诸遥远中心。

这是我作为一名外来者的观点。我们应当将像我这样的外国人类学家也包含在这三个圈里面吗?原则上,一名中国人或一名外国人都可以位于这三圈中的任何一个。一个主要的区别在于:到 20 世纪 80 年代,操英语的人类学家都不再与历史学家合作,以至于他们都不能充分地处理中华文明的范围与时间性维度(temporal dimensions),而代之以对中国人或中国的少数民族进行地方性研究;与此不同的是,中国的人类学家则多试图对整个中国及其悠久历史进行概括——有时仅仅依据对某个地方性村庄的研究,并曾因此被埃德蒙·利奇(Edmund Leach, 1977)正确地批判过。在此,我想谈谈关于人类学的另一个要点。

最重要的是,我们要知道:与其他所有的社会科学学科都不同,人类学的任务是要对被研究的民族的观点详加解释,并在其分析与解释中含括这些观点。以当地人对自身的地方性理解为依据而展示和验证自己的理论和假设,并通过这种途径对自己的理论和假设予以修正,是人类学家的一个任务。以费孝通教授为例,当谈到他第一次在第二圈进行田野调查的经历时,他曾说,他获得的那些最有价值的洞见均源于他所不曾预期的震撼性发现。

　　就像现在的很多中国人类学家一样,费教授和他同时代的中国人类学家也从外国人类学家那里获得了信息并受到他们的影响——或者通过阅读,或者由于他们有国外的导师。同样,所有的中国非汉语人类学家至少都了解中国人类学家的译著。因此,我们栖居于这三个圈中的任何一个都是可能的。每一个人类学家,甚至每个所谓的本土人类学家都应该这么做:作为一名人类学家,她或他应当将其研究对象视为似乎是来自于外部的事物——不做任何想当然的假设,亦即对包括常识在内的所有事物都保持最大的开放性,似乎它们都是陌生的,但又将其作为一种理解方式和生活方式予以尊重。

　　但即便如此,下述情形也是真实存在的:作为一名某个被研究之地的外来者,相较于你远离于该地(亦即你不得不学习其语言,居住在该地的某处而不是住在此前接近于该处的任何地方),如果你在语言、生活经验和持续住所等方面与之接近,那么你的体验将会不同。同样,如果你主要用另一种相去甚远的语言阅读用此种语言发表的人类学研究和理论,那么你应当小心谨慎且精益求精地回译为原来的语言和理论;而翻译成非中文语言的任务尽管可能是可欲的,但对一名中国的汉语人类学家而言,并不是轻而易举、一蹴而就的事。

　　我是一名来自外圈并用英语写作的人。但通过与诸如王铭铭、常向群这样的中国人类学家紧密的合作与交流,我已经受到我的中国同事们的影响。尤其是,这种影响在某种程度上为我带来了我今天讨论的主题:文明。对中国人类学者理解中国的方式的了解已经使像我这样研究中国的人类学家开始求诸历史,但是通过数年来同王铭铭及其同事的讨论,我已经在他们之外倾向于采取一种长时间、大范围的历史人类学观。同时,作为一名人类学家,为了开展一项促进文明比较的研究计划,我已与我的一名英国朋友兼同事迈克尔·罗兰兹(Michael Rowlands)合作,并检视了旧的、民族志和人类学的文明概念。作为一名人类学家和外来者,我将在不遵从中国人的文明概念——这种概念对中国来说当然具有真理性,但并非放之四海而皆准——的条件下开展这项工作。

显而易见,"文明"这个术语与另一个我将与之密切联系的术语"帝国"在汉语中都是不超过 150 年寿命的新词。因此,甚至正如它们现在在中国的用法一样,它们在其来源上都是外来词。事实上,作为一个动名词(verb-noun),civilisation 一词在欧洲语言中也是相对新的。在拉丁文中,它没有对应的词——拉丁文中有与 civil 相对应的词,却没有该词的动名词形式。但是,empire 或者拉丁词 imperium 则是非常古老的词汇。

在返回介绍我所谓的一种复兴的文明概念之前,我想从这种复兴的文明概念出发讲两点与核心圈和媒介性圈中的地方性研究相关的内容:

1. 何为中心、何为边缘是不确定的;与此类似,从中国文明的角度来看,何为中国人、何为外国人也是不确定的。詹姆斯·斯科特(James Scott)和其他论者已经充分地论辩说,如果以一种长时段的历史视角观之,那些我们现在将其归为非汉民族的民族实是非汉民族自身的意志(volition)与中华帝国的统治共同作用的结果。相反,现在中国的各个地区过去都有其自身的文明中心——它们受到许多其他文明的影响,包括中国文明,也包括其他地区的文明,比如说从匈奴发展而来的亚洲内陆的游牧贵族(David Sneath,2007)。

2. 从长时段的视角来看,被视为属于中国的诸地区(比如说九州)应当被认为是为那种源于青铜器时代的中华文明作出贡献的中心。进而言之,我们可以提出这样的主张:中华文明可以有许多中心,并由这许多中心组成,而不仅仅是由现在的政治权威中心组成。每一个诸如此类的主张都是同样有效的——尽管它可能没有获得现在的政治中心的权威许可和承认,也尽管它可能与其他类似的主张相矛盾。

文明的概念必须能够适应这些变化。它也必须足够宽泛以涵盖下述事实:任何一种文明都可以是一种有着多个中心、具有内争性的(disputed)文明。我们不应当假定一种确定不变的圈图(map of circles)——即核心圈、中间圈和外圈。

作为一个动词化的名词,文明是在 18 世纪的法国、苏格兰和英格兰产生的——从那时起,它就被相对化了。现在人类学家使用的意义已不再具有此前臭名昭著的那种含义:种族中心主义的、帝国性的知识与特权系统。然而,在地方性的和全球文化关系的日常语言中,它仍要执行这些意识形态化的任务。

作为一种用法,“文明”常常是意识形态化的——也就是说,它总是具有争议性的(contentious)。但这并不意味着:作为人类学家,我们不应当使用这个词并阐发出一种关于其用法的概念。文明的意识形态性用法关涉的是一个利益或旨趣

(interest)问题。但文明也可以用来描述这种习惯性、传承性的理想或志向(aspirations):生命历程中的自我实现,或者数个世代的自我修为(self-cultivation)和等级流动。这些理想或志向为——那些声称分享着相同的理想或志向标准,或者分享着由类似方式予以表述、识别的理想或志向标准的——其他人所共享,也可以与之产生冲突。因此,这种文明概念是描述性的,而非意识形态化的——尽管它是关于意识形态的。它并不认可其在所有情形下描述的那些标准,或使之有效。

因此,我们对"文明"一词的使用是用来描述这种现象:等级、意识形态以及理想或志向——它们三者在历史上同时连续性地存在着,并同时构成了被转型的理想或志向标准和等级;文明有其历史。文明的概念可以被批判性地用于揭示下述意识形态性用法:为特权的连续性提供辩护,并否认已获得辩护的等级体系中的其他人的文明理想或志向。

一、人类学中的文明概念:马塞尔·莫斯

在法国人类学大师马塞尔·莫斯(Marcel Mauss)的一篇鲜为人知的论文——最近(2006)被译成英文出版——中,他把文明界定为:由"那些对多个社会而言具有共同性的社会现象"组成的事物。他坚称,这些社会现象又是相互联系的——他说道:它们必须"大体上相互联系",而这种联系又是通过(那种"经由永久的媒介物或源于共同先祖的关系"获得的)持续接触

实现的(p.61);立基于此,在下一页,他又进一步精化了这个概念,并将其定义为由各个社会形成的一个家族(a family of societies)(p.62)。当我们想到朝贡、外交、贸易或婚姻关系时,我们就不难设想这些永久的媒介物为何物了。

在莫斯的社会学专业术语中,一种文明是集体表征(representations)和集体惯例(practices)的传播(spread),而这些表征和惯例则是文明的社会物质层面。他说,它们是"专断的"——他这样说所意指的乃是:它们不具普适性,而是具有偏好性的行为方式。在实际的分析过程中,当我们说这些表征和惯例一起构成了一种文明时,这意味着:我们从考古学和历史学证据中推导出了一整套共同的惯例和意义——不是指某种具有支配性的特征、设计或事物,而是指将这些特征、设计或事物统合起来并在时空演化过程中予以审查的方式。

文明概念中也许最饶有兴味的特征是莫斯将其视为一个弱点的属性:它是一种对其要素的松散整合,而非一种整体化的整合(holistic integration)。即使可以说文明就像社会关系或者意义体系和物质实践的再生产一样再生产,我们也不必把所有要素都捏合为一个单一整体及其再生产。文明如同"文化",但它强调的是文化的传播;文明又如同"社会",但它只是社会的一部分——它迫使我们去思考和推断一种文化的诸要素是如何吸收了与其他文化相关的习惯、行事惯例和行事方式,但它又用源于他处(即其他文明)的不同附加要素(additions)对这些习惯、行事惯例和行事方式进行转换。"文明"是一个宏大但非总体性的关于社会、文化和物质生活的概念。它迫使我们去分析那些混合体(mixtures)——即不同文化之间的相互传播与彼此融合。

二、历史上的人之类型：杜蒙与等级

罗兰兹和我想扩展马塞尔·莫斯的文明概念。该概念不包含任何种族中心主义的进化论假设。我们为文明所抛给我们的下述挑战深深吸引：在我们说明并分析文明所经历的主要的、不可逆的转型时，如何解释其长时间的持续性？持续性与缓慢但激进的转型已经为至少两种历史唯物论者——马克思主义者与布罗代尔主义者(Braudelian)——所争辩。布罗代尔的优点是，他将日常生活的仪式与习惯归为基本物质，而马克思主义则将其视为意识。对布罗代尔一个有效的否弃是：他将政治和军事动荡(turbulence)归为上层事物(superficial)（在他的版本中即上层建筑），以至于似乎不存在人口统计学和社会生态学意义上的动荡和突变。因此，我们将追随马克思，探究政治事件与社会生态事件或经济事件之间的相互影响。

无论如何，当其被另一位思想家即法国人类学家路易·杜蒙(Louis Dumont)使用时，意识形态具有一种颇具广泛的外延。他的等级观影响深远，堪称迈向一种新的文明观的里程碑。

路易·杜蒙描述了这样一组意识形态：平等人或奉法之人

(*homo legalis*)与等级人(*homo hierarchicus*)。一个例子是：由诸种姓间的适当规则(rules of propriety)与劳动分工组成的一个关于同族结婚的身份群体(即印度的种姓制度)的等级体系，亦即一个包含着从最低等级到最高等级、从最污浊等级到最纯洁等级的等级体系——在其间，等级提升的理想或志向可以经由下述途径实现：由种姓或亚种姓的种姓转变产生的流动，或者获得较高等级种姓的成就以及改变或隐瞒自己的天生地位。另一个例子是机会均等的等级体系——在其间，个体和家庭依据学习表现及其成果、冒险精神及其适当回报、工作及其适当收获等理想(ideals)产生纵向的社会流动。

上述两种事例都是理想——一些占支配地位的理想；但阶级关系的现实是：无论是在崇尚等级人的印度，还是在尊奉平等人的欧美，这两种理想都没有实现。因此，可以让杜蒙对这两种意识形态的解释黯然失色的一个问题是：这些意识形态是否(或者毋宁说它们是如何)受到政治经济过程的影响(或者影响者与被影响者恰恰相反)？用批判的眼光来看，我们必须追问：在这些理想适用的同一人群(在该人群中，这些理想又被认为具有持续性和支配性)中，未实现该理想是否产生了其他意识形态或这些意识形态的变种，或者完全不同和相对的意识形态——比如说，影响着统治关系的革命性意识形态？印度婆罗门(Brahmans)和国王的关系在这方面尤显重要(Fuller，1991)：婆罗门对宇宙观负责，国王则同时要对统治和宇宙观负责，两者相互配合又彼此分离；而这种分离则意味着：单个的婆罗门帝国从未存在过，只存在着与婆罗门种姓制度和礼仪的等级体系相关的帝国。但杜蒙没有提供任何可以用来说明下述现象的途径:这种等级体系何以可能服从于转型,并且其自身也是结构/社会转型的结果。

除了这个严重的局限外,还存在一个更伤脑筋的比较难题。杜蒙设置了这样一个二元对立:平等与等级——平等代表着现在在全球扩展的现代性,而等级则代表着一般性特征以及这些一般性中具有印度特性的前现代等级特征。用文明这个词(而非意识形态)代替这种二元对立有可能将这些不同类型的人界定为长期持续存在但具有历史性的人之类型——机会均等的平等人与印度式的纯洁—污浊等级人(Indian-purity-and-pollution)只是其中的两类而已。诚然,杜蒙本人也谈及了不同的文明——每一种都具有其自身的存续时间(p. 242)。但如果不像杜蒙那样只将其中之一(即婆罗门)作为一种纯粹的类型,难道不是可以更好地描述所有具有等级色彩的文明,并将每种情形都视为历史上的人之类型吗?

请允许我做一番解释。我们把所有文化(在文明概念的更广泛和更具联系性的意义上)都视为具有等级性的结构。等级可以指像年龄大小这样的表层事物,也可以指像婆罗门式的和机会均等的阶级地位这样的深层事物。我们认为,每种文明都具有的一个属性是:在其内部,它传递的都是导向一种等级体系的时间框架(time-frames)和实践(practices)。从这些实践的内部来看,每一种文明都宣扬优越感——存在着多种优越感,它们并不必然是一元化的,但彼此却具有家族相似(a family resemblance)的特征。在描述这些优越感时,研究文明的人类学家当然并不将其视为具有普适性的标准——尽管它们以其自身的条件可以声称具有普适性。重要的一点在于：文明是一种超越时间框架之理想或志向的传播，而这种时间框架可以包括数个世代或更长的周期，抑或仅仅是某段生命历程。最为重要的是，这些实践都深嵌于日常物质实践之中。

三、以高含低与以文本传统涵盖日常物质实践

在 20 世纪五六十年代进行文化和文明的比较历史人类学研究的较早尝试中，受罗伯特·雷德菲尔德（Robert Redfield）及其提出的"大传统"（Great Traditions）概念的主导和深刻影响，人们都从文明的中心来看待每一种文明。

在怀特（Wright）和费正清（Fairbank）分别于 1953 年和 1957 年编辑出版的两本中国系列丛书中，这种研究是从文本传统（textual traditions）、都城和正统的仪式出发的——因为他们将普通人的日常物质实践、思想及其小传统都齐一化并统合起来了。我们拒斥这种模式，而代之以主张将日常实践含括在内；并且，为了搞清文明在所有层次的传播情况或者这些不同层次是如何（或是否）发生互动的，在聚焦于日常物质实践时，我们并不认可文本传统、高位阶实践（high status practices）、都城和等级体系中的上层，或者将它们置于优先地位。事实上，下述事实恰恰表明了所谓的小传统与大传统在行动性（agency）方面的相反情形：在其政权统治内部以及在政权统治的边疆地

区,主要中心都要将自己适应于次强力中心(less powerful centres)的需要。

我喜欢文明概念的一个理由是:它提出了历经时间的转型(transformation through time)的问题。另一个理由是:一旦为其注入多元性要素(而不是像最初在法语和英语中使用的那样去建立一种关于人类的普适性标准),它就可以将同种类型的事物描述为"文化"——但它强调的不是一个单位(unit),而是一种传播。这就是我想通过参照并遵从文化的连续运用而开启理解中国的路径所在——而我所谓的文化是位于(马歇尔·萨林斯(Marshall Sahlins)均未提及的)普遍性与特殊性之间的。

四、作为文明的文化:马歇尔·萨林斯

萨林斯的传播观认为,传播是由我们在处于战争或袭击关系(在这种关系中,每一个都以同另一个相反对的方式界定着自己)中的毗邻民族或地区之间作出区分而组织起来的。为了实现其自我界定(self-definition),每一个民族都依赖于最直接的外来他者(other),并且这种依赖当然也会从诸毗邻性民族构成的整体转向下一个。每一个民族都是一个文化表征和等级体系中心,而其文化表征和等级体系的界定与另一个同样的中心相对立。但由于婚姻关系和礼物交换条约使得彼此相互联系,加上通过征服可以将一个外来民族变成另一个民族的中

心,民族的区别既是外在的,也是内在的。在长时间的毗邻关系中,这些区别成为地方性冲突激化和升级的断裂线(faultlines),而这种地方性的冲突又会爆发为每个毗邻民族的内战和两个毗邻民族之间的战争。

　　并不存在整体的文化,只存在着由地区上的结构对立(structural opposition)予以界定、在原则上经由同外部境况的对照与关联而向外传播的局部性文化。而在这种外部境况中,那些不受人类控制或内在控制、具有潜在支配性的神话人物(mythic figures)预示并描述(postfigure)着实际存在的外部政治权力。每一种具有中心性的文化都是由其携带者和创造者所依赖的事物限定着的,亦即某个外来事物或某种他者性(otherness),以及那种对外来事物予以归化的迫力(complusion)。在这种结构化的方式中,通过诉诸对外来统治者和由婚姻创造的已内化的外来者的深入描绘,萨林斯就可以将各种不同的传播都包含在内了。这些传播类型的范围颇为广泛:从帝国——经拥有霸权但并非实施直接统治(或坦拜雅(Tambiah,1985)所谓的由那种从文明中心发散的银河系(galactic systems)组成)的帝国以及贸易帝国——到袭击关系和战争关系;这样,萨林斯就可以表明:无论大小,每一个政体都可以被识别为他所谓的与现实中其他政体的神话—历史表征(mytho-historic representations)不同的宇宙统治(cosmocracy)。这些神话性的表征是由某个不受日常惯例约束的外来者在祈愿平安、祈求丰收和祈盼子嗣的仪式中颁行的,并且偶尔也可以用于不同于生命的死亡和疾病场合。

五、中国的中心性

现在,让我转向在中国具有中心性的时间框架与实践,即中华文明是如何以其自身包括非语言以及语言与文本实践在内的实践得到传播的。在此,我会尝试着以一个外来者的身份,借助一些取自于中华文明的中文概念,来总结我所理解的中华文明的关键要素。

中华文明(内)的文人具有深刻的持续存在观和变革观。这些观念是先向外再向内继而交替变动这样一个过程——在其间,明智的君主(明君)与大臣及昏庸的统治者(昏君)次第出现——的源动力(pulse),亦即一种治世与乱世交替出现的源动力。[①]

世俗的变迁以及物理学和形而上学的不断变化是与这两种源动力相适应的。明政(illuminated rule)是对世俗变迁的调节性反应,也是对活力循环(the circuits of energy)的回应——

---

① 除了其他人之外,下面的论述我从与王铭铭的交谈及其即将出版的关于泉州城市史的论著——不久将在左岸出版社(Leftcoast Press)出版——中获益最多。同时,请参见 Wang Mingming (2004:35)。昏君和明君在区分治世(良序和繁荣的统治)与乱世(治理不善和混乱的统治)的民间文学和戏剧中使用——文人们在评论那些被具有强大军事实力的皇后家族困扰或控制的皇帝时喜欢使用这两个术语。以此种方式开展评论的文人之一是梁启超——在其出版于 1926 年的《中国历史研究法》中,题为"研究文化史的几个重要问题"的一章批判了他自己先前的进化论即进步主义(progressive)的人类史观(多谢王铭铭在与我的私人交流中所透露的信息)。

以其对社会关系网络的响应，以及基于"天"中存在的宇宙论永恒变化原则而对生活环境、物理环境（即"地"）之特性和造物（creatures）的回应为手段，明政将世俗变迁和活力循环带入其统治体内部的和谐均衡与生产效能中。就世界而言，调节天与地的关系并使其和谐是君主的职责所在。但是，君主及其辅佐者所进行的这种自我修为也可以为普罗大众所效仿。自我修为可以在最物质、最世俗的饮食劳作规训（disciplines）中进行，也可以经由特殊的训练和冥想，特别是经由横向和纵向社会关系中的得体品行（即待客之道、寒暄之辞、离别之礼）而展现出来。

就宇宙均衡而言，自我修为是要返回一种天体演化的原初混沌状态——在这种状态中，无数处于阴阳循环中的事物得以出现。在年度性的礼仪或者寺庙、坟墓的落成仪式中，它也体现为由地到天、生死之间的一种协调——包括向外、向上在那些距离两界皆近的点上做文章，而这在生活的内部表现为房屋、寺庙或宫殿的建筑设计，以及对尸体和头顶空间的内心惧怕，在生活的外部则表现为对山的敬畏。

现实中的圣山及其圣庙是朝圣者向往之处——君主朝圣要避开平民百姓的视野，但普通的朝圣者也可以前往。这些圣山都远离于地方祭祀中心区域的政治首府；换言之，朝圣者要经历一个从中心区域出发再回返的行程，并携带精神生活和武装力量的装备作为辅助。为推翻某个王朝、建立一个新王朝而聚结起来的武装力量常常包括将领及其领导下的来自帝国边缘地区和主要版图区域——这被称为"华内"，即"位于文明区域之内"——的兵士。因此，边缘区域是文化复兴和外地入侵

的发源地。它们是文化吸收和向心调整（centreing）的源动
力——在这种吸收和调整中,外界要么被指定为生活之源,要
么被分派为无序之根。秩序的重建就是要使恶势力遣返其在
边缘地区所处的位置,并使之臣服于军事命令,即成为在军事
命令控制之内的力量;生活的重建则是要从外界和上界汲取力
量以补充中心地区——无论该中心是地方中心,还是皇权
中心。

这些当然是那些礼仪典籍（道家以及和儒学相关的典籍）
以不同方式传播的理想和中国式的宇宙统治,其包括:把世界
描述为不断失衡、需要调节、处于混乱之中,而且处于进一步混
乱的危险中,亟须矫正纠偏。

在中国,与掌控着生死大权的那个不受控制且强有力的他
者相等价的事物要么是我在描述远离中心的外部源动力时已
经指出的那个事物;要么是中国道德历史学家以及在通常用法
中所描述的混乱和乱（或含义模糊的暗）,即一个需要从中心予
以规制的道德败坏、剥削横行、骄奢淫逸的世界;要么,它是（人
们乐意从其中抽身转而寻求中心庇护的）充斥着投机者和冷酷
无情者的世界。但也可以存在祸世——在其间,地方长官们泰
然自若地为面子（face）和影响力而争的你死我活（Wang
Mingming, 2004; Stephan Feuchtwang and Wang Mingming,
2001: chapter 7）。换言之,也可以成为内部的外部世界是一种
需要由既定秩序的调节予以归并和规制的混乱、突变、断裂状
态,但它还没有到达止步不前的地步。

现在,我要更详细地解释中国的等级制——它是由对社会

关系的得体操作(proper conduct)所限定的。在此,我受惠于常向群的工作以及同她就其详细阐释的礼尚往来一词进行的长期讨论。这个短语指的是不平等地位之间由得体操作所引导的关系,而这些不平等的地位主要是指父系继嗣、父系婚姻和父权制中的不平等,以及由此推及的统治者、臣民(subject)和亲信(比如说兄弟姐妹及其亲戚们)。在20世纪20年代致力于大众教育的公立学校建立之前,教化指的是在人文素养方面的成果,这包括控制最严的识字能力——它需要阅读和识记能力以通过帝国的科举考试。这种教化也是得体操作方面的教育和成果,即礼。

依据人际关系方面的礼仪惯例,除了其他方面之外,还存在着一个三方的互惠结构:一个服从于第三方权威的两个平等关系人之间的契约。那些在社会能力方面赢得名望(即面子)的人被接受为第三方,而这些社会能力包括劝说和欺骗术、隐瞒和决断术;或者第三方也可以是具有悲天悯人、刚正不阿声誉的贤达。

一种等级化的不对称模式是报,即对那种必须铭感不忘但却无法给出相匹配报答之善行的回报,亦即它是一种用于描述亲子间相互责任和那种感动上苍或先祖的酬答誓言的回报关系。相互责任是一种双向的忠诚:对乐善好施给予回报,对乞哀告怜施以援助。违背了这种相互责任的人便会被置于凄惨境地:被冒犯者和尊贵的权威人士会将其排除于认可之外,赶出共同体或使其万劫不复。这种来自上方的毁灭力类似于君主为形成其正统等级秩序而使用武力讨伐的情形。

　　这种等级的次神圣版本是那种经由面子（即在社会地位等级中取得的成果）获得之权威的实现。这可以从目前的宴会餐桌上看到：那些地位较低的人们围桌而坐——他们在彼此关系中处于相对平等地位，但已经明白相对他人而言自己的确切权威所在。这就是一个两重和三重不平等的等级——其可以扩展至更大范围的类比：从父子关系到君臣关系，以及许多情形下的两者间关系。正是这个等级的存在刺激着人们获取社会艺术（the social arts）的理想或志向，而这些社会艺术包括：礼仪操行、人际操行，以及其他自我修为的艺术。

　　在费孝通教授关于不对称人际关系的著名的差序格局概念中，中国式的等级是差序的（differential）。这不像印度婆罗门式的等级那样是由同姓婚姻形成的，而是由个体及其家庭造成的——对这些个体而言，通过并打入人际关系内部并经由个体及代际获取的文明成果（即军职成果和文官成果），更有可能产生社会流动的可能性。正是这种文明强调关系操行（即礼）在贡客与君主、君主与天、代际、女人和男人、晚辈与长辈、生者与死者之间的不平等。这是一种控制着操行及其矫正、惩戒性执行和强制的文明。得体操行的精神性方面是自我修为的主题，亦即它是在官职所需要的人文学养和军事才干中得以完善的一种素养。但是，这种素养要么有助于在帝国官僚体系中参与统治，要么支持其所有者成为统治精英的一员；或者，它可以从统治中退出，转而在礼仪秩序（道教、佛教，或者穆斯林、摩尼教和基督教等在中国占据次要地位的宗教）中实现其价值。随着经典著作《庄子》的编辑以及屈原传奇和著述的传世（庄子和屈原都是公元前 4 世纪的人物),中华文明中一直存在着这样一种传统:与官方决绝者要优位于习俗和官方教养的守护者。

六、结语:一种结构转型史

我将其描述为中华文明的事物是一个最终的结果,亦即它是历经大量文化转型和社会转型所形成之成果的积累。这些转型实在太多而无法一一论及。但是,请允许我勾勒出几个在我看来具有根本性的转型。

萨拉·艾伦(2007)为这样一个论点提供了令人信服的论据:在中国中北部(河南省)一个叫二里头的地方挖掘出来的、于公元前 1300 年至公元前 1050 年间在城市创造的青铜礼乐遗物——一座(就像此后的中国都城均采取的模式一样)坐北朝南、呈格网状分布的宫殿和城邑——是她所谓的具有支配性的事物。她这样说意味着:这些遗迹的影响力是如此巨大,以至于它们在整个其后的长期历史中为文明世界(华内)——在英语汉学界被称为 China Proper(中国本部)——的内部区域所复制。中国有若干青铜制造中心,但二里头青铜器具有首要价值:其许多形状和关键设计特点在进贡祖先酒食的祭物中被反复和类似地使用。到公元前 9 世纪的周朝,一些青铜器内部题字的发现表明:这些题字是主人为了擢升于皇族而向祖先祈求庇佑和帮助(Marya Khayutina,2002)。同样是在周朝,主要统治者第一次被称为天子。当诸国的其中一个统治者分享了这种文化(即公元前3世纪的秦国通过征服和统一文字及其他等手段而统一六国),他自称皇帝(一个半神化的头衔)并创造了一种宇宙统治,而这种宇宙统治也是一个帝国,并成为自那以后统治中国的一种理想或志向:一个文明中心也是一个政治中心。这种只存在一个单一的惩戒性统治者的理想也存在于印度文明中,但它直到印度莫卧儿帝国建立时才实现,而莫卧儿(Mughal)帝国并不等于全印度,其统治也不是通过印度教的宇宙统治而实现的。

自唐朝(618—905)以降,帝国法律开始保障所有农民的私人土地所有权,并规定男性继承人拥有平等的继承权,这就打破了封赏地宅制度,使得土地不再以宗族信托、王侯信托和僧侣信托的方式获取。这强化了中央集权。唐朝政府采取的举措还包括:允许平民经由人文教育并通过科举考试的方式成为统治阶级的一员。但是,许多职位仍然留给了王侯和地主阶级。最终,世卿世禄特权到12、13世纪的南宋才被彻底废除。此外,部分是因为长期受到佛教的影响,平民获得了此前只有大地主和王侯才享有的祭敬七代以上先祖的特权。南宋帝国认可了这一点。自此后,平民可以祭敬任何世代的先祖,并且平民有可能被埋葬在那些足够吉利时可使后代成为皇帝的地方。

通过这些社会转型,与帝国的中央集权相伴而生的是,基于礼乐且有地方自我组织起来的超自然(numinous)中心也繁盛起来。自中国青铜时代晚期和铁器时代早期以降,从青铜工匠、甲骨卜官(oracle bone diviners)、城市和宫殿的建筑者到深谙如何实现不朽的礼乐法师等等不一而足,向平民和统治者传授自我修为艺术(即音乐、军事谋略和人文素养)的大师如雨后春笋般涌现。

我们可以争辩说:明朝开国皇帝朱元璋具有一项民族建设(a nation-building)的使命。他不仅强化帝国边疆的防卫,而且开始着手使帝国内的文明同根同源。这包括:为使地域性社区(territorial communities)(社)以贤德长者为尊而建设官庙、对社区公约进行解释,以及为了慰藉那些孤魂而维修祭坛(里);地方行政官员除了参与国家祭仪外,还在每个行政层次上都采取这些举措。明朝中期,维护社里制的成本已成为国库的严重负担,地方权贵们需要为此广开财源。在这一权力下移(devolution)的过程中,地方性的占财据物(appropriation)使得地方权贵们变成了区域性的信徒——其神灵成了一种被用来庇佑其回应地方祈求和誓愿的邪恶力量,而这形成了他们以献身(devotion)以及理想或志向为中心的等级体系。同样的占财据物也使要塞卫戍区变成了区域性的地方民兵祭祀和组织据点(Wang Mingming forthcoming)。

这是一种由操行(礼)文明和弃舍(renunciation)文明予以补充的法文明——在这种文明中,国君的臣民们想象着自己的那一套帝国正义规则和社会正义规则,并使之可见和具体。法是一个含义颇为广泛的词:它可以指具有魔法般神奇力量的法师所施的法力——这些法师现在被统称为道士(Daoists);它也指佛教教规(操行和弃舍的准则),它还泛指一般意义上的法律及其实施,以及应付自如的方式或能力。

　　类似的自下而上的第二次商业文明——正如芮乐伟·韩森(Valerie Hansen,2000：405)所称呼的那样——也发生于明朝：一个涉及从中央到地方及其城邑的关于专业商品生产和商业积累的等级体系日益确立起来。这也是一个物品等级体系：在其鼎盛期,它包括在帝国首府开展贸易的贡品、经陆路和海路贸易获得的洋产物与奢侈品、为宫廷和外贸生产的珍品。但是,在先前中华帝国具有开放性的区域(特别是广阔的东南、西南和西北边疆地区)以及半自治的宗属国和诸侯国,明朝开国皇帝为(那种旨在在疆界明确的地域内创造同质性(homogeneity)的)文明和规则设立了标准——尽管永乐帝(1403—1424)重新开放门户之后,随后的帝王们遵循的是闭关锁国和文化同质化的目标。

　　到明朝末期和整个清朝,帝国子民有两套精神标准：礼与法。两者都由专人操控。无论是在国家为公共事件举行的祭仪中,还是在家庭为乔迁和丧葬举行的仪式中,得体的礼乐操行过去要、现在仍要告知地方绅士和在礼节上与传统上受到尊重的(被称为礼生的)礼乐传播者(transmitter),并交由他们主持。它们是任何特别的宗教学说和方法都无法解释的。那种被称为法的有效的礼乐操行是在受到敬畏的法师的引导下实施的,而这些法师之所以受到敬畏,是因为人们认为他们所施的法术可以通过协调人界与冥界之间的关系而使某些事情发生——无论冥界是天神、魔鬼、魂灵,还是菩萨。不受上述两界限制并超越两者的是关于下述技艺的知识：工艺；治疗；通过练习并屏住呼吸和能量循环实施的、类似于瑜伽的自我修养(气);平民戏剧;评书;鉴赏美景和出色的书法艺术;吟诗作画。

　　无论是自上而下地将上述情形视为对礼的一种矫正纠偏(correction),还是自下而上地将其视为对礼以及某种由再想象而形成的(reimagined)法帝国(empire of fa)的一种理想或志向,这都是一种不同于印度的、兼具精神性和政治性的宇宙统治——在印度,精神性的事物可以以领土为界,但在其他方面则与领土和政治统治中心的范围不同。

　　当然,较之于更晚近进行的更为有力、更有组织性的民族建设努力而言,那时的同质化和矫正纠偏的努力从未成功。但我并不是要衡量它们是否成功,而毋宁是说:在中国,那种共享的、集中的和有地域限制的文明观深入人心——尽管人们对文明的内容从未达成共识,而且在近一半王朝君主统治的时间里,中华帝国事实上被分裂为许多争夺国家统一领导权的区域性势力。

　　由于每一次结构转型总是作为反对事实上的混乱和无序的一种理想而存在的,在自我修为艺术和等级化的理想或志向中所坚持的内容不仅仅是自我修为和等级化本身,而且还有一种新的政体和新的地位分布图。

　　在民族振兴(即起初较具革命性但继而革命性减弱的现代化工程)的新的时间框架中,其所坚持的是另一种长时间的时间观:对现实情势作出回应的统治是暂时的,它仍会返回从前。但是,现在正处于迈向一种新的国家制度和经济制度的临界时刻,因而其本身所传递的正是这种暂时性。

　　萨林斯关于文化他者之结构转型的系列论著迈向了一种星系中心论(galactic centre)，与此不同，我则提供了一个补充性的文明概念，即作为向心调整过程以及理想或志向过程的文明概念(concept of civilisation as a process of centring and aspiration)。不仅如此，我认为文明中持续存在的是一种独特的学习方式和传播方式。在文明中，其可以学习的内容是那种可以通过对外来影响(即信息)的吸收而改变自己的内容。这就是文明对下述事物予以吸收和回应的一种方式：人们遭遇到并机会主义地加以利用的、那些被称为混乱的任何事物。吸收的方式包括：法律、协议与合同以及经济组织形式。但每一种传播和学习方式也都是一种关于个体成就以及理想或志向的等级体系。一种文明是由许多类似的理想或志向等级体系构成的，而这些理想或志向等级体系具有自身的中心和民族帝国中心(national-imperial centre)，它们不仅分享了许多特征和内容，而且向其他文明传播并与之融合。每一种地方性都可以宣称自己是大写文明(THE civilisation)的中心。而且，每一种文明都向他种文明扩展，并与之交融。

（孙国东*译）

---

　　*　孙国东，复旦大学讲师、社会科学高等研究院研究人员。伦敦政治经济学院常向群研究员曾在复旦大学社会科学高等研究院科研与外事秘书黄倩初译的基础上提供了译文，但本译文系译者应约重译而成，未采纳原译稿。

参考文献

1. Allen, Sarah (2007), "Erlitou and the Formation of Chinese Civilization: Toward a New Paradigm", *Journal of Asian Studies*, Vol. 66, No 2: pp. 461-496.

2. Dumont, Louis (1972), *Homo Hierarchicus: The Caste System and Its Implications*, London: Paladin.

3. Fairbank, John K. (ed.) (1957), *Chinese Thought and Institutions*, Chicago: University of Chicago Press.

4. Feuchtwang, Stephan and Wang Mingming(2001), *Grassroots Charisma: Four Local Leaders in China*, Lodnon and New York: Routledge.

5. Fuller, C. J. (1991), "Hinduism and Hierarchy (Review Article)" *Man*, NS. 26 (3), pp. 549-555.

6. Hansen, Valerie (2000), *The Open Empire: A History of China to 1600*, New York and London: W. W. Norton &. Co.

7. Leach, Edmund 1977(1954), *Political Systems of Highland Burma - A Study of Kachin Social Structure*, London: The Athlone Press &. University of London.

8. Mauss, Marcel (2006), *Techniques, Technology and Civilization*, New York: Berghahn Books.

9. Sahlins, Marshall (2004), *Apologies to Thucydides: Understanding History as Culture and Vice Versa*, Chicago and London: University of Chicago Press.

10. Sneath, David (2007), *The Headless State: Aristocratic Orders, Kinship Society and Misrepresentations of Nomadic Inner Asia*, New York: Columbia University Press.

11. Tambiah, Stanley (1985), *Culture, Thought and Social Action: An Anthropological Perspective*, Cambridge, Massachusetts: Harvard University Press.

12. Wang Mingming (2004), "Mapping 'chaos': The Dong Xi Fo Feuds of

Quanzhou 1644-1839", in Stephan Feuchtwang (ed.), *Making Place: State Projects, Globalisation and Local Responses in China*, London: U. C. L. Press, pp. 33-59.

13. Wang Mingming, *Empire, History, and Local Worlds: The Carp, The Imperial Net, and Its Loopholes in Quanzhou, 712-1896*, Wallnut Creek, C. A. : Leftcoast Press(forthcoming).

14. Wright, Arthur (ed.) (1953), *Studies in Chinese Thought*, Chicago: University of Chicago Press.

15. Khayutina, Maria (2002), "Studying the Private Sphere of the Ancient Chinese Nobility Through the Inscriptions on Bronze Ritual Vessels", in Bonnie S. McDougall and Anders Hansson (eds.), *Chinese Concepts of Privacy*, Leiden: Brill.

寻求文化中的"普世价值"

汤一介

主讲人简介

　　汤一介,1951年毕业于北京大学哲学系。曾任美国俄勒冈大学(1986)、澳大利亚墨尔本大学(1995)、香港科技大学(1992)、麦克玛斯特大学(1986、1990)等校客座教授,纽约州立大学宗教研究院研究员(1986),荷兰莱顿大学汉学院胡适讲座主讲教授(1996),香港中文大学钱宾四学术讲座主讲教授(1997)。中国文化书院创院院长,中国哲学史学会顾问,中华孔子学会会长,中国炎黄文化研究会副会长,国际价值与哲学研究会理事,第 32 届亚洲与北非研究会顾问委员会委员(1986),国际中国哲学会主席(1992—1994)等职。现任北京大学哲学系教授、博士生导师、中国哲学与文化研究所所长及复旦大学社会科学高等研究院学术顾问。1990 年获加拿大麦克玛斯特大学(McMaster University)荣誉博士学位。主要研究领域为:魏晋玄学、早期道教、儒家哲学、中西文化比较等。著有:《郭象与魏晋玄学》、《魏晋南北朝时期的道教》、《中国传统文化中的儒道释》、《儒道释与内在超越问题》、《在非有非无之间》、《汤一介学术文化随笔》、《非实非虚集》、《昔不至今》、《郭象》、《当代学者自选文库·汤一介卷》、《佛教与中国文化》、*Confucianism, Buddhism, Taoism, Christianity and Chinese Culture* 与 *La Mort*,发表学术论文二百余篇。

时　间:2009 年 4 月 13 日 15∶30
地　点:复旦大学光华楼东辅楼 103 报告厅
主持人:邓正来(复旦大学特聘教授、社会科学高等研究院院长)
评论人:姜义华(复旦大学特聘资深教授、中外现代化进程研究中心主任)
　　　　许纪霖(华东师范大学思勉人文高等研究院常务副院长、历史学教授)

　　自上个世纪 90 年代以来,在中国逐渐掀起了"国学热"的浪潮,相当多的学者,特别注意论证中国文化的民族特性和它的价值所在。为什么会发生这种情况？我认为这和世界文化发展的形势有关。因为自上世纪后半叶，西方殖民体系逐渐瓦解，原来受压迫的民族为了建立或复兴自己的国家，有一个迫切的任务：他们必须从各方面自觉地确认自己的独立身份，而自己民族的特有文化（宗教、哲学、价值观等）正是确认自己独立身份最重要的因素。在这种情况下，正在复兴的中华民族强调应更多关注自身文化的主体性是完全合理的。但与此同时，西方一些国家已经成功地实现了现代化，而且许多发展中国家也正走着西方国家已经完成的工业化和现代化的道路。因此，西方发达国家出现了一种"普遍主义"的思潮，认为只有西方文化中的理念具有"普世价值"的意义，而其他各民族的文化并不具有"普世价值"的意义，或者说甚少"普世价值"的意义，或者说非西方的民族文化只有作为一种博物馆中的展品被欣赏的价值。我们还可以看到，某些取得独立的民族或正在复兴的民族也受到"普遍主义"的影响，为了强调他们自身文化的价值而认为其文化可以代替西方文化，成为主导世界的"普世"文化。例如，中国就有少数学者认为，21世纪的人类文化将是"东风"压倒"西风"，只有中国文化可以拯救世界，这无疑也是一种受到西方"普遍主义"思潮影响的表现。

　　当前在中国，在发展中国家，更多地关注各民族文化的特殊价值，各发展中国家更加关注自身文化的"主体性"，以维护文化的多元发展，反对西方的"普遍主义"、反对"欧洲中心论"是理所当然的。当然也要防止在民族复兴中所受西方"普遍主义"影响而形成的民族文化的"至上主义"。

　　现在的问题是：我们反对"普遍主义"，是不是就要否定文化中有"普世价值"？所谓"普遍主义"可能有种种不同的解释。本文把"普遍主义"理解为：把某种思想观念（命题）认定为是绝对的、普遍的，是没有例外的，而其他民族的文化思想观念（命题）没有普遍价值，甚至没有价值。"普世价值"是说：在不同民族文化之中可以有某些相同或相近的价值观念，而这些相同或相近的价值观念应具有"普世价值"的意义，在一定情况下可以为不同民族所接受，而且这些具有"普世价值"意义的观念又往往寓于特殊的不同文化的"价值观念"之中。因此，我认为，可以肯定地说：在各个不同民族文化中存在着"普世价值"的因素。所以，我们必须把"普世价值"与文化的"普遍主义"区分开来。在强调各民族文化特殊价值的同时，我们应努力寻求人类文化中的"普世价值"的因素及其意义。当前，人类社会虽然正处在经济全球化、科技一体化的形势下，但是由于第二次世界大战后殖民体系的瓦解、"欧洲中心论"的消退，文化呈现多元化的趋势。因此，要求在不同文化中寻求"普世价值"必须通过不同文化间的沟通与对话，以致达成某种"共识"，这大概是我们寻求不同文化间"普世价值"的必由之路。

　　为什么我们要寻求各民族文化的"普世价值"？这是因为同为人类，必然会遇到并且要共同解决的问题，在各种不同文化中都会有对解决人类社会遇到的问题有价值的资源。这些能解决人类社会所遇到的"共同问题"的有价值的资源，我认为就具有"普世价值"的意义。

　　如何寻求人类文化中的"普世价值"，也许有多条不同的途

径。我在这里提出三条可以考虑的途径供大家批评指正:

1. 在各民族的文化中原来就有共同的有益于人类生存和发展的理念,这些共同理念无疑是有"普遍价值"的意义。1993年在美国芝加哥召开的世界宗教大会,在寻求"全球伦理"问题的讨论中提出寻求伦理观念上的"最低限度的共识",或者叫做"底线伦理"。为此,在闭幕会上发表了一份《走向全球伦理宣言》(以下简称《宣言》),认为"己所不欲,勿施于人"在各民族文化中都有与此相同或相似的理念,它可以被视为"道德金律"。在《宣言》中列举了一些宗教和思想家的思想中对"己所不欲,勿施于人"的表述,[①]因此认为它具有"普世价值"的意义。又如,恩格斯在《反杜林论》中提出"勿盗窃"应具有"普世价值"的意义。这类的思想、理念在人类各种文化中是必不可少的。

2. 在各不同民族文化的不同理路中寻求"普世价值"。例如,中国儒家的"仁"、西方基督教的"博爱"、印度佛教的"慈悲"虽然形式不同、出发点不同,甚至理路中也有差异,但却都具有"普世价值"的意义。

孔子的"仁",是把"亲亲"作为出发点和基础。樊迟问仁,孔子曰:"爱人。"为什么要"爱人","爱人"的出发点是什么?《中庸》引孔子的话:"仁者,人也,亲亲为大。""仁爱"是人本身

----

① 在孔汉思和库舍尔编的《全球伦理　世界宗教议会宣言》中,罗列了许多与孔子"己所不欲,勿施于人"相类似的话:如《圣经·利未记》:"要爱自己的人,像爱自己一样";犹太教的主要创立者希勒尔说:"你不愿施诸自己的,就不要施诸别人";《摩诃婆多》:"毗耶婆说:你自己不想经受的事,不要对别人做。"参见〔德〕孔汉思、库舍尔编:《全球伦理　世界宗教议会宣言》,何光沪译,四川人民出版社1997年版。

所具有的,爱自己的亲人是最根本的。但孔子儒家认为,"亲亲"必须扩大"仁民",才是完满的真正的"仁"(仁爱)。所以,《郭店楚简》中说:"孝之放,爱天下之民。""爱而笃之,爱也;爱父继之以爱人,仁也。"且儒家也有以"博爱"释"仁"者。[①] 我们可不可以说,孔子的"仁"的理念具有"普世价值"的意义。

基督教的"博爱",当然我们可以从多方面理解它的含义,但它的基础是"在上帝面前人人平等",而由"在上帝面前人人平等",可以引发出来的"在法律面前人人平等",这对人类社会也应具有"普世价值"的意义,因为这样,人类社会才有公平和正义。"法律面前人人平等"从表现形式上看是制度问题,但其背后支撑的理念则是"博爱",把所有的人都看成是上帝的儿子。[②]

佛教的"慈悲",《智度论》卷二十七中说:"大慈与一切众生乐,大悲拔一切众生苦",其出发点是要普度众生脱离苦海,使众生同乐在极乐世界。《佛教大辞典》的"普度众生"条谓:"佛谓视众生在世,营营扰扰,如在海中。本慈悲之旨,施宏大法力,悉救济之,使登彼岸也。"[③] 由小乘的"自救"到大乘的"救他",这种"普度众生"的精神,我认为也是具有"普世价值"的

---

① 《孝经·三才章》:"'君王'则天之明,因地之利……是故先之以博爱,而民莫遗其亲。"如果能使"博爱"(即如天地一样及人、及物)成为社会伦理准则,那么就不会发生违背家庭伦理的事。《圣经·加拉太书》:"你们因信基督耶稣都是神的儿子。你们受礼归入基督的,都是披戴基督了。并不分犹太人和希腊人,自由人和奴隶,男人和女人,因为你们在基督里都成为一了。"

② 《圣经·马太福音》记有耶稣的《登山教训》中说:"使人和睦的人有福了,因为他们必称为上帝的儿子。"

③ 丁福保编:《佛教大辞典》,文物出版社1984年版,第1046页。

意义。

　　孔子的"仁"、基督教的"博爱"、佛教的"慈悲"虽然出发点有异,进路也不大相同,但精神或有相近之处。故而,是不是可以说有着某种共同的价值理念就是"爱"。"爱"对人类社会来说无疑是有着极高的"普世价值"的意义。

　　3. 在各不同民族文化中创造出的某些特有的理念,往往也具有"普世价值"的意义。要在各民族文化的特有的理念中寻求"普世价值"的意义,很可能有不同的看法。我想,这没有关系,因为我们仍然可以在"求同存异"中来找寻某些民族文化特有理念中的"普世价值"的意义。因为我对其他民族文化的知识理解不在行,我只想举一两个中国哲学中的某些理念谈谈我的一点想法。

　　在不同民族文化中存在着不同的思想观念,如宗教的、哲学的、风俗习惯的、价值观的,等等。这是毫无疑义的,而且可能因文化的不同而引起矛盾和冲突。这种矛盾和冲突不仅在历史上存在过,而且在当今世界范围内也存在着。在这种情况下,"和而不同"的理念是不是对消除"文明的冲突"会有"普遍价值"的意义?"不同"而能"和谐"将为我们提供一个可以通过对话和交谈的平台,在讨论中达到某种"共识",这是一个由"不同"达到某种程度的相互"认同"。这种相互"认同"不是一方消灭另一方,也不是一方"同化"另一方,而是在两种不同文化中寻求交汇点,并在此基础上推动双方文化的提升,这正是"和"的作用。就此,我们是不是可以说"和而不同"对当今的人类社会具有"普世价值"的意义?

　　1992年,世界1575名科学家发表了著名的《世界科学家对人类的警告》一文。在文章的开头提到:人类和自然正走上一条相互抵触的道路。为什么会发生这种情况,就是因为人们对自然无序无量的开发、残暴的掠夺、无情的破坏,把"自然"看成是与"人"对立的两极。针对这种情况,也许中国的"天人合一"的理论会对解决这种情况提供某些有意义的思想资源。朱熹有段话可以说是对"天人合一"很有意义的解释。他说:"天即人,人即天。人之始生,得之于天;即生此人,天又在人矣。"意思是说:"天"离不开"人","人"也离不"天"。"人"是由"天"产生的,一旦有了"人","天"的道理就要由"人"来彰显。也就是说,"人"就对"天"负有保护的责任。这样的思想理论对当前"自然界"遭受惨重的破坏是不是可以说是很有意义的,因而也可以说它有"普世价值"的意义。其实这种观点,在当今西方学术界也有,例如提出"过程哲学"的怀特海曾提出"人和自然是一生命共同体"这样的命题。[①] 这个命题深刻地揭示着人和自然之不可分的关系,人必须像爱自己的生命那样爱护自然界。这个理念应该说有着重要的"普世价值"的意义。

　　最后,我想谈谈"多元现代性"的问题。对"多元现代性"可能有多种说法,至少有两种很不相同的解释:一种是现代性是多元的,不同民族有不同的"现代性";另一种看法是"现代性"

---

　　① "怀特海的《过程与实在》"一文中说:"(怀特海)的过程哲学(process philosophy)把环境、资源、人类视为构成密切相连的生命共同体,认为应该把环境理解为不以人为中心的生命共同体,这种新型生态伦理观,对于解决当前的生态环境危机具有重要的现实意义。"载2002年8月15日《社会科学报》。

就是"现代性",有着共同的基本内涵,只能是不同民族进入现代化的道路不同,形式有异,实现方法更可能千差万别。我个人的意见认为也许第二种意见较为合理。我们知道,"现代性"就其根源性上说是源自西方,因为西方早已实现了现代化,而且现在许多发展中国家也正在走现代化的道路。因此,"现代性"必有其基本相同的核心价值。什么是作为根源性的"现代性"的核心价值? 这里,我想借用严复的观点谈谈我的看法。

严复批评"中学为体,西学为用"。他认为,不能"牛体马用",这是基于中国哲学的"体用一源"("体"和"用"是统一的)而言。[①] 他基于此"体用一源"的理念,认为西方近代社会是"自由为体,民主为用"的社会。[②] 我想,严复所说的"西学"并不是是指"西方社会",而是说的"现代社会"。那么,我们能不能说"现代社会"的特征是"自由为体,民主为用"的社会,而"自由"、"民主"从根源性上说是"现代性"的核心价值? 我认为是可以这样说的。对现代社会说,"自由"是一种精神(包括自由的市场经济和个体的"人"的"自由"发展,因为"自由"是创造力),而"民主"从权利和义务两个方面来使"自由"精神的价值得以实现。就这个意义上说,"自由"和"民主"虽源自西方,但它是有着"普世价值"的意义。我们不能因为它源自西方就认为不具

---

① 严复在"与《外交报》主人书"一文中说:"善夫金匮裘可桴孝廉之言曰:体用者,即一物而言之也。有牛之体,则有负重之用;有马之体,则有致远之用。未闻以牛为体,以马为用者也。……故中学有中学之体用,西学有西学之体用,分之则并立,合之则两亡。"严复:"与《外交报》主人书",载《严复集》(第三册),中华书局1986年版,第558—559页。

② 严复:"原强",载《严复集》(第一册),中华书局1986年版,第5页。

有"普世价值"的意义。

如果我们用中国哲学"体用一源"的思维模式来看世界历史,也许会有一个新的视角。我们可以把"现代社会"作为一个中间点,向上和向下延伸,也许我们可以把人类社会分成"前现代社会"、"现代社会"和"后现代社会"。如果用中国的"体用一源"的观点看,我们是不是可以说:"前现代社会"是以"专制为体,教化为用"类型的社会;"现代社会"是以"自由为体,民主为用"类型的社会;"后现代社会"是以"和谐为体,中庸为用"类型的社会。

人类社会在前现代时期,无论是中国的"皇权专制"或是西方中世纪的"神权专制"(实是"教权专制")都是"专制",但是要维持其"专制"就要用"教化"作为手段。中国在历史上自汉以来一直是"皇权专制",它把儒学政治化用来对社会进行"教化"以维持其统治。① 当前中国社会可以说正处在由"前现代"向"现代"过渡之中,其他许多发展中国家大概也都是如此。西方中世纪的"神权专制",用基督教伦理为"教化"之手段以维持他们的统治。② 因此,当时的世界是一个"多元的前现代性"的社会。关于"现代性"的价值问题,上面已经说过,在这里再多说一点我的看法。"自由"是一种精神,"民主"应是维护"自由"得

---

① 《白虎通义·三纲六纪篇》说:"《含嘉文》曰:君为臣纲,父为子纲,夫为妻纲。"又曰:"敬诸父兄,六纪道行,诸舅有义,族人有序,昆弟有亲,师长有尊,朋友有旧。……所以张理上下,整齐人道也。……是以纲纪为化,若纲罗之有纲纪,而万目张也。"
② 恩格斯在《路德维希·费尔巴哈和德国古典哲学的终结》中说:"在中世纪,随着封建制度的发展,基督教形成为与封建制度相适应的宗教……中世纪把哲学、政治、法律等思想体系的一切囊括在神学之内,变成神学的分科。"

以实现的一种保证。但是,在现代社会中"自由"和"民主"也不是不可能产生种种弊病。因为任何思想体系都在其自身体系中存在着矛盾。① 任何制度在一个时期内都只有相对的好与坏,"自由"、"民主"等也是一样。但无论如何,"自由"和"民主"对于人类社会进入"现代"是有着根本性意义的。② 人们重视"自由",因为"自由"是一种极有意义的创造力。正因为有了"自由经济"(自由的市场经济)才使得工业化以来人类社会的财富极大增长,使人们在物质生活上受益巨大。正因为"自由思想",使得科学、文化日新月异。但不可讳言,"自由经济"却使贫富(包括国家与国家的、民族与民族的,甚至同一国家、民族内部)两极分化日益严重;特别是自由经济如果不受到一定程度的控制,将会引起经济危机和社会混乱,近日发生的金融危机就是一明证。③ "科学主义"、"工具理性"的泛滥扼杀着"人文"精神。"现代性"所推崇的主体性和主客对立哲学,使得"人和自然"的矛盾日益加深,因而出现了对"现代性"的解构思潮,这就是"后现代主义"。关于"后现代"问题,我没有多少研究,

---

① 罗素说:"不能自圆其说的哲学绝不会完全正确,但是自圆其说的哲学可以全盘错误,最富有结果的各派哲学向来包含着显眼的自相矛盾,但是正为了这个缘故才部分正确。"〔英〕罗素:《西方哲学史》(下册),马元德译,商务印书馆1988年版,第143页。应当说,罗素这段话对任何哲学都有意义。

② 温家宝总理答法国《世界报》记者问时曾说:"民主、法制、自由、人权、平等、博爱,这不是资本主义所特有的,这是整个世界在漫长的历史过程中共同形成的文明成果,也是人类共同的追求的价值观。"载2007年3月16日《北京晚报》。

③ "自由主义既使人免于市场经济之前时代的束缚,也使人们承受着金融和社会灾难的危机。"〔美〕保罗·肯尼迪:《资本主义形式会有所改变》,载2009年3月16日《参考消息》。

只能粗略地谈点儿看法。在上个世纪 60 年代兴起的"后现代主义"是针对现代性在发展过程中的缺陷提出的,他们所做的是对"现代"的解构,曾使一切权威性和宰制性都黯然失色,同时也使一切都零碎化、离散化、浮面化。因此,初期的"后现代主义"目的在于"解构",企图粉碎一切权威,却并未提出新的建设性主张,也并未策划过一个新的时代。到 20 世纪末,以"过程哲学"为基础的"建构性后现代"提出将第一次启蒙的成绩与后现代主义整合起来,召唤"第二次启蒙"。例如,怀特海的"过程哲学"(process philosophy)认为,不应把"人"视为一切的中心,而应把人和自然视为密切相连的生命共同体。他还对现代西方社会的二元思维方式进行了批判。他提倡的有机整体观念,正好为他提供了批判现代二元论(科学主义)的理论基础。过程研究中心创会主任约翰·科布说:"建设性后现代主义对解构性的后现代主义的立场持批判态度……我们明确地把生态主义维度引入后现代主义中,后现代是人与人、人与自然和谐相处的时代。这个时代将保留现代性中某些积极性的东西,但超越其二元论、人类中心主义、男权主义,以建构一个所有生命共同福祉都得到重视和关心的后现代世界。""今天我们认识到人是自然界的一部分,我们生活在生态共同体中……"[①]这种观点也许会使中国古老的"天人合一"思想与之接轨。他们还认为,如果说第一次启蒙的口号是"解放自我",那么第二次启蒙的口号是"尊重他者、尊重差别"。例如,里夫金在他的《欧洲

---

① "为了共同的福祉——约翰·科布访谈",载 2002 年 6 月 13 日《社会科学报》。

梦》中强调,在崭新的时代,每个人的权利都获得尊重,文化的差异受到欢迎,每个人都在地球可维持的范围内享受着高质量的生活(不是奢侈生活),而人类能生活在安定与和谐之中。他们认为,有机整体系统观念"都关心和谐、完整和万物的互相影响"。① 上述观点,在某种程度上也许和中国传统文化中的"和谐"观念相类似。"过程哲学"还认为,当个人用自己的自由专权削弱社会共同体的时候,其结果一定会削弱其自身的"自由"。因此,必须拒绝抽象自由观,走向有责任的深度自由,要把责任和义务观念引入自由中,揭示出"自由"与义务的内在联系。这与中国传统文化强调人只能在与他人的关系中才能生存的观点有相合之处。② 因此,鉴于建构性的"后现代主义"在西方逐渐发生影响,那么相对于"现代社会","后现代社会"是不是将可能是"和谐为体,中庸为用"的社会呢? 作为一种理念,"和谐"包含着"人与自然的和谐"、"人与人的和谐"(社会的和谐)、"人自我身心的和谐"等极富价值的意义。在这种种"和谐"中必须不断地寻求平衡度,这就要求由"中庸"来实现。如果中国社会能顺利地走完现代化过程,这当然是非常困难而且漫长的。但是由于在中国传统文化中,有着关于"和谐"和"中

---

① 〔美〕杰里米·里夫金:《欧洲梦》,杨治宜译,重庆出版社 2006 年版。

② 中国传统文化的儒家思想,特别是先秦儒家思想认为,人与人之间有着一种相互对应的关系,如"君义臣忠"、"父慈子孝"、"兄友弟恭",等等。《礼记·礼云》:"何谓人义? 父慈子孝,兄良弟敬,夫义妇听,长惠幼顺,君义臣忠,十者谓之人义。"《左传·昭公二十六年》曰:"君令臣共,父慈子孝,兄爱弟敬,夫和妇柔,姑慈妇听,礼也。"

庸"的思想资源，①也许比较容易进入"建构性的后现代社会"。正如科布所说："中国传统思想对建设性后现代主义是非常有吸引力的，但我们不能简单地回到它。它需要通过认真对待科学和已经发生的变革的社会来更新自己。前现代传统要对后现代有所裨益，就必须批判地吸收启蒙运动的积极方面，比如对个体权利的关注和尊重。"②科布的这段话对我们应该说是很有教益的。

　　冯友兰先生在他的晚年常常提出一些新奇的看法，他说，他的这些新看法是"非常可怪之论"。我想，我的上述看法也许也是一种"非常可怪之论"吧。请大家批评。

---

　　① 关于"和谐"观念在中国的典籍中论述颇多，如，《书经·大禹谟》曰："允执其中。"《周易·乾卦·彖辞》曰："乾道变化，各正性命、保合太和，乃利贞。"《张子正蒙注》："太和，和之至。"《论语》中有："礼之用，和为贵"；"和而不同"。《国语·郑语》："夫和实生物，同则不继。"《中庸》中有"中和"（"中也者，天下之大本也；和也者，天下之达道也。"）。关于"中庸"的观念，《论语》道："子曰：中庸之为德也，其至矣乎，民矣乎，民鲜久矣。"（朱熹《四书集注·论语集注》："中者，无过不及之名也。庸，平常。"）郑玄在《礼记·中庸》中题解："名曰中庸者，以其记中和之用也。庸，用也。""执其两端，用其中于民。"

　　② "为了共同的福祉——约翰·科布访谈"，载 2002 年 6 月 13 日《社会科学报》。

论"自我"的自欺本质

邓晓芒

主讲人简介

邓晓芒,1979 年以初中学历考入武汉大学哲学系,师从陈修斋先生和杨祖陶先生攻读西方哲学史硕士学位。现为武汉大学哲学系外国哲学学科带头人、中华外国哲学史学会常务理事、《德国哲学》主编、马克思主义理论研究与建设工程"西方哲学史"教材课题组首席专家等。长期从事德国古典哲学研究,直接从德文翻译和解读康德哲学,使国内的康德研究提高到一个新的水平；立足于西方自古以来的"逻各斯精神"和"努斯精神"对黑格尔辩证法的解读，使国内的黑格尔研究焕发了生机，并对整个西方哲学和文化精神提供了一种系统的研究方法；创立"新实践美学"、"新批判主义"和"自否定哲学"，积极展开学术批评和文化批判，介入当代中国思想进程和精神建构，在学术界和思想界有很大的影响力。主要论著有：《康德哲学诸问题》、《思辨的张力——黑格尔辩证法新探》、《文学与文化三论》、《新批判主义》、《康德〈纯粹理性批判〉指要》（合著）等二十余部，主要译著有：《纯粹理性批判》、《实践理性批判》、《判断力批判》（以上三本并称为康德"三大批判"）、《自然科学的形而上学基础》和《经验与判断》胡塞尔（合译）等近十部。

时　间：2009 年 4 月 23 日 15：30
地　点：复旦大学光华楼东辅楼 103 报告厅
主持人：邓正来（复旦大学特聘教授、社会科学高等研究院院长）
评论人：陈家琪（同济大学政治哲学与法哲学研究所所长、哲学教授）
　　　　刘清平（复旦大学教授、社会科学高等研究院研究人员）

　　"自我"，在德文中写作 das Ich。请注意，作为人称代词的 ich 只是"我"，而不是"自我"，只有作为名词的 das Ich 才能译作"自我"。为什么？因为人称代词还没有被名词化，或者说对象化（vergegenständlicht）、表象化（vorstellt）。我们说："今天我要出门。"但我们不说"今天自我要出门。"当我说"我要反思一下自我"时，虽然我知道前一个"我"和后一个"自我"其实就是一回事儿，但它们的位置却绝不能颠倒，它们的词性也不能混淆。前者是进行反思的"我"，后者是同一个"我"，但是是作为被反思对象的"我"。所以，笛卡尔说"我思故我在"，其实应该严格地表达为："我思故自我在"。前一个"我"只是语法上的主词，后一个"我（自我）"则是客观的主体（实体）。这也正是康德批评笛卡尔混淆了 Subjekt 的两层不同含义（主词，或主体）的原因。[1] 从"我思"并不能直接断言一个作为思维主体的"自我"的"存在"；而作为一个思维对象的"自我"的"实体"则不是仅凭"我思"就能确定的。

　　然而，在汉语[2]中，"自我"是由两个字构成的："自"和"我"。那么，什么是"自"？在古汉语中，"自"最初是"鼻子"的意思。许慎《说文解字》曰："自，鼻也，象鼻形。"段玉裁认为，虽然"自"与"鼻"义同声同，但"用自为鼻者绝少也"，都是用的引申义，如"己也，自然也，皆引伸之义"。[3] "自"和"己"同义，但"自"又不只是"自己"，而且也是"自然"。但自己也好，自然也好，它们都有一个共同之处，就是最初的东西、开始的东西。所以段玉裁举例说："今俗以作始生子为鼻子是"，头生子叫做"鼻子"。我们现在还说某件事的最早创始者为"鼻祖"。我猜想，之所以把鼻子视

---

　　① 在汉语中不可能发生笛卡尔式的混淆，因为不像西语的 subject，汉语的"主词"和"主体"不能合为一个词，正如汉语的"是"和"存在"也完全是两码事儿一样。

　　② 我这里讲的是现代汉语，下面如不说明，都是这样。

　　③ 段玉裁：《说文解字注》。

为最先、最早、最开始的东西的代指,是因为人在站立时鼻子是最突出在前的部位,在走路时最先碰到的是鼻子(所谓"碰了一鼻子灰"),而人们在自指时总是指着自己的鼻子,在指别人时也是指着他的鼻子,没有人指别的地方,只有鼻子才具有代表性。因此,在汉语中,"自"就是指开始之处;而就其词源来说,就是指人身上的开始之处(鼻子),在这个意义上它就是指"自我"(或"己");至于它的引申义则不必专指"自我",而且也可以指"自然"。

西文中的情况有所不同。德文(和英文)的 selbst(self)是一个反身代词,代它前面的那个词,所代之词可以是人,也可以是物,也可以是任何抽象的东西。所以倪梁康先生主张把 Selbstbewußtsein 译做"自身意识"或"自识",而不是"自我意识",是有一定的道理的。不过这种道理只是字面上的道理。因为 selbst 固然没有"我"的意思,但 Selbstbewußtsein 中必定包含有"我"的含义,因为它不仅仅是对一个"自"(更不只是对一个"自身")的意识,而且也是"我"对一个"自"的意识,因而是"我"对"自我"的意识;没有"我",不但没有被意识到的"自"(或自身),而且也不会有这个意识本身,所以被意识到的这个"自"必定是"自我"。康德早就说过,一切意识都是"我"的意识(不可能是一个非我的意识),这是一个分析命题。即使上帝的意识也有一个"我"("我是我所是";"申冤在我,我必报应";等等)。胡塞尔的意识也有一个"自我极"。所以,Selbstbewußtsein 完全可以而且必须翻译为"自我意识",它不是单纯的"自意识",更不是"自身意识"("身"字并无来由,且易引起误会)。由此观之,selbst(自)当它与意识的事情相关时,它就是"自我";而在仅仅作为反身代词使用时,它指向那个它所代表的词本身,因而也有溯源到开始之意。所以西文的selbst或self(自)的本来意思与汉语的"自"的引申义是非常贴近的,都是泛指一切事物的"自";而西文的selbst(self)的引申义则与汉语的"自"的本来意思相当,都是指"自我"①。可见,西文的selbst(self)和汉语的"自"、"自我"意思大致相当,但词的原义和引申义之间的结构却是相反的:在汉语里是推己及人、及物,而在西语里是由物而返己。②

倪梁康先生把Selbstbewußtsein从"自我意识"改译为"自身意识"反映了一种通常的理解,即把selbst理解为一个对象,而且放在任何地方都只是一个对象,而并非同时又是一个主体。当然,在Selbstbewußtsein中,selbst是一个意识的对象无疑;但它同时又是意识的主体,否则的话,它就不是这个意识的真正对象。或者说,这个意识所意识的就不是这个"自",而是某个"他"或"它"。只有当这个意识的对象同时就是意识

---

① 当然,汉语"自"的这个本来意思仍然是由"鼻子"引申来的,但它是第一层次的引申义,相对于第二层次的万物反身之"自"更为"本义"一些。

② 关于"己"字,也可参看段玉裁:《说文解字注》:"戊己皆中宫,故中央土,其曰戊己。注曰:己之言起也。律历志曰:理律于己。释名曰:己,皆有定形可纪识也。引申义为人己,言己以别于人者。己在中,人在外,可纪识也。论语:克己复礼为仁,克己言曰自胜也。""己"是"中央"的意思、"起点"的意思,一切以中心为标准,则万物之"理"就有了"定形"和"纪识"(标识)的"律";引申义为与他人("人")不同的"己",即自我。所以"己"与"自"在表达"自我"这点上是相通的,"克己"就是"自胜"(即"战胜自己"),虽然在本义和引申义上两个字相反。就相反这一点而言,"己"比"自"更接近于西文的selbst(self)。但由于它没有"自"那样强的反身义,所以一般不用它来译selbst(除非与"自"连用:自己)。汉语若没有前面的主词,一般不用反身的"自"作动作行为的主语,"己"则可以,如"己欲达而达人",不能说"自欲达而达人"。

本身的主体时,这种意识才能称之为 Selbstbewußtsein,即"自我意识"。然而,倪先生的那种通常的理解也是值得同情的,因为从逻辑上说,一个意识的对象同时又是意识的主体是不可理解的。例如,当我们说"国家意识"、"责任意识"、"网络意识"等的时候,"我"自己并不是国家、责任或网络。我意识到一根燃烧的火柴,是因为它与我自己不同,也与仅仅是我所想象出来的任何事物都不同,能够对我的皮肤造成意外的灼伤和痛苦。黑格尔的"感性确定性"就是这样建立起来的,[①]凡有意识,都是建立在主客对立的前提之下的,不能混淆。一旦物我两忘、主客不分、天人合一,就处于无意识或超意识状态、不可言说的非理性状态。这种状态当然也可以称做一种"意识",但那已经与意识的本意相偏离了,是一种广义的、引申义的"意识"。意识首先就是把自己和对象区别开来的意识,当一个人分不清自己和对象了,我们就说他"丧失意识"了。

不过,这只是问题的一方面。另一方面,意识又必须是对自己和对象的某种本质联系的意识。用黑格尔的话说,意识就是把我和对象区别开来,同时这种区别又是没有区别。为什么没有区别?因为这个"我"已经是作为"对象"的我,而这个"对象"是"我"所意识到的对象,"我"的所有的对象共同组成了"我"的内容,它们才是真正的"我",而离开这些内容的空洞的

---

① 参见〔德〕黑格尔:《精神现象学》,第一章"感性确定性",贺麟、王玖兴译,商务印书馆 1979 年版。

"我"则什么也不是。当然,要能够这样说,还是必须先把"我"和"对象"区别开来,然后再揭示出它们的内在辩证关系。在意识中,"我"时刻意识到这个意识的主体"我"的存在,意识到"我"的一切意识都是"我"的意识,所以真正的意识对象是对所有的对象加以意识的这个"我"本身,最基本的意识就是对"我"的意识,即自我意识。自我意识是一切对象意识的对象意识。当"我"意识到"自"(或"自身")的时候,这并不像"我"意识到国家、责任或火柴一样,可以把这个"自"视为与"我"不同的外在物,而是既不同于"我"又等同于"我"的一个对象。意识到"我",这是意识到一切对象的前提。

而这里就显出自我意识的矛盾来了。什么是自我意识?自我意识就是把自我当对象看的意识。什么是对象意识?对象意识就是把对象当自我看的意识。因此,真正的自我意识和真正的对象意识就是一回事儿。自我只有当它不是我而是对象时才是真正的自我;对象只有当它不是对象而是自我时才是真正的对象。否则,就会像康德所说的,自我就只能是没有任何内容的空洞的"自在之我",对象则是没有任何性质的抽象的"自在之物"。

然而,康德也是有他的道理的,他的道理就是形式逻辑的不矛盾律。一个坚持形式逻辑的不矛盾律的人是一个认真的人、一个不愿意自欺的人。"自欺"这件事本身是违背形式逻辑的,在逻辑上是不可能发生的。因为,人怎么可能自欺?他要么被欺骗,如果他不知道的话;如果他知道,那就谈不上欺骗,是他故意的。但自我意识要把不是对象的自我"当做对象",把不是自我的对象"当做自我"来看，这不是自欺么？而且这种逻辑上不可能的事确实每天都在我们的日常生活中发生着。有人用各种办法麻醉自己：幻想、希望、麻将、酒精、性、毒品……还有人把自己的人格寄生于某个权威，装做自己只是听命于权威的工具。所有这些都是他有意识地、故意地做的，但他却推脱责任，好像那是一种外来不可抗拒的力量在支配着他，好像他根本就不知道这样做的后果。所以我们说这种人"过着·自欺欺人的生活"。但很少有人把这种生活方式归因于人的本性，或者人的"劣根性"。人在骨子里就是一种自欺的动物，他的自我意识本身就是一个自欺结构。他总是要假装相信某些东西，是因为他只有把某个对象"当做自我看"，他才是真正的自我；而当他这样做的时候，他其实知道那个对象并不是他的自我，他其实是有能力拒绝诱惑、反抗权威的。然而，如果他真的这样做，他会感到极大的空虚和无奈，感到一个抽象的孤零零的"自我"失去一切对象的恐慌。这就是弗洛姆和汉娜·阿伦特在那些平庸的纳粹追随者们身上所发现的"逃避自由"现象的人性根源。

但自我意识的这种自相矛盾性果真就只是一种人性的劣根性吗？难道基督教所判定的人的有限性"原罪"就是如此深深植根于人的自我意识结构之中吗？从形式逻辑和人们的日常意识的层面来说，的确是这样，人们由此而把这种现象看做不合逻辑的错误和意志薄弱的堕落。然而，自我意识的这种自相矛盾或自欺除了这种负面含义之外，还应该有其正面意义，而这种意义是只有超出形式逻辑和日常知性思维之上才能够看得出来的。当人们还围于形式逻辑和日常思维的时候，人们往往不得不在两难之间选择：是做一个空洞的、孤立而虚幻的、清心寡欲却无所作为的"自我"呢，还是选择一个有丰富内容的充实人生，但必须牺牲自我的独立性？而正因为自我的独立性一旦失去了它的内容也就没有意义，所以，绝大多数人所选择的只能是后者。他们把生活中最容易走的路一相情愿地当成自己个人的"选择"，哪怕其实根本没有发生什么选择，他只不过是被"抛入"了他的处境中罢了。当人们最终发现他当年那么热衷的"事业"到头来不仅一钱不值，而且甚至是人类或人性的一场灾难时，最轻松的解脱之法莫过于说自己"上了某某人的当"。逻辑上他的确没错。但当年他为什么争着上这个"当"，生怕落后一步就会使自己的人生失去意义？在他当年的"选择"后面是否还有一层隐秘的选择？这就不是形式逻辑所能够看出来的了。因为形式逻辑只管一次选择，把它当做一切推理的大前提，而不管选择后面的再选择，不管选择有可能的自我否定性和自相矛盾性。所以，形式逻辑只是承担了自欺的后果，却把握不了自欺的根源。限于知性思维的人在自身的这种根本矛盾面前只能够怨天尤人，悲叹命运捉弄人，或者皈依宗教，寻求某种更高的精神拯救。

只有超越知性而达到辩证理性的人才能把握自己的命运。但这绝不是一次性的把握，而是像黑格尔的《精神现象学》所描述的那样，走着一条不断反思、不断怀疑之路。知性也有反思，但知性的反思是一次性的，它反思到自己当初的一次选择就止步不前了。对于知性来说，人能够想得起来的最初的选择就是一切事情的出发点，或者说人生的起点，人的所有行为只要反思到这个起点就行了，对这个起点本身是不反思的。比如说，人们常常把自己的行为归结为自己幼年时代所受的教育，某个人或某个组织（教会、政党、团体）从小对他的"谆谆教导"。这些教导当然都会有它的道理，但这些道理都是未经自己反思的，只有在缺乏反思能力的幼年时代（从娃娃抓起）才能根深蒂固地被灌输到头脑里来。但一个具有辩证理性的人就能够在人生的某一个阶段对这些天经地义的教条产生怀疑，把自己从这套他从小就被归并到其中的道理里面剥离出来。他意识到，尽管他长期认同于这套道理，甚至把它视为自己安身立命的根本，但这套东西毕竟是由他人准备好灌输给自己的，他的自我与这个对象毕竟不是一回事儿，他可以反思它、检查它、怀疑它。知性只知道"是就是，不是就不是"；辩证的理性却知道，当我"是"一个东西的时候，我就已经不"是"这个东西了，因为它既然由我自己"是"起来，我也就可以不"是"它，而且批判它。但辩证的理性并没有先见之明，它不可能避免犯错误，而只能在犯错误中反思错误、纠正错误。被抛入错误甚至荒谬之中，这是任何人都躲不开的；但自我意识强的人绝不会安于自己的被抛，或是停留于伤感和叹息，而是奋起割断与对象世界的联系，冲进虚无，为的是站在一个超越当下现实的高度，反思和批判这个现实，改造和重建自己的对象世界。而这种奋起正基于自我意识的矛盾结构，如果没有这种矛盾，它是什么就是什么了，不可能超越自己。

　　因此，当自我意识单纯想要逃避自身的矛盾结构而找到一个一劳永逸的安身立命之所时,它表现出来的却是充满矛盾而不自知。纳粹分子和红卫兵小将们争相向领袖表忠心,是想做绝对权威的听话的"乖孩子"、"纯洁的青年",甚至为实现一个拯救民族或全人类的伟大理想不惜献出生命;但他们的所作所为与他们的赤诚愿望背道而驰,越是"乖"的青少年越是恐怖。自我意识也不可能让青少年一开始就识破人生的骗局,但它确实能够让经历过这场骗局的人尽早醒悟过来,在反思中、在忏悔中、在有所为或有所不为中,重塑自己的对象和自我。人的确脱离不了他的对象世界,他只有在对象中才是他自己;但他也的确可以和对象世界不同,可以不由对象世界塑造自己,而是由自己塑造对象世界;因为他和对象世界的同一不是一次性的既定的格局,而是他在与对象世界的疏离和异化中,以他的主体性为主导,用旧的材料创造出自己新的对象世界来的过程。相反,像康德那样,执著于自我和对象本身的不可知,虽然是想用形式逻辑的标准把自我意识的矛盾隔离开来,不想自欺(不想自以为知道那根本不可能知道的东西),但到头来却反而陷入了真正的自欺(即自以为不知道那早已知道的东西)。这种自欺可以使人心安理得,没有责任(不知者不为罪,只为动机负责不为后果负责)。在这种人那里,虽然也有怀疑,对整个对象世界和自我的怀疑,但怀疑在这里只是一个固定不动的"点",而不是一条"怀疑之路"。"文革"后期,不少人都堕入了这种毫无希望的怀疑之中,但这种稀薄的怀疑未能使他们的思维模式前进一步,不过成为了两次盲信之间的动摇或过渡罢了①。与此不同的是,走向真理的怀疑之路是由自我意识的内在矛盾性激发起来的,它不是回避矛盾,也不是在矛盾双方之间摇摆,而是把矛盾凝聚为一股探索和突围的力量,去思考新的道路,寻找真正的自我。

所以,意识到"我"是自己,同时又不是自己,而是他物或对象,这对于一个独立的人格来说是痛苦的(虽然对于不独立的人格如阿Q来说反倒可能是一种"幸福")。独立人格也要追求自我和对象的同一,但不能以牺牲人格的独立性为代价;而这就使这种追求变得没有终点,永在路途中。独立人格只有通过否定那已成为对象的自我才能更上一层楼,把怀疑之路推进一步;但否定自我的痛苦他必须一人承担,不能怪罪于任何人。当然,要他能够承担得起否定自我的痛苦,必须有一个目标,即把他的"新我"作为完美的理想来追求,用新的理想取代旧的理想,这样他才可能坚定不移地在他的路途上跨进一步。但朦胧中,他也许会根据以往的经验暗想:这新的理想是否也是一种层次更高的幻想呢?是否其一切追求,哪怕完全是自己选择的,最终都不能逃出命运的捉弄呢?当这种想法达到一定的强烈和明晰度时,人很容易陷入虚无主义而不能自拔。然而,把人从这种虚无主义中救拔出来的,仍然是自我意识的自欺结构。人类历史上,一切对人类精神生活有实质性贡献的人都具有某种执著或片面性,即把他所追求的目标视为最终的绝对目

---

① "文革"过后,许多人对一切政治都抱厌恶的态度,怀疑主义主导一切;但不久就迷信起气功来,多有走火入魔者。

标,这样他才能爆发出全部生命力来投身于这一理想的实现。而那种在自己已经看准的目标面前犹豫、退缩、因怕犯错误而裹足不前的人,也注定不能投入全部生命。这种人看起来似乎很谦虚,意识到了人性的有限性,其实很骄傲,因为他想不犯错误,而只有上帝才不犯错误。人所能够犯的一切错误中最根本的错误就是自欺,康德曾把这种自欺称之为人性的"根本恶"。① 人自以为能够避免自欺,这本身就是一种自欺。但能够引导人类从错误越来越走向真理的,也正是同一个自欺。

我这样说,当然不是认为自欺是一件好事。自欺肯定是人类的无奈,人的有限性使其永远摆脱不了一定程度的自欺,也可以说,这是人的原罪。但人可以用自己的戴罪之身投入一项崇高的事业、一件改善目前人性状况的事业,这也是人本质上的原善。在这项事业中人永远不可因自己的原罪就丧失信心,无所作为,而必须以某种"有意识的自欺"来激发自身的生命力②,必须不管有没有效果,姑妄言之,姑妄行之,知其不可而为之,为当前现实开辟新的视野,发现从未有人走过的道路。鲁迅先生信奉"绝望之为虚妄,正与希望相同",他的一生就处于这种有意识的自欺中,尽管他不愿意去未来的黄金世界,"不如彷徨于无地",但仍然为一个"合理地做人"的光明天地而"扛起

① 参见拙文"康德黑格尔论伪善",载《德国哲学》2007年号,中国社会科学出版社2007年版。
② 康拉德·朗格曾把艺术的本质归结为"有意识的自欺",参见〔英〕李斯托威尔:《近代美学史评述》,蒋孔阳译,上海译文出版社1980年版,第18页。而人生与艺术的确本质上具有相同的性质。

了黑暗的闸门"，甚至"举起了投枪"！这种自欺的信仰为他提供了奋起的着力点，没有这一着力点，他的全部思想、全部情感、全部倾向性，这个世界带给他的全部生活阅历和教养，就会全都白费了。对于一个已经具备独立人格和清醒自我意识的人来说，一切信仰都带有某种自欺的性质，一般来说，很难判断这种性质是好还是不好。但信仰是一定要有的，否则人和动物又有什么区别！理性和信仰的对立并不是本质性的，在黑格尔那里，怀疑是"消极的理性"，而"积极的理性"则含有某种信仰的成分了。只不过经历过消极的理性之后，信仰不再是一个终点，而是怀疑之路上的暂时歇脚之处，是一连串的暂时的目标，只是被行路人当成终点来追求罢了。真正的终极信仰毋宁说只是一个大方向，那是永远也追求不到的，但它把自己启示在这些贯串起来的暂时目标上。所以，关键问题不在于人应不应该有信仰，而在于对任何信仰都应该抱一种反思的态度、审查的态度，乃至于事后应有一种忏悔的态度。但这种态度并不妨碍我为信仰而赴汤蹈火，不是为了眼前的利益或世俗的功利，而是为了认识自己。

所以，真正能够解决自欺的自相矛盾的不是"返身而诚"（孟子），也不是老谋深算地躲进"环中"（庄子），"难得糊涂"（禅宗）地逃入虚无；而是在行动中对自身人性自欺结构的清醒意识，以及由此生发出来的忏悔精神。忏悔当然是事后的忏悔、于事无补的忏悔；忏悔也不是要"脱胎换骨"、"改恶从善"。忏悔是要为自己的有限性及其恶承担责任。人的有限性和"根本恶"是不可能通过忏悔而摆脱掉的，但是可以通过忏悔而被清醒地意识到。具有忏悔精神的人，即使做着伟大的事业，也不会盛气凌人、自封为圣人，而会知道自己的界限，更加宽容、更加人性化地对待他人。正因为忏悔是在事后发生的，所以它并不妨碍人的行动，也不能消除人的自欺，但却总是能够在人的能动创造的过程中揭示那永恒的真相，即犯错误的可能性和继续接近真理的可能性。犯错误当然就是远离真理，但从犯低级错误到犯越来越复杂的错误，这本身是向着真理在探求。一个具有忏悔精神的人或民族当然也不能完全避免犯错误，但不会老是重复已经犯过的低级错误。这样，作为人性本质、自我本质的自欺的矛盾就会在一个无限后退、不断忏悔的过程中得到调解：在静止状态中欺骗之"我"和被欺骗之"我"的形式逻辑上的不同一性，在过程中就被分配到时间流程中而顺理成章了，因为在时间中，每次欺骗之"我"与被它欺骗之"我"并不处于同一层次，而是一个在前台（被欺骗者），一个隐藏在后台（欺骗者）；而忏悔就是要不断向后台深入，发现欺骗者恒被欺骗，后台还有更深的后台，发现"人心是一个无底深渊"（奥古斯丁）。真正的自我其实既不是欺骗者，也不是被欺骗者，而是忏悔者，但它永远不能完成。所以，通过忏悔，人的自欺过程就成为了人的寻找自我（真我）的无限的过程。这一过程永远不会有最后的结果（只有上帝才是最后的"知人心者"），但能够使人格日益深刻，使人性日益深化，使人生日益真诚。

因此，如果你想要做一个真诚的人，忏悔自己的虚伪就是一个必修的功课，或者说，忏悔是一个真诚的人生的必要素质。通常中国人认为，只要人"返身而诚"，就能够做到真诚。这里的预设是：人性本善，凡是恶都是受到了外来的影响。但这一预设是未经反思的，特别是对人性的本质缺乏反省。① 没有对人心的自欺本质的忏悔，一切赤诚的标榜都会落入伪善。真正的真诚不是自我感觉良好，而是反思和忏悔自己本质上的不真诚。并且，正因为这种忏悔是以某个绝对真理或绝无自欺的上帝作为标准，所以它虽然是永无尽期的，但却是有方向的。于是，忏悔给人以信心，人由此而在自欺中越来越走向真诚。

　　我的结论是：人的自我（或自我意识）具有摆脱不了的自欺的本质结构，以各种办法抹杀和无视这一结构便形成一种自欺的人格；而只有正视这一自欺结构，承认它、反思它、批判它，才能在动态中建立一种独立的人格模式。自我批判和自我忏悔是独立人格的基本要素，也是一切伪善的克星。

---

　　①　所谓"吾日三省吾身"并不是对人性本质的反省，而只是对人在日常生活中的行为是否符合这未经反省的人性的反省，它与西方人的忏悔精神是不可同日而语的。

启蒙的缺失与重建

——对当前中国文化建设的思考

俞吾金

主讲人简介

　　俞吾金,1984 年毕业于复旦大学哲学系,获哲学硕士学位,1992 年获哲学博士学位。现为复旦大学国外马克思主义研究中心主任、社会科学高等研究院学术委员会创始委员、人文学术委员会主任、学术委员会副主任,上海市哲学学会副主任,上海市社会科学界联合会常委,教育部社会科学委员会委员,教育部哲学教学指导委员会副主任,人事部第五届博士后管理委员会委员,国务院哲学学科评议组成员,全国外国哲学史学会常务理事,全国现代外国哲学学会副理事长。主要研究领域为:哲学基础理论、马克思哲学基础理论、国外马克思主义、外国哲学史、现代外国哲学等。主要论著有:《问题域的转换——对马克思和黑格尔的当代解读》、《传统重估与思想移位》、《重新理解马克思》、《从康德到马克思——千年之交的哲学沉思》、《散沙集》等近二十部。

　　时　　间:2009 年 4 月 29 日 18:30
　　地　　点:复旦大学光华楼东辅楼 102 报告厅
　　主持人:邓正来(复旦大学特聘教授、社会科学高等研究院院长)
　　评论人:潘德荣(华东师范大学哲学系主任、教授)
　　　　　　罗　　岗(华东师范大学中文系教授)

　　对于当代中国人来说,文化心理上的承受力是至关重要的:一方面,他们必须接纳并适应快速变动着的周围世界涌现出来的各种新现象和新观念;另一方面,他们又必须认真地反思并总结西方社会,尤其是欧洲社会早已经历过的那些重大的思想文化事件。我们今天讨论的"启蒙"对于当前中国文化建设来说,就是一个重大的、绕不过去的话题。

一、比较研究与启蒙主题

　　众所周知,启蒙运动发生在 18 世纪的欧洲。毋庸讳言,当当代中国人提起启蒙这个话题时,自然蕴涵着中西文化之间的比较。长期以来,比较研究处于"无政府主义状态"中,任何一个研究者都可以随意地从中国文化中抽取出一个人(如庄子),再从西方文化中抽取出另一个人(如海德格尔),进行比较。事实上,这类比较只注意对象在表面上的"形似",而完全不考虑它们在思想实质上是否"神似",是否真正地具有可比性。在我们看来,要打破这种"无政府主义状态",使比较研究上升为科学,就必须引入一种新的时间观念。

我们认为,在中西文化的比较研究中,存在着两种不同的时间观念:一种是"编年史的时间"(chronological time)。按照这种时间观念,2009 年 4 月 29 日在中国发生的事情和欧洲发生的事情应该是"同时代的";另一种是"形态学的时间"(morphological time)。人所共知,形态学是生物学的一个分支,专门研究动植物及其组成部分的形态与结构。形态学时间又可进一步细分为以下两种:

一种是"生物学意义上的形态学时间"(morphological time in biological meaning),由德国历史哲学家斯宾格勒所首倡。在《西方的没落》一书中,他列出了"同时代的文化时代"的表格,列举了埃及的、古典的、西方的、阿拉伯的四种文化模式,每种模式在发展中都经历了"前文化"、"文化"和"文明"的阶段。在他看来,不同的文化模式只有在相同的发展阶段才具有可比性。英国历史哲学家汤因比继承了斯宾格勒的形态学时间观念。

另一种是"社会学意义上的形态学时间"(morphological

time in sociological meaning），由马克思所首倡。在《经济学手稿（1857—1858）》中，马克思提出了著名的"三大社会形态"理论。第一社会形态是人对自然的依赖关系；第二社会形态是人对物的依赖关系；第三社会形态是自由个性的发展。按照这一时间观念，当今中国社会正处于第二社会形态中。在这个意义上可以说，当代中国社会与 16 世纪至 19 世纪的欧洲社会在文化心态上应该是"同时代的"。①

在我们看来，比较文化研究要上升为科学，就应该在马克思所倡导的"社会学意义上的形态学时间"所蕴涵的"同时代的"观念的基础上展开。如前所述，既然欧洲社会的启蒙运动发生在 18 世纪，而当今中国社会在"社会学意义上的形态学时间"上又是与 16 世纪至 19 世纪的欧洲社会是"同时代的"，这就表明，启蒙也正是当今中国社会的主题。当然，在引入形态学的时间观念时，我们并不否定编年史的时间观念，因为我们的身体和一部分观念毕竟已经从属于 21 世纪了。也就是说，编年史的时间观念也会对我们的文化心理产生一定的影响，然而，要深入地把握当代中国人的文化心理，尤其是深层文化心态，我们却不得不主要诉诸形态学的时间观念。

下面，我们再来考察"启蒙"这个概念的含义及启蒙运动所蕴涵的主导性的精神要素。从字源上看，"启蒙"（enlighten）作

---

① 参见拙文："比较文化研究与社会形态时间"，俞吾金：《寻找新的价值坐标》，复旦大学出版社 1995 年版，第 382—389 页。

为动词的原初含义是"点亮",引申含义则是精神上的启迪、启发。柏拉图的"洞穴之喻"、弗兰西斯·培根的"洞穴假相"、鲁迅的"黑屋子之喻"都有这方面的含义,即人应该脱离黑暗,接受光明的启发和引导。德国哲学家康德在 1784 年的"什么是启蒙"一文中曾经指出:"启蒙运动就是人类脱离自己加之于自己的不成熟状态。不成熟状态就是不经别人的引导,就对运用自己的理智无能为力。当其原因不在于缺乏理智,而在于不经别人的引导就缺乏勇气与决心去加以运用时,那么这种不成熟状态就是自己加之于自己的了。Sapere aude!(要敢于认识!——语出罗马诗人贺拉斯)要有勇气运用你自己的理智!这就是启蒙运动的口号。"[①]人们经常从康德上面的这段话出发去理解启蒙,其实,正如当代法国哲学家福柯在"何谓启蒙"(1984)一文中谈到康德的那篇文章时所说的:"我丝毫无意把它视为对'启蒙'的恰当的描述;我想,没有一位史学家会对该文就 18 世纪末所发生的社会、政治和文化上的变革所作的分析感到满足。"[②]不管如何,康德关注"启蒙"这个时代主题,并把它理解为人类摆脱自己加之于自己的不成熟状态的一种精神运动,仍然说出了启蒙的核心内容。

至于"启蒙运动"(the Enlightenment),作为名词,其基本含义是指 18 世纪的欧洲,尤其是法国发生的精神运动,而其引申含义则指称一切精神上、思想上的解放运动。

---

① 〔德〕康德:《历史理性批判文集》,何兆武译,商务印书馆 1991 年版,第 22 页。
② 《福柯集》,杜小真编选,上海远东出版社 1998 年版,第 532 页。

如果我们把康德和其他启蒙学者的观点综合起来,就会发现,启蒙的理想化的主导性原则主要有以下四条:

一是"理性法庭"。在漫长的中世纪中,欧洲人都为基督教的信仰所催眠。随着近代自然科学的兴起和发展,人们身上沉睡着的理性渐渐地被唤醒了。启蒙运动自觉地把理性视为最高的原则,不但倡导个人要独立思考,而且也主张全社会应当以理性而不是以信仰作为判断是非的标准。于是,"理性法庭"诞生了,至少在人们的心中,理性的权威被建立起来了。据说,意大利科学家伽利略由于维护了哥白尼的"日心说"受到了宗教裁判所的监禁。尽管他不得不把自己的双手按在《圣经》上发誓,放弃"日心说",但他的内心仍然处于理性的主宰下,因而默念着"地球依然在转动";同样地,意大利科学家布鲁诺为了从理性上维护哥白尼和伽利略的"日心说",坚决不向信仰屈服,被活活地烧死在罗马的鲜花广场上。与此类似的是,西班牙科学家塞尔维特为了维护理性所发现的人体血液循环方面的真理,被宗教改革的领袖加尔文活活烧死在日内瓦的火刑柱上。

在18世纪的法国,启蒙思想家们为了维护理性的权威,对宗教信仰展开了激烈的批判。霍尔巴赫在《袖珍神学》(1767)中谈到宗教裁判所对异教徒或异端采用的火刑时,以嘲弄的口吻写道:"(宗教裁判所宣判式,火刑)是偶尔献给神的美味肴馔。它是隆重地用异教徒和犹太人烧烤而成,其目的在于更有把握地拯救他们的灵魂并教育观众。不言而喻,仁慈的父总是特别喜爱这道菜的。"①接着,霍尔巴赫又深入地揭露了宗教的本质——取消理性:"在世界上对于理性的生物来说没有比理性再有害的东西了。上帝注定谁要受来世惩罚,就给他理性;上帝要想拯救谁或使之有利于教会,就仁慈地剥夺他的理性。打倒理性!这是宗教的基础。"②法国另一位启蒙学者狄德罗指出:"如果理性是天所赋予的东西,而对信仰也同样可以这样说,那么天就给了我们两种不相容的而且彼此矛盾的礼物。"③又说:"我在夜间迷失方向在一个大森林里,只有一点很小的光来引导我。忽然来了一个不认识的人,对我说:'我的朋友,把你的烛火吹灭,以便更好地找到你的路。'这不认识的人就是一个神学家。"④启蒙学者对宗教迷信的批判极大地解放了欧洲人的思想。1796 年,法国科学家拉普拉斯出版了《宇宙体系论》,当拿破仑问他,为什么在这部著作中没有提到宇宙的创

---

① 〔法〕霍尔巴赫:《袖珍神学》,单志澄等译,商务印书馆 1996 年版,第 20 页。英国学者吉朋在《罗马帝国衰亡史》第 47 章中谈到 5 世纪时一个居住在亚历山大里亚城的犹太贵妇人希帕莎,她从事数学研究并热衷于新柏拉图主义学说。当她经过一个天主教堂时,被一群疯狂的天主教徒"从二轮马车上拖将下来,剥光了衣服,拉进教堂,遭到读经者彼得和一群野蛮、残忍的狂信分子的无情杀害。他们用尖锐的蠔壳把她的肉一片片地从骨骼上剥掉,然后把她尚在颤动的四肢投进熊熊的烈火"。参见〔英〕罗素:《西方哲学史》(上卷),何兆武、李约瑟译,商务印书馆 1963 年版,第 452 页。而茨威格则在《异端的权利》一书中描绘了西班牙科学家塞尔维特如何被加尔文烧死在日内瓦的火刑柱上。参见〔奥〕茨威格:《异端的权利》,赵台安等译,生活·读书·新知三联书店 1986 年版,第 143 页。

② 〔法〕霍尔巴赫:《袖珍神学》,单志澄等译,商务印书馆 1996 年版,第 58 页。

③ 《狄德罗哲学选集》,陈修斋等译,生活·读书·新知三联书店 1956 年版,第 36 页。

④ 同上。

造者上帝时,拉普拉斯回答道:"陛下,我不需要这个假设。"①这充分表明,到18世纪末,"理性法庭"的权威已经得到了充分的认可。

二是世界"去魅"。"去魅"(Entzauberung)这个概念来自德国社会学家马克斯·韦伯,意即从神秘主义的观念,尤其是从宗教所营造的、神圣化的"上帝之城"(city of God,这也是教父哲学家奥古斯丁的一部著作的名称)中摆脱出来,重新用人的眼光而不是用神的眼光来审视一切。也就是说,重新返回到以自然人性为基础的、世俗化的现实生活中来。众所周知,早在文艺复兴时期,意大利学者薄伽丘在《十日谈》中就留下了许多脍炙人口的"去魅"故事。比如,一位虔诚的基督教徒,在他的妻子死后,他把全部财产捐给了教会,并带着幼年的儿子上山修炼,不让儿子和任何其他的人接触。当儿子成年后,他带着儿子一起下山,到城里化缘。他儿子见到女孩,特别喜欢,父亲对他解释:这些女孩都是"绿鹅",是不好的东西。回到山上后,儿子恋恋不忘的仍然是"绿鹅"。这就表明,基督教神圣化的禁欲主义不但不能改变人性和人的自然的欲望,而且越是压抑它,它就会变得越是强烈。

在启蒙运动中,"去魅"则在更宽泛的范围内成为精神运动的主题。法国学者孟德斯鸠的《波斯人信札》同样贯串着这个重要的主题:波斯贵族郁斯贝克到欧洲观光,把一大群妻子留在家里,交给阉奴看管。妻子们在欲望的折磨之下,千方百计

---

① 〔英〕W. C. 丹皮尔:《科学史》,李珩等译,商务印书馆1979年版,第259页。

与各自的情人幽会。郁斯贝克最喜欢的妻子洛克莎娜在与情人幽会时，其情人被阉奴杀死，洛克莎娜毒死了所有的阉奴，在毒死自己前，她写信给郁斯贝克，表示："我虽一直生活在奴役中，但是我一直是自由的；我将你的法律按自然的规律加以改造，而我的精神，一直保持着独立。"①《波斯人信札》道明了：任何神秘化的、神圣的约束都无法遏制人的自然的、世俗的欲望。丹纳在《艺术哲学》中认为，奥林匹斯山上的众神不过是世俗家族的神圣化罢了。这就深刻地启示我们，一切神圣化的东西都是世俗的东西异化的产物。到了 19 世纪，作为启蒙运动"去魅"的结果：一方面，法国小说家巴尔扎克通过其《人间喜剧》充分展示出资本主义世俗社会的景致；另一方面，德国哲学家费尔巴哈则在《基督教的本质》（1841）中揭示出上帝和基督教神学的全部秘密。他告诉我们，上帝是人的本质异化的产物，因而神学的本质就是人类学。

　　三是追求平等。启蒙运动的政治维度表现为对一切等级和特权制度的拒斥及对以平等为基础的资产阶级民主共和国的憧憬与追求。早在意大利学者马基雅弗利、荷兰学者格劳秀斯和英国学者霍布斯那里，披在欧洲社会政治和国家制度上的神秘面纱就已脱落了，他们开始用人的眼光而不是神的眼光来看待人世间的政治制度的安排了。到了 18 世纪，法国启蒙思想家卢梭在《论人类不平等的起源和基础》（1755）一书中，分析

---

① 〔法〕孟德斯鸠：《波斯人信札》，罗大冈译，人民文学出版社 1984 年版，第 274 页。

了人类社会中存在着的两种不平等现象:一是自然上或生理上的不平等;二是精神上或政治上的不平等。卢梭对第二种不平等的呼吁,其矛头直接针对法国的君主等级制度,从而为法国大革命准备了精神武器。正如德国诗人海涅在"论德国宗教和哲学的历史"(1834)的长文中所说的:"记住吧,你们这些骄傲的行动者! 你们不过是思想家们不自觉的助手而已。这些思想家们往往在最谦逊的宁静之中向你们极其明确地预示了你们的一切行动。马克西米安·罗伯斯庇尔不过是卢梭的手而已,一只从时代的母胎中取出一个躯体的血手,但这个躯体的灵魂却是卢梭创造的。使让·雅克·卢梭潦倒终生的那种不安的焦虑,也许正是由于卢梭在精神里早已预料到他的思想需要怎样一个助产士才能降生到这个世界上来,而产生的吧?"①启蒙浪潮过后,在 19 世纪中人们才普遍地认识到,资本主义市场经济才是传统的等级和特权的最有力的摧毁者,作为一般等价物的货币才是最有力量的平等主义者。正如马克思和恩格斯在《共产党宣言》(1848)中谈到资产阶级的历史作用时所说的:"一切固定的僵化的关系以及与之相适应的素被尊崇的观念和见解都被消除了,一切新形成的关系等不到固定下来就陈旧了。一切等级的和固定的东西都烟消云散了,一切神圣的东西都被亵渎了。人们终于不得不用冷静的眼光来看他们的生活地位、他们的相互关系。"②

①　张玉书选编:《海涅选集》,人民文学出版社 1983 年版,第 291 页。
②　《马克思恩格斯选集》(第一卷),人民出版社 1995 年版,第 275 页。

　　四是个性自由。卢梭在《社会契约论》(1762)一书中指出："人是生而自由的,但却无往而不在枷锁之中。"①追求个性自由乃是启蒙运动的主旋律,而这一主旋律在美国的《独立宣言》和法国的《人权宣言》中都得到了充分的体现。德国哲学家黑格尔在《精神现象学》(1807)中描述了欧洲社会如何从原始伦理实体转向以个人为本位的法权状态,而在这一转变过程中,孟德斯鸠的《论法的精神》(1748)乃是一个标志性的精神存在物。如果稍稍改变一下叙述的视角,就会发现:在前启蒙社会中,个人处于垂直的身份制度的约束中,实际上没有任何自由可言;而在后启蒙社会中,平等的契约制度开始占主导地位,个性的自由得到了普遍的承认和张扬。所以,丹麦哲学家和神学家基尔凯郭尔竟然把自己的墓志铭写成"这个个人"(the individual)。

　　我们上面列举的启蒙的主导性原则总是在不同民族的启蒙运动中一而再、再而三地表现出来。

二、启蒙的缺失:历史与现状

　　从 1840 年以来,近代中国社会的启蒙运动是在救亡的大背景下以"三部曲"的方式展现出来的。第一阶段可以称之为"洋务运动",其代表人物是曾国藩、李鸿章等。他们总结两次

---

① 〔法〕卢梭:《社会契约论》,何兆武译,商务印书馆 1982 年版,第 8 页。

鸦片战争失败的经验教训,决定走魏源所说的"师夷长技以制夷"的道路。以为只要把外国人的技术,尤其是军事技术买进来,就可以拒敌于国门之外了。但 1894 年清北洋舰队在甲午海战中的失败,使洋务运动彻底破产。人们开始意识到,只有诉诸政治制度上的改革,中国才有希望。第二阶段可以称之为"政治维新",其代表人物是康有为、梁启超、谭嗣同等,但随着1898 年戊戌变法的失败,这条路也走不通了。实际上,欧洲近代史早已启示我们,没有思想文化上的启蒙运动作为先导,无论政治上的改革还是革命,都是难以取得成功的。当时,中国的知识分子痛定思痛,认为要拯救中国之危亡根本上要从改造中国人的国民性做起。于是,新文化运动开始了,其代表人物是陈独秀、李大钊、鲁迅等,这一运动在"五四"期间获得了经典性的表现形式。

众所周知,传统中国社会乃是以血缘关系为纽带的宗法等级制社会。在这样的社会中,国家和家庭的权力是至高无上的,而个人和个性则什么也不是。因此,在当时的新文化运动中,启蒙的主题更多地表现在个体和个性对自由的向往与追求上。其实,《红楼梦》的主题是贾宝玉对个性自由(包括自由恋爱)的追求和从大观园中的出走。尽管他只能到佛学的意境中去领悟精神的自由,但这毕竟是对传统礼教的叛逆。鲁迅等人探讨易卜生剧本《玩偶之家》中的"娜拉出走"的问题,在当时的中国社会中也具有普遍的启蒙的意义。事实上,无论是巴金的系列小说《家》、《春》、《秋》,还是钱锺书的小说《围城》,其主题也都是主人公的出走。前者通过觉民、觉慧的出走而表达出来，后者则通过方鸿渐的出走而表达出来。所有这些作品的启蒙意义都通过个性对自由的追求而被传达出来。

　　然而，与18世纪的欧洲社会不同，启蒙的主题始终没有在近代至当代中国社会的发展中被主题化。相反，这一重要的主题不断地受到挤压，从而一直处于边缘化的状态下。下面，我们来考察当今中国社会现实生活中启蒙缺失的种种现象。

　　一是宗教观念的蔓延和迷信思想的泛滥。在今天的社会生活中，谁都不会否认，还有相当一部分的思想和行为处于迷信思想的摆布之下。在人们的日常闲谈中，看手相、看面相、算命、对鬼神的信奉和畏惧、对辟邪物和吉祥物的喜爱，始终是经久不衰的主题；人们甚至把数字也划分为两个阵营：一方面，车牌号、门牌号、手机号、座机号，最好都与"8"有关，甚至不惜用巨款买下一连串的"8"字。事实上，几乎所有的喜庆活动都在每个月的"8日"、"18日"、"28日"或其他"黄道吉日"进行。另一方面，人们又像躲避瘟疫一样地躲避"4"、"14"、"24"这样的数字，比如许多建筑物甚至不设第4层、第14层，等等。在农村，特别是缺乏文化的地方，各种迷信现象死灰复燃，甚至出现了巫医、巫婆、算命先生横行不法的局面。尤其需要指出的是，人们的迷信思想在殡葬活动中得到了最充分的体现。常常出现的情形是：死者在生前得不到应有的关怀和治疗，但死后却获得了巨大的哀荣。家属不仅把他厚葬，甚至替他配备了精美的别墅、"二奶"、"小秘"、保姆、汽车、电视机、冥币等，以便让他在阴间过豪华的生活。

与迷信不同，尽管人们的宗教信仰是受法律保护的，但同样被法律认可的无神论在社会生活中却缺乏积极的、主导性的影响。众所周知，近年来，不光在国内信奉宗教尤其是佛教的人数急剧攀升，而且出国人员，尤其是缺乏传统人文精神熏陶的科技人员，大部分也都相信基督教了。在国内，有相当一部分官员也热衷于在寺庙里烧头香、撞头钟，佩戴吉祥物，甚至捐钱为菩萨"塑金身"。整个社会风俗越来越深地沉陷到烟雾缭绕的宗教氛围中。这就从反面印证了一个事实，即启蒙意识在当代中国社会意识中是何等软弱和苍白。

二是等级观念的复苏和特权意识的肆虐。就马克思倡导的社会主义理论来说，其宗旨是消灭阶级，实现人与人之间在政治上的平等。然而，我们发现，在当今中国社会的现实生活中，等级观念和特权意识却不合时宜地被强化了。人所共知，在计划经济的背景下，资源是按照单位和人的级别来分配的。比如，一个单位是局级还是副部级，在资源分配上会出现重大的差别，所以，单位出来争级别是中国行政生活中最常见的现象之一；而对于个人，尤其是干部来说，争级别，如科级、处级、局级、部级，实际上成了他全部生活和表现的隐秘的动机。因为在不同的级别上，他将获得完全不同的待遇、住房、医疗等资源。这种等级观念是如此地深入人心，以至于一个和尚的名片上写着"厅级和尚"的字样，而一个退休老干部的名片上则赫然写着"（相当于）局级巡视员"这样的字样。

众所周知，在理想型的市场经济的背景下，资源应该是由市场来分配的。然而，在中国模式的市场经济中，行政权力的高度参与不但固化了原来已有的等级观念,而且也进一步强化了特权意识。被不恰当地甚至是错误地运用的行政权力,在寻租的过程中,与不法商人甚至与黑社会勾结起来。反之,不法商人、黑社会为了扩大自己的收益和地盘,也通过各种渠道,与行政权力实行"共谋",从而导致资源的畸形分配、国有资产的大量流失和贫富差异的加剧。显然,等级观念和特权意识在当前中国社会中的固化和强化,同样表明了当代中国社会中启蒙空气的稀薄。

三是怀旧意识的流行和传统观念的复魅。与像美国这样的新兴的国家比较起来,当代中国人在思想文化的更新上必定会遭遇到更多的阻力,因为中国有着数千年悠久的传统文化,中国人在文化发展上的习惯是"十步九回头",甚至不断地退回去"追恋埃及的肉锅"。记得在"文革"以前,毛泽东曾经批判中宣部和文化部是"帝王将相部"、"才子佳人部"、"死人部",现在,我们仿佛又退回到这样的状态中去了。打开电视机这一当代文化的晴雨表,我们马上就会发现,各种历史剧、怀旧剧、侠士剧铺天盖地地向我们涌来。尽管剧中人物所处的历史时代和面具是各不相同的,但这些剧作的结构和主题思想则完全是落套的,无非是王权至上、等级观念、男尊女卑、江湖义气、英雄救美、好勇斗狠,而蕴涵在这些剧作中的道德说教——恶有恶报、善有善报——既贫乏,又苍白,缺乏任何真正有分量的批判意识。人们曾寄予无限希望的所谓的名导演、大导演,不但不可能再在当代中国电影的发展中有什么建树;相反,他们早已与传统文化一起变酸,一起发酵了,一起腐烂了。

随着全国各地开发热潮的蔓延,各种传统观念正处于复魅的状态中。在思想文化界,我们见不到真正有分量的批判性的论著,触目可见的是所谓"歌德派"或"颂德派",传统文化不分青红皂白地受到热捧,而当代意识则不问情由地被斥为"无知"或"幼稚"。当代中国思想文化中出现的一个奇怪的现象是:一方面,人们无时无刻不在谈论"创新";另一方面,他们又事事处处拜倒在传统文化的"偶像"之前。就像胸腔里跳动着两颗相反的心的浮士德!

四是集体观念的统治和自由个性的湮没。在当代中国的思想文化中,集体主义与自由个性常常被尖锐地对立起来。比如,人们倡导的所谓"献身精神",就是无限地抽空个性和个体的生命,把它奉献给一个抽象的集体。他们很少深入地思考下去,如果一个集体不以维护所有个体的生命作为自己存在的宗旨,相反,要靠个人的生命来滋养,那么,这样的集体存在下去是合法的吗?难道抽象的集体比具体的生命更具有存在的价值吗?比"献身精神"缓和一点儿的是所谓"螺丝钉精神",这种精神把个体视为完全没有权利而只有单纯义务的、纯粹被动的存在物。这种精神同样是对个体的独立性和完整性的阉割。在当代中国文化观念中,人们还常常把"个人主义"与"极端个人主义"不加区分地混同起来。其实,前者肯定的是个人的正当的权利和义务,而后者则具有反社会的倾向,应当加以反对。

何况,集体主义也并不像人们所想象的那样,在任何情况下都值得肯定。比如,"地方保护主义"就是集体主义的一种存在方式;厦门海关的走私案也具有集体主义的方式;一个制造假冒伪劣商品的企业、一个诈骗团体、一家从事金融欺诈的公司等也常常是以集体主义的方式出现的。总之,绝不能建立如下的等式:集体的＝好的;个人的＝坏的。事实上,启蒙所要唤醒的,正是每个人的独立人格和个性的自由。

在当前中国文化中,普通个人和个性始终处于边缘化的状态下。我们知道,在哲学教科书中,普通个人常常被归属于"人民群众"这个集合名词中,而这个集合名词并没有使法律上承诺的每个普通个人的权利得到应有的尊重。在日常生活中,每个人可能都会有如下的遭遇:当他到商店里买东西而营业员的态度十分恶劣时,他就指着挂在营业员头顶的"为人民服务"的牌匾,批评对方没有认真地为自己服务。那位营业员立即反唇相讥:"为人民服务就是为你服务吗?"试想,如果这个营业员在每个为别人服务的场合下都做得不好,那么在他的心中,"为人民服务"就始终是一句空话。因此,在我们看来,实际生活需要的并不是"为人民服务"这类空洞的口号,而是需要尊重每个普通个人的权利,而这种权利是神圣不可侵犯的。人们通常习惯于把人权理解为生存权和发展权。这种理解是成问题的。我们认为,人权就是人有尊严地活在这个世界上并发展自己。如果让一个人活着就等于给了他人权,那么,奴隶社会也可以宣布自己是合理的了。总之,历史和实践都告诉我们,在一种文化中,个人、个性这样的观念越是匮乏,就越表明这种文化没有经过启蒙的洗礼。

三、启蒙的缺失：原因的探寻

　　在近代和当代中国社会中，之所以出现这种启蒙缺失的现象，主要是由以下各种不同的原因引起的：

　　第一个原因是救亡对启蒙的挤压。如前所述，从1840年的第一次鸦片战争以来，外患频仍，中国社会始终处于生死存亡的危急状态中。也就是说，政治舞台上的灯光始终集中在民族救亡的主题上，启蒙自然处于被挤压的、边缘化的状态下。更为重要的是，救亡和启蒙各自所要张扬的价值，至少从表面上看起来是相悖的。救亡强调的是集体的力量和铁的纪律，而启蒙肯定的则是个人的独立和个性的自由。在救亡中，个人通常被理解为集体中的一个片段、一个环节，他随时可以为集体而牺牲自己。然而，在启蒙中，个人的独立和个性的自由则成了至高无上的目标，为了确保这些价值的实现，个人不得不与集体相抗衡，甚至脱离集体，为自己争得自由的空间。1949年以前，当救亡成为压倒一切的目标时，启蒙的话题就始终是一个边缘性的话题。1949年以后，当启蒙有可能上升为第一话题时，人们又继续沿用了救亡时期的整个思路，并始终把集体主义作为正面价值与个人主义作为负面价值抽象地对立起来。直至今天，在思想文化观念上，启蒙所蕴涵的主导性价值，尤其是个性自由方面的价值，仍然处于被挤压的状态之下。

　　第二个原因是商品经济发展的滞后。中国传统社会信奉的始终是"重本(农)抑末(商)"的政治路线,与这一政治路线相伴随的则是"士、农、工、商"的社会结构和民间的所谓"无商不奸,无奸不商"的文化观念。按照这样的文化观念,商业几乎可以与欺诈画等号。在这样的文化氛围中,商品经济的发展自然举步维艰。1949 年以后,当"割资本主义尾巴"始终是现实生活中的最高目标时,商品经济根本不可能占据主导性的地位。1978 年以后,在改革开放的背景下,随着社会生活的转型,商品经济的发展才获得了强大的推动力。与商品经济发展同步的是,国家利益和集体利益之外的个人的合法利益得到了充分的肯定。这就为在思想文化领域中重建支离破碎的启蒙精神提供了条件。然而,由于中国式的商品经济的特殊性,即行政权力和高度参与,因此启蒙的任务是双重的:一方面,启蒙要唤醒个人的权利和义务;另一方面,启蒙又不得不与权力造成的特权、等级观念和寻租现象展开激烈的斗争。由于迄今为止商品经济仍然处于初始阶段,所以,启蒙仍然缺乏相应的经济基础。

第三个原因是自然科学在近代中国社会中的萎缩。由于商品经济在近代中国社会中得不到充分的发展空间,从而使自然科学的研究和发展也失去了相应的动力,而隋唐以来实施的科举制度也使最有才华的知识分子热衷于仕途。正如胡适在《先秦名学史》一书中所指出的:中国知识分子讲的"格物致知",在其原初含义上,"物"是指自然对象,"知"是指自然科学方面的知识,然而,这一原初的含义却渐渐地变质了。"物"成了社会关系,"知"成了护官和升官方面的知识。也就是说,中国知识分子在仕途上老于世故,而在很大程度上鄙视自然科学方面的研究。由于这方面研究的落后,宗教观念和迷信思想到处泛滥,理性无法得到张扬,启蒙自然也难以获得持久的、强大的推动力。

第四个原因是把社会主义价值体系与启蒙意识所蕴涵的普遍性价值,如珍惜生命、尊重人格和人权、提倡自由和民主、倡导平等和公平、追求真理、崇尚科学等内容尖锐地对立起来。人们力图把马克思主义与人道主义、社会主义与资本主义对立起来,指责启蒙意识和普遍价值是"从抽象的人性出发的",甚至是虚假的,完全看不到社会主义的价值体系与启蒙意识所蕴涵的普遍价值之间的内在联系,仿佛只有抛弃启蒙的所有的成果,才可能建设起社会主义的价值体系。正是这种对立的情绪,使社会生活中任何启蒙的观念都受到了压制。其实,这种抽象对立的情绪完全违背了马克思的历史唯物主义的理论。

每一个尊重历史的人都会发现,从历史上看,正是启蒙意识所蕴涵的这些普遍性价值为社会主义价值体系的建立提供了历史基础。列宁早已在"共青团的任务"(1920)一文中已告诉我们:"无产阶级文化并不是从天上掉下来的,也不是那些自命为无产阶级文化专家的人杜撰出来的。如果硬说是这样,那完全是一派胡言。无产阶级文化应当是人类在资本主义社会、地主社会和官僚社会压迫下创造出来的全部知识合乎规律的发展。"①按照列宁的见解,社会主义价值体系正是在启蒙意识

---

① 《列宁选集》(第四卷),人民出版社 1995 年版,第 285 页。

所蕴涵的普遍价值的基础上形成并发展起来的。没有这个基础，社会主义价值体系就有可能变质为传统社会的价值体系，因为，作为社会主义核心价值的集体主义只有经受过启蒙的洗礼，才能避免集体与个体之间的抽象的对立，才能使每个普通个人的独立人格和人权得到普遍的承认与尊重。

第五个原因是西方学者对启蒙运动的反思和批判影响了当代中国人对启蒙的接纳。众所周知，黑格尔早已在《精神现象学》中对启蒙运动进行了全面的反思。在他看来，启蒙运动及启蒙精神的主要问题如下：一是启蒙对传统，尤其是宗教采取了简单化的否定的态度。其实，宗教对人类的生存和发展来说，仍然是不可或缺的。二是启蒙片面地崇尚科学思维，而这种思维很容易被引向功利主义，忽视了对人的安身立命来说更重要的价值理性的作用。三是启蒙对无任何约束的自由，即"绝对自由"的追求导致了法国大革命中的恐怖。

在黑格尔之后，不少思想家出来反思和总结启蒙的经验教训。霍克海默和阿多诺撰写的《启蒙辩证法》（1947）是这方面的代表作。他们把法西斯现象称之为"神话"，并到启蒙中去探寻这种神话的起源：一方面，在古代神话，如荷马的《奥德修斯》中已经蕴涵着神话；另一方面，在启蒙中，也蕴涵着神话，而启蒙中的神话因素正是启蒙自身所蕴涵的负面价值，如对理性的神化等。在他们之后，后现代主义者更是对启蒙和现代性的传统进行了全面的抨击。在这样的文化情绪的冲击下，当代中国人对启蒙又多了一分戒心。

通过对上面这些原因的探寻，我们也就明白了，为什么在当前的中国社会中会出现启蒙严重缺失的情形。其实,当代中国人的思想文化处境真正说得上"可怜"这个词,他们连启蒙的成果也未感受到,却已经在分享启蒙带来的灾祸了。

四、启蒙的精神:重建与修正

我在演讲的标题中包含的"启蒙的重建"并不是指启蒙运动的重建。事实上,启蒙运动作为一种历史性的运动,它的发生和展开是由一系列主观与客观方面的条件所决定的,而我说的"启蒙的重建"是指启蒙精神的重建,而这种"重建"又总是与"修正"结伴而行的。如前所述,在形态学的时间观念上,当代中国社会与 16 世纪至 19 世纪的欧洲社会是"同时代的",因此,启蒙精神需要"重建";但从编年史的时间观念上看,当代中国社会又是与当代欧洲社会"同时代的",因而又需要吸纳当代欧洲社会的知识分子在反思启蒙运动时提出的有价值的见解,从而对启蒙精神进行必要的"修正"。

就启蒙精神的重建来说,下列措施具有积极意义:

第一,认真学习 18 世纪法国唯物主义的论著,对宗教意识和迷信观念展开彻底的批判,确立理性和科学(不光是自然科学,也包括人文社会科学)的权威。

第二,遏制等级观念、特权意识和权力寻租现象,形成与国家权力相制衡的市民社会,尽快编写并出版民法典,使个人的权利和义务以法律的形式积淀下来。

第三,弘扬启蒙的主导精神和普遍价值,并在普遍价值的基础上确立社会主义价值体系。

第四,借鉴传统文化中的启蒙要素。站在当今时代的高度上,重新审视传统文化,抉出其中具有启蒙含量的精神价值因素,并对这些价值因素进行创造性的转化。

第五,发展教育,弘扬人文精神,确立普遍的法权人格和道德实践主体。

就启蒙的修正来说,下列措施同样是值得重视的:

其一,深刻意识到当代中国社会与当代欧洲社会之间存在的"历史错位"现象。一方面,我们必须从中国的具体国情出发,坚持启蒙和现代性的基本立场,发展市场经济,推进现代化的事业;另一方面,我们又必须借鉴后现代的眼光,不断地对现代化的道路作出调整,使之以适合中国国情的方向向前发展。

其二,深入了解并探索西方现代学者和后现代学者的启蒙批判史,全面反思并总结欧洲启蒙运动的经验教训和启蒙精神的贡献与局限,努力遏制启蒙精神重建中负面因素的作用,避免重走欧洲社会的精神发展道路。

谈谈语言转向

陈嘉映

主讲人简介

陈嘉映,1990 年获得美国宾夕法尼亚州立大学博士学位。曾先后任教于北京大学、华东师范大学。现为首都师范大学哲学系特聘教授、外国哲学学科专业负责人及复旦大学社会科学高等研究院双聘教授。主要研究领域为:分析哲学、现象学和科学哲学等。主要论著有:《海德格尔哲学概论》、《语言哲学》、《思远道——陈嘉映学术自选集》、《无法还原的象——陈嘉映学术随笔》、《哲学 科学 常识》等;译著有:《哲学研究》(维特根斯坦)、《存在与时间》(海德格尔)(合译)等。

　　时　　间:2009 年 5 月 25 日 14：30

　　地　　点:复旦大学逸夫楼一楼报告厅

　　主持人:邓正来(复旦大学特聘教授、社会科学高等研究院院长)

　　评论人:童世骏(上海社会科学院党委副书记、华东师范大学哲学
　　　　　系终身教授)

　　　　　孙周兴(同济大学人文学院院长、哲学教授)

　　哲学中的语言转向,以及一般人文学科中的语言转向,在
20 世纪上半叶的西方哲学与西方思想史上是一个非常突出的
现象,涵盖了哲学以及几乎各个人文学科,甚至也包括很多社
会学科。语言转向之后,哲学家的思考—表述方式也有明显的
变化。举个例子,19 世纪时,英国最重要的伦理学家西季威克
(1838—1900)为百科全书写 morality 这个词条,他讲到希腊的
morality 的观念如何如何、罗马的 morality 的观念如何如何、中
世纪的 morality 的观念如何如何,读上去就好像希腊、罗马、中
世纪都有同一个概念:morality。西季威克要是谈到我们中国
人的"道德",大概也会径直说中国的 morality 这个观念如何如
何。今人若来写这个词条,他一定首先会解说希腊人的 ethos、
罗马人的 mores,而中国人的道德并不能径直理解成英国人的
morality。语言转向之后,我们都意识到:我们谈的事情,常常
与我们谈论它所用的语词方式有关。你不能贸然说希腊人是
这样看待"道德"的;用我们的"道德"这个词来套荷马的英雄或
亚里士多德的阐论会走样不少,甚至会觉得古希腊人的"道德

观念"相当古怪。经过语言转向,我们就不会轻易谈论荷马史诗里的"道德"观念,他们的"道德观念"坐落在荷马时代的一整套语词、一整套概念框架之中,我们得联系这套语词和概念来谈论。例如,麦金太尔写《伦理学简史》,就一直注意到伦理学中一些关键词的演变。

一、语言转向的核心问题

语言转向作为一个哲学史上的事件或者潮流,大家都已熟悉。刚才我用一个例子解说了一下语言转向的一般影响,但我们还需要较深入地理解这一转向的内容。

语言转向,初步地、简单地说是这样的认识:哲学不是关于事质的研究,而是关于语言的探索。这不是真切的理解,但可以视做初步理解。维特根斯坦的一段话简要地说明了这内容:

> 必须问的不是:什么是意象,或具有意象的时候发生的是什么;而是"意象"一词是怎样用的。但这不是说我要谈论的只是语词。因为,若说我的问题谈论的是"意象"这个词,那么在同样的程度上追问意象本质的问题谈论的也是"意象"这个词。而我说的只是,这个问题不是可以通过指向什么东西得到解释的——无论对于具有意象的那个人还是对于别人都是这样;这也不是可以通过对任何过程的描述得到解释的。意象是什么这个问题所询问的也是

一种语词解释;但它引导我们期待一种错误的回答方式。①

我们追问的不是:什么是意象、感知、意识、思想、真理、时间,而是意象、感知、意识、思想、真理、时间这些词是怎样用的。维特根斯坦在这里并不是提出一个建议或命令,而是描述我们实际上在做什么、能做什么。我们怎么"研究"真理呢?真理不是一物;不像白鱀豚,我们可以捉两条来,养在拦住的江湾里,就近观察它的活动、习性,甚至解剖它,查看它的五脏六腑。我们能不能通过研究真迹与赝品、真钞与假钞来研究真假呢?你可以是鉴定假币的专家,但你不会是研究"假"的专家。所谓"研究"真理,只能是说,研究在种种情况中,我们是怎么确定某物某事为真的。

二、反对形而上学

可见,语言转向意味着区分事质研究(事实研究)和语言研究(概念研究)。在维特根斯坦看来,形而上学即来源于混淆科学研究和哲学探索。"哲学研究:概念研究。形而上学的根本之处:没弄清楚事实研究和概念研究的区别。形而上学问题总带有事实问题的外表,尽管那原本是概念问题。"②例如,真理研

---

① 〔英〕维特根斯坦:《哲学研究》,陈嘉映译,上海世纪出版集团 2005 年版,第370 页。

② Ludwig Wittgenstein, *Remarks on the Philosophy of Psychology*, Vol. 1, Oxford: Basil Blackwell, 1980, p. 949.

究是语言—概念研究,如果我们把真理视做某种像银河系那样现成存在在那里的东西,仿佛我们是在研究这种东西,掌握它的本质和属性,等等,那就是形而上学的态度。通俗版本的柏拉图理念论是形而上学的范例。

事质研究和概念研究区分的大背景、语言转向的大背景是科学探索与哲学研究的分野。近代哲学的很多根本问题,在科学与哲学分野的大背景下来看,才能看得更清楚。这是因为,philosophia 曾为一切知识的总称,在牛顿革命之前,我们现在称做科学和哲学的这两样东西始终是混在一起的。今天,哲学与科学各司何职,虽然确切理解哲学和科学的区别当然并不容易,但这也正是我们为自己提出的主要任务之一。

我们和前近代的哲学家不同。即使今天仍然没有完整的生理学—心理学感知理论,但我们相当清楚地知道,生理学—心理学以何种方式工作来建设感知理论,这种理论能够解决的是哪些问题,不能解决的是哪些问题。科学理论,宽泛地说,是事实研究或事质研究,研究感知的生理—心理过程、机制。科学家在实验室里工作,寻找新的事实。生理学—心理学不是通过语言分析来研究感知的,实际上,如果我们的语言不敷用,科学家就创造他们自己的语言。

我们研究中子星或中微子,无论它们多么遥远,我们都承认它们是存在在自然界中的某些东西,我们进行的是纯客观研究,它们的存在方式与我们的思想、语言无关,我们改造自己的思想、语言去适应它们。概念探索不是如此。真理、实在等仿佛是宇宙中的一些最普遍的存在物,于是,研究这些存在物,获得关于这些存在物的终极的、唯一的真理成为哲学的目标。这样理解哲学工作和哲学真理，即形而上学。

常听说，现代哲学反对形而上学。人们对形而上学这个概念有种种理解，所谓反对形而上学也有种种意义上的反对。以上角度并不能穷尽形而上学的种种意义，但在我看来，的确是澄清了形而上学概念的一个深刻视角。

三、语义上行

我们再来看看另一些与维特根斯坦类似的看法和说法。

威廉·詹姆士在《实用主义》第二讲中讲了个小故事。詹姆士与一些朋友去郊游，朋友们为一个"形而上学"问题起了一场争论。他们设想，树上有一只松鼠，游人张三站在树的另一面，他想看见那只松鼠，就绕树转过去，但他转，松鼠也绕着树转，无论他怎样转，松鼠总在树的另一面。现在的问题是：张三是不是在绕着松鼠转（Does the man go round the squirrel or not）？朋友们请詹姆士裁决，他裁决说，答是或不是，要看你实际上说"绕着转"是什么意思：若它是说顺序处在某物的东南西北，那么应该答"是"；若是说顺序处在某物的正面、左面、后面、右面，则应回答"否"。

詹姆士那个故事挺平俗的，但他是要从这个故事引出实用主义的根本旨意：只有造成实践后果差别的概念差别才是真正的概念差别。所以他在"要看你实际上说'绕着转'是什么意思"这句话里特意把"实际上"这个词加了重。这又跟对传统形而上学的批判连在一起。在詹姆士看来,世界是一还是多、是命定的还是自由的、是物质的还是精神的,这些问题都与是否绕着松鼠转同类。于是,他就可以主张用这种"实用主义方法"来解决争执不下的形而上学问题了。①

罗素在评论苏格拉底方法时说:我们讨论"什么是正义"这样的问题,并不是因为我们对所讨论的事情缺少知识从而不能达到正确的结论,而是没有找到一种适当的逻辑来讨论我们已经知道的事情,要确定什么是正义,所需考察的是我们使用"正义"这个词以及某些相关词的方式。"我们所做的只不过是一桩语义学上的发现,而不是一桩伦理学上的发现。"②

蒯因所谓的语义上行(semantic ascent)也是一例。语义上行的要点是把关于事质差异的讨论转变为关于语词差异的讨论。在蒯因看来,语义上行策略有助于我们避免很多无谓的争论,例如,关于外部世界是否存在的问题曾在哲学史上争论不休,而且似乎也争不出什么结果,但若转而讨论我们是在什么意义上在何种系统中使用存在这个词,问题就容易得到澄清。

这些提法,体现了一种共同的趋向。各种表述的侧重点稍有不同,这些不同体现着重要的区别,这些区别我们会慢慢说到。

---

① 〔美〕詹姆士:《实用主义》,陈羽纶、孙瑞禾译,商务印书馆 1979 年版,第 25 页及以下。
② 〔英〕罗素:《西方哲学史》(上卷),何兆武、李约瑟译,商务印书馆 1963 年版,第 130 页。

四、字典学与语义学

上引的这些话大致是人们所理解的"语言转向"。语言转向包含了重要的思想转折，包含了很多有益的尝试，但也带来了一系列的疑问。细审这些话，难免觉得，语言转向转到头来，似乎不过在主张：所谓哲学问题、形而上学问题，其实是语义问题。从詹姆士那段话看，大量甚至所有哲学问题，可以靠查字典加以解决，或最多是要求我们编一本更完备的字典。

罗素说，苏格拉底追问"什么是正义"，最后得到的"是一桩语义学上的发现，而不是一桩伦理学上的发现"。然而，除了苏格拉底那样的追问方式，我们在伦理学中还能有什么其他的追问方式呢？如果没有，是否意味着，所谓伦理学，其实只是语义学的一部分？

维特根斯坦说，我们必须问的不是"什么是意象"；而是"意象"一词是怎样用的。他接着说："但这不是说我要谈论的只是语词。"但我们该怎么区分"意象"一词是怎样用的与"谈论的只是语词"？研究"意象"一词是怎样用的不是语义学的工作吗？固然，维特根斯坦吁请我们不要问意义而去问使用，但这似乎只是吁请在语义学研究中采纳一条新的进路。

维特根斯坦一时谈论"语词解释"，一时谈论"概念研究"。它们是一回事儿吗？简言之：语词和概念是什么关系？

蒯因把语义上行称做一种"策略"，我们自然会问：我们该在什么场合采用这种策略？显然，只有涉及概念语词的时候才谈得上语义上行，涉及名称时就没有语义上行一说，"'骡子'这个词是怎样用的？"这个问题不能代替对骡子的动物学研究。

　　结合罗素的提法，我们会发现，"什么是骡子"这个问题，可能有两个意思，即在询问两个不同的问题。一个接近于"'骡子'这个词是怎样用的"，一个则要求对骡子进行动物学研究。一个婴儿问"眼睛是什么"，他也许不知道脸上哪个器官叫眼睛；一个成人问"眼睛是什么"，他是在问眼睛的构造，等等。但这两个问题也交织在一起。"电化学反应是什么"这个问题，要求研究电化学反应时发生了些什么，同时也就是在确定哪些反应叫做电化学反应。

　　直接性和白鱀豚是两个极端。一般说来，我说我在研究直接性，那么，我差不多是在研究直接及其相关语词；如果我说我在研究白鱀豚，那么我差不多肯定不是在研究语词，而是在研究这种动物。但若我在研究感觉呢？我可能在研究感觉及其相关语词，但也可能在研究感觉这种东西，或者更确切些，是在进行生理学—心理学的感觉研究。在直接性和白鱀豚两者之间有一系列过渡。奥斯汀分析的是 real、really、direct 等副词，然后是抽象名词：真理、实在、本质、现象；杜威建议不要把这类词视做名词，而是视做形容词或副词，然后是观念、意志、感知、感觉。在这里出现了两种可能：像研究真一样研究意志或感觉，或像研究金子一样研究感觉。然后是哺乳动物、金属，然后是金子、白鱀豚。金子和白鱀豚像是完全确定的物品，金属和哺乳动物则多多少少牵涉我们怎样在概念上为它们划界。

以上这些问题互相关联，笼统概括这些问题，就是哲学研究或曰概念考察与语义学是否有别？怎样区别？

有些哲学家动辄说他们讲的是逻辑语法、哲学语法，但逻辑语法、哲学语法怎样区别于普通语法？

这些疑问或问题本来就是一些需要探讨的问题，只是，由于发生了语言转向，厘清哲学和语义学的区别就变得格外重要。语言转向厘清了哲学与物理学类型的科学的界限，却仿佛使得哲学和语言学变得难以区分了。霍金在他那本无人不知的科普著作中引用了"本世纪最著名的哲学家"维特根斯坦的一句话："哲学剩余的唯一工作就是语言分析"，并且评论说，从亚里士多德到康德的伟大哲学传统以整个宇宙的真理为己任，而到了 20 世纪，哲学探索的领域竟抽缩得如此狭窄，不啻堕落。[①] 霍金对哲学的现代发展也许不甚了了，但他的看法颇有代表性。实质的问题当然在于：语言学以何种方式进入哲学？

五、语言之为基本的理解方式

要澄清哲学和语言的关系，我们不妨以较为通俗的方式考虑一下哲学是干什么的。这个问题，我们，甚至大哲学家们，有

---

① 〔英〕史蒂芬·霍金：《时间简史》，许明贤、吴忠超译，上海三联书店 1993 年版，第 154 页。

形形色色的回答。其中一种，我相信是相当广泛的一种，是把哲学理解为追索根本的道理。我自己认为，这是一个极好的切入点。现在我要说明的是：若哲学旨在追索根本的道理，哲学为什么要与语言纠缠不清？——既然不仅语言里有道理，万物万事之中都有道理。

哲学为什么要与语言纠缠不清？或者，根本道理为什么要与语言纠缠不清？对此，我会回答说：因为语言是人类的基本理解方式。

我先谈谈"理解方式"这个用语。我们力图理解世界，明白世界的道理，不过，我们不能把道理理解成客观规律，理解成现成摆在一个与我们无关的世界里。为了突出这一点，我要强调，语言中不仅包含着世界的道理，而且包含着我们是怎样理解世界的。对语言的考察本身就是反思，反思我们思考世界的方式。值得马上提到的是：反思并不是把语言本身或理解本身做成对象。我们既不是单单理解世界，也不是单单理解语言，我们通过理解一种语言来理解世界。我们说，懂一种语言，理解一种语言；而理解一种语言同时就是通过一种语言理解世界。

哲学当然关注事情是怎样的，为了强调，也不妨说，哲学当然关注事情本身是怎样的，只不过，如果你把"事情本身"理解为，事物本身无所谓冷热、无所谓红蓝、无所谓美丑，事物本身只有温度、波长、形状，那么，哲学关心的就不是"事情本身"，而应当说，哲学总是联系于我们怎样看待这些事物来关注这些事物。这些事物我们是怎样看待的？要回答这个问题，最显要的方式是检视我们怎样说到这些事物。于是应当说，哲学联系于我们关于这些事物都有哪些说法来关注这些事物。

为了把这种认识方式区别于物理学，我们不妨像黑格尔那样把哲学称做"反身性的认识"。reflective 有多种译法，在这里，反身要比反思好一些。反思这个词倾向于给人一种印象，仿佛哲学认识是把所认识之事悬置起来以便单单对认识方式本身或认识者本身进行思考。把哲学视做认识论就有这方面的嫌疑。这样理解反思，难免殚尽心力要把那使一切对象成为可能的理解本身转化成对象。哲学不是把认识的内容悬置起来单单对自己的认识方式进行反思。与此相似，"认识你自己"这一警句也不可理解为：把自己同世界及他人隔离开来认识。我们并非一开始有一种关于对象本身的"直接"认识，此后再进行反思，于是获得了反身性的认识。我们对世界的本然理解就是反身性的认识。此后有可能我们把自己悬置起来，从而使所要认识的事物转变为纯粹对象性的东西。

因此，我们可以用"非对象化之思"来刻画哲学。不过，无论在"思"前面加上什么限定词都容易掩蔽这一点：这种思想方式是原初的思想方式。海德格尔干脆什么都不加，就叫 Denken，并在这样的意义上说"科学不思"。不过，"非对象化之思"也有益处，它明确地把哲学区别于科学类型的对象性认识。为了突出这层区别，我觉得也不妨把非对象化之思称做"有我之思"，或为了避免某些误解，称做"有我们之思"。

这里所做的区别的内容，可以从多方加以解说。冷热语言和温度计量语言的区别提供了一个典型的例子。冷热、红蓝、美丑,这些都是有我的语言。在这种语言里,看到的东西是连着看者的。与此相对照的是物理学方式,在那里,我们把所探索的事物对象化,这些对象本身中不包含我们对它们的感受和理解。伽利略区分第一性的质和第二性的质,即是在明确对象化性质与非对象化性质,并明确物理学只关涉对象化性质。经验和实验的区分也与此相应。在经验中,所经验的东西和经验者连在一起,而实验则力求把实验者排除在实验结果之外。中子星或中微子是存在在自然界中的某些东西,它们的存在方式与我们的思想、语言无关,我们改造自己的思想、语言去适应它们,即使我们研究的对象是感觉或思想。在感觉的生理学—心理学中,我们检查光子或光子对视网膜的刺激。我们平常所说的看到、感到等在物理学里消失了;当然消失了,如果不消失,我们就没有生理学—心理学(广义的物理学)了。

我们今天只会用一种方式来系统思考中子星。但说到感觉、语言,我们既可以把它们作为纯粹对象性的东西来研究,又可以保持在非对象化层面上对它们进行系统思考。语言学要尽量把语言当做对象(事质)来研究,例如,它特别关注句法,关注规则性的东西,到生成句法那里,句子就像是从一个自动装置中产生出来的。哲学关注语言的方式大不相同,它始终关注的是语词和句子怎样体现着我们对世界的理解。

上面谈了谈"理解方式",下面再简短谈一下"基本"。

上面关于语言所说的不仅适用于语言,也适用于器物、制度、习俗,这些东西是客观的,但同时它们是理解的产物。这些,古典哲学称之为客观化的精神,简单起见,也称之为精神客体、精神对象。既然器物、制度等与语言一样是客观化的精神,那么,下一个问题就是:在种种精神客体中,语言何以高标特立?

我想,可以提到语言的一些相互联系的特征。语言伴随着几乎所有人类活动,无论你下棋、做木工、做买卖、解牛,通常都一边做一边说;围棋的道理、杀牛的道理,都会进入到语言之中,进入到关于围棋和杀牛的种种说法之中。与此相连,语言是人人都用的,围棋不是人人都下。换言之,在同一个语族中,语言是公用的、通用的。与这些相连,语言代代相传,具有更高的稳定性,杀牛的方式则可能发生剧烈的改变——与解牛的传统方式相比、与政治建制相比,语言是各种传统中最稳定的传统。不妨说,别的精神客体有点儿像这个公司或那个公司发的代用券,语言则是一种通用货币。这就使体现在语言中的道理成为通用的道理。你我都很懂围棋,你我想说明什么道理的时候,往往喜用围棋来说,借用围棋来说会说得格外清楚,但不下围棋的人就不容易明白我们在说什么。

与所有这些特点相联系的根本之点在于,如索绪尔指出,语言是个纯符号系统,它除了用于理解的交流之外,别无他用。这使得语言具有格外的系统性,最系统地体现着我们是怎样理解世界的,换个哲学家更爱使用的说法就是,最系统地体现着我们的概念方式。

六、道理、概念、语词

　　我这里说到了"概念方式"。前面我提到，"概念"和"语词"究竟是一回事儿还是两回事儿，一直引人困惑。从前，哲学家喜欢说到概念，语言转向之后，人们更多说到语言、语词。主要缘由，我想，概念这个说法太内在了，容易堕入心理学的领域，比较"主观"，你我对人权有不同的概念，但人权这个词的用法，你我并无分歧，否则连"你我对人权有不同概念"这话都没意义了。

　　尽管谈论语言成为时尚，概念这个词却并不容易轻易打发掉。维特根斯坦实际上换用两者，莱尔则申明：我们有时不妨仍沿用概念这个词。然而，概念和语词并不是可以任意换用的，只有弄清了何为语词、何为概念，才能比较系统地看到何时可以、何时不可以。但澄清概念与语词的关系是一项不小的任务，我在《语言哲学》一书中做过一点儿尝试，①这里只谈最相关的一点。

　　我们刚才说，哲学旨在探入一些根本的道理；这话大致也可以说，旨在澄清一些基本观念或澄清一些基本概念，例如澄清正义概念、真理概念、时间概念。时间概念与时间这个词是什么关系呢？当然，时间这个概念用时间这个概念词标明。考

---

　　①　参见陈嘉映：《语言哲学》，第十四章第七节，北京大学出版社 2006 年版。

察时间,不能像研究哺乳动物那样去做,所能做的是考察时间这个概念,而考察概念,如前引维特根斯坦的一段话说到的"就是分析语词的应用"。不过,考察时间概念却不只在于分析或考察时间这个词的含义或用法。时间在这里倒更接近于一个题目,在这个题目下,我们考察之前、之后、从前、现在、将来、马上、很久、永恒、持续、期待、回忆、的、了等很多语词,考察一个词族或考察动词的时态用法,过去时、进行时,考察与时间概念相关的种种说法。简便起见,我们不妨说,所谓概念考察主要是考察美、感觉、正义、自由这些论理词,但具体分析时,我们恰恰不停留在这些"大词"上,而是探入与这些大词相连的种种实际说法。在《感觉与可感物》中,奥斯汀与艾耶尔争论的是"感知问题",但他只用了很少篇幅讨论 perception 这个词,而且几乎满足于指出人们在日常言谈中很少像哲学家那样使用这个词,绝大篇幅则用于讨论看见、听见、look、seem、direct、really 这些有稳定用法的语词。不明就里的人也许觉得奥斯汀有点儿别出心裁甚至避重就轻,然而,在我看,这是概念考察的正途。前面引用的一段维特根斯坦的话里说:"必须问的不是:什么是意象……而是'意象'一词是怎样用的",这话会误导我们把关于意象的概念考察和关于"意象"的语义分析等同起来,至少是把两者摆置到了同一层面。维特根斯坦马上加上一句:"但这不是说我要谈论的只是语词",显然是要防止这种误导,虽然他并没有说清楚必须问的是"意象"一词是怎样用的和"不是说我要谈论的只是语词"之间的区别究竟何在。

反过来,我们分析的是小词儿,考察的是些平常的说法,但我们是由大概念、大观念引领的。我们看似在处理细微的语义问题,但这只是因为这些语义问题涉及一般道理的澄清。奥斯汀对 seem 和 look 之间微妙的语义差别作了一番“捭头发丝”式的分析,这些分析揭示了某些基本道理。泛泛称说或指责分析哲学家捭头发丝,只是表面文章。要紧的是捭过头发丝之后,我们看到了还是看不到有意义有意思的东西。在“哲学语法”工作中,语词用法的探讨或语义分析是为概念考察服务的,我们考察“之前”、“现在”、“将来”、“了”等很多语词,考察采用它们的种种说法,是为了弄清时间概念。

我想我大致说明了,概念和语词并不是一回事儿,概念不能都换说成语词,而另一方面,概念考察和语词分析关系极为密切,我们固然可以通过比喻等来解说、澄清某一概念,但概念考察的基本方式是借助分析与某一理论概念相关的种种说法,或反过来说,我们通常把这种进路称为概念考察。要防止哲学误入语义学,或要澄清哲学与语言学的区别,我们不妨采用这样的提法:哲学关心的不是语言,而是概念。相应地,我会说,哲学的核心工作不是语言研究,而是概念考察。

总结下来,我大致这样看待哲学与语言的关系:哲学的主要目标是明理,明白那些根本的道理,这些道理,置于真理、实在、精神、意识、时间、物质等题下;我们通过种种方式来讲述这些道理、辨清这些道理,其中核心的一种是通过概念考察的方式;我们考察时间概念,意思是通过考察与时间相关的种种说法来理解时间。

七、概念普遍性

这里我想顺便谈谈"普遍性"这个概念。大家都知道,哲学关心真理、实在、本质、人与自然,等等。我们会说,什么是实在,什么是真理,这些是根本问题呢,由于根本,所以是哲学问题。然而,怎么一来它们就成了根本问题呢? 世上可以没有白鳖豚,我们照样理解世界,但不通过真/假、本质/现象、有意/无意,我们就谈不上理解世界。我们是靠这个概念网络来理解世界的,它们是到处都会出现的重要区别;说理,要么要根据这些区别来说,要么会说到这些区别头上。在这个意义上它们是普遍的,而不是在抽象普遍性的意义上,仿佛真假是真币/假币、真品/赝品、真性情/虚伪之上的更高的类、更抽象的概括。我们并非仿佛从张三开始,然后"上升"到上海人、人、动物、物、存在、有无,到了存在或有无,就到了最普遍之处了。如此"上升"到普遍,正是黑格尔所谓的并加以贬斥的"抽象普遍性"。从张三开始"上升",我们有无数多的方向,例如上升至"头发已经脱落了三分之一"的那个类。我们却顺顺溜溜地上升到了人、到了物,这是因为,人与非人、物与无、物与事是些根本的区别,人和物这些概念已经在那里等着我们向之上升了。它们是些"普遍概念"。"普遍"在这里的意思很平俗,无非是说真、好、坏、实在、本质、人与自然、有意、无意,是些无论你思考什么都会用到的概念,比如你思考幻觉的时候就会用到实在、现象、真、假这些概念。按照比较流行的说法,它们构成或组成了我们借以看待世界的概念框架。

　　你哪怕思考一件很局部的事情,比如你是该考研究生继续学业还是立刻找份工作,也总是渗透着这些普遍概念。你依着各种各样的道理来思考,这些道理,或明或暗地牵涉到这些普遍概念。不难看到,我这里所讲的概念普遍性和一般理解的道理的普遍有效性或普遍可应用性是完全不同的普遍性。人们常认为:哲学关心那些普遍的道理,而不是那些限于确定领域的道理。围棋的道理、解牛的道理是些局部的道理,"物极必反","万物万事都一分为二"是"普遍真理"。这类道理也许是普遍有效的或曰普遍可应用的,麻烦当然在于我们老是弄不准什么时候事情就到了"物极"之点。

八、"哲学语法"

　　今天这个报告的主要内容是想澄清概念考察和语义分析之间的关系,说明概念考察并不等于语义分析,经过所谓的语言转向,哲学并不转变成语言学或语义学。最后,我想讨论一下维特根斯坦的哲学语法概念,我们由此应能进一步理解今天所讲的主题。

　　维特根斯坦所谓的"语法",用法很特别:(1)通常,语法是说句法,维特根斯坦却主要在谈论"语词的语法"。那么,语法和语义有什么区别?(2)他用语法来代替逻辑,语法和逻辑是什么关系？但另一方面，尽管维特根斯坦这样使用"语法"这个词不合常规，我们却又觉得这用法有点儿道理。

首先，"哲学语法"这个提法强烈地提示了通过语言分析来澄清概念问题的进路，"逻辑"、"语言分析"、"概念考察"这些用语都不如它更能综合地传达这个意思，我想，正由于此，"哲学语法"这个词儿，乍一听觉得古怪，但听熟了以后又会觉得难以替代。然而，这个用语还是造成了很多困惑，尤其维特根斯坦本人经常把"哲学语法"跟规则特别是跟规则的任意性连在一起。这里不是系统澄清这一概念的地方，我只谈与本文密切相关的两三点。

摩尔曾问"哲学语法"与普通语法之别，维特根斯坦答：他在平常意义上使用语法这个词，却把它应用于人们平常不应用于其上的事物。① Garver 对维特根斯坦"语法"一词的用法进行一番讨论后，觉得很难认可维特根斯坦对摩尔的回答，摩尔对维特根斯坦的回答不满，诚有道理。②

我认为，我们应当把"哲学语法"主要理解为通过语言分析来澄清概念问题的进路，我们通过这种进路在语言用法中揭示普遍概念、普遍道理。前面曾说到，这些道理既不是对象化世界的规律，也不是把语言对象化后找到的语法规则；跳开来说，

①　Ludwig Wittgenstein, *Philosophical Occasions 1912-1951*, Indianapolis and Cambridge：Hackett Publishing Company, Inc.，1993，p. 69.

②　Newton Garver, "Philosophy as Gramma", in Sluge, *Routledge Philosophy Guidebook to Wittgenstein and the Philosophical Investigations*, London：Routledge, 1997, p. 150.

找到规则从来不是哲学的目标。维特根斯坦自己说，"哲学语法"问题"通常涉及由许多语言都分有的（语言）形式"。① 这个说法无力，而且恐怕经不起检验。什么是各种语言都分有的形式？我想，无非是"共通的道理"。我相信，维特根斯坦所谓"语法"就是包含在语言用法中的道理。这些道理不同于一般事物包含的道理，已如前述：它们是我们怎样理解世界的道理。所谓"许多语言都分有的形式"毋宁说是那些体现着、连通着一般道理的语义差别。这些道理不限于体现在某种特定的语言内，虽然它们在每种语言内有特定的体现方式。因此，"一般道理"这个说法比"分有的形式"来得更平易也更贴切。

这也就解释了为什么维特根斯坦多半是在谈论语词的"语法"，虽然我们知道，语法这个词通常指的是句法。概念考察所寻求的道理通常体现在语义中而不是体现在句法中；或者说，句法更多是纯粹约定。德语的框形谓语很特别，但我没读到谁研究出其中有什么一般道理。因此，语义学比句法学要更富哲学意趣，句法学比语义学更适合作为语言科学研究的对象。相对而言，语言学家首先关心形式，即使它没有什么道理，例如把动词区分为规则变化的和不规则变化的。哲学家通常关心的是另一种分类，例如，区分出感觉语词类，把有感觉的东西和无感觉的东西区分开来，不仅是有道理的，而且我们更应当说，我

---

① Gordon P. Baker and Peter M. S. Hacker, *Wittgenstein: Rules, Grammar and Necessity, An Analytical Commentary to the "Philosophical Investigation"*, Vol. II, Oxford: Blackwell, 1985, p.55.

们能够说到道理、能够说理,原本就基于这一类最基本的区分。

九、结　语

我们看到,语言转向大潮流中包含着多种多样的取向,包括截然相反的取向。很多传统争论,在这个大潮流中,在所谓"语言哲学"内部以新的形式再次展开。

在我看来,语言转向的根本意义在于更深刻地把哲学和物理学加以区分,或更宽泛说,更加明确地区分有我之知和对象化之知。依循这一理路,我们将能进一步澄清说理和理论的一般结构、自然科学和社会科学的性质,进而澄清"意识问题"等当代热点问题。然而,我们看到,很多哲学家,包括大哲学家,或多或少把语言转向理解为:哲学问题其实是语言学问题、语义学问题,至少他们在反思时是这样表述的。这种趣向不仅遮蔽了上述根本意义,甚至走向反面,重新混淆了有我之知和对象化之知。

就此而言,19、20 世纪之交的语言转向颇可与 17、18 世纪的"认识论转向"比照。实证科学的长足进步曾让哲学家意识到自己的任务并不是揭示世界的客观结构,哲学的任务应更加鲜明地标识为"认识我自己"。然而,在西方哲学—科学强大的传统力量吸引下,这种努力大规模地扭转向"认识人的心理结构"。语言转向的本旨在于拨正心理主义的扭曲,以概念考察为旗帜重新与实证科学划清界线,但类似的情况再次发生,概念考察又大规模地扭转向对普通语义—语法的研究,并以为这类研究将最终解决哲学的基本问题。如果说语言转向时期区分哲学与心理学是一个关键,那么今天,区分哲学与语言学就是个关键。

　　总的说来,我认为"哲学问题即是语言问题"这个提法是高度误导的。我认为,最好首先从道理和说理来界定哲学,而语言对哲学的核心意义是在这样的背景下自然呈现出来的。无论如何,不能把语言转向理解为向语言学、语义学的转向。

帝制中国的黄昏

——满清在 19 世纪[*]

朱维铮

主讲人简介

朱维铮,1955 年至 1960 年就读于复旦大学历史系,后留系任教。曾任复旦大学中国思想文化史研究室主任,现为复旦大学特聘资深教授、社会科学高等研究院学术顾问,2006年获得德国汉堡大学荣誉哲学博士称号。主要研究领域为:中国文化史、中国思想史、中国经学史、中国史学史等。主要论著有:《走出中世纪》、《音调未定的传统》、《求索真文明:晚

---

[*] 本文稿由复旦大学国际关系与公共事务学院 2008 级政治学理论博士生李新安和王升平根据现场录音整理,最后定稿经主讲人本人审订。

清学术史论》、《壶里春秋》、《中国经学史十讲》及与人合著（编）的《孔子思想体系》、《维新旧梦录：戊戌前百年中国的"自改革"运动》等；编校有：《中国历史文选》（修订本）、《章太炎选集》（合作）、《梁启超论清学史二种》、《周予同经学史论著选集》、《中国现代思想史资料简编》（第一卷）、《章太炎全集》（三）、《中国现代学术经典·康有为卷》等；主编有："中国近代学术名著丛书"等多种。

时　间：2009 年 6 月 15 日 18：30
地　点：复旦大学光华楼东辅楼 103 报告厅
主持人：邓正来（复旦大学特聘教授、社会科学高等研究院院长）
评论人：李天纲（复旦大学哲学学院宗教研究所教授）
　　　　傅　杰（复旦大学中文系教授）

　　我做的是历史，只会讲一点儿历史。今天的题目叫做"帝制中国的黄昏"。我讲的实际上是晚清史，"帝制中国"，可以从公元前 221 年一直到公元 1911 年。在这二千一百多年里，中国出现的大小王朝大概有一百多个，出现的皇帝、国王，到现在为止还没有确切统计。帝制中国是否在辛亥革命后就结束了呢？这有不同的看法。有人认为，1912 年中华民国成立，帝制中国就结束了。

　　帝制中国最后一个王朝，就是来自中国东北边疆、自称"满洲"的少数民族所建立的清朝。它在 1644 年占领了当时明朝首都北京，开始了在全国 266 年的统治。

我今天不讨论从 1644 年到 1799 年清前期的历史，单说在中国实际统治了 64 年之久的乾隆的遗产。清朝有过盛世，但现在官方学者讲清朝，不知道为什么把最重要的一个人物漏掉了。他就是雍正——真正奠定后来清朝所谓祖制的一个人物。如今讲起来就只是"康乾盛世"，其实满清实现高度君主专制下的稳定，或者像有的学者形容——使帝国权力结构进入"超稳定状态"，暴君雍正是关键人物。没有他，满洲八旗子弟后来混不到那么长久。乾隆是雍正的指定继承人，却羡慕祖父康熙福寿双全，因而二十五岁当上天子后便向萨满教的神灵发誓，他绝不超过圣祖的在位时间，让神灵保佑他享国久长。这似乎是奢望，因为康熙在位六十一年，时间够久的了，岂知乾隆居然活到了那个时候。我们知道清朝前期的皇帝生育能力都不错，康熙就有三十五个儿子，雍正有十个儿子，乾隆也有十七个儿子。这就给立储带来了麻烦。乾隆六十年，这位八十五岁的老皇帝想起神誓，又不肯放权，于是就对神灵搞遮眼法，传位给第十五子，尽管这个小儿子已经三十六岁，并且做了祖父。乾隆自称太上皇，还在"内禅"，次日，就宣布"大事还是我办"。那个儿皇帝嘉庆很懂宫廷游戏规则，似乎甘当傀儡，三年不说一句要权力的话。然后乾隆突然死了，他的尸体还放在大殿之时，嘉庆突然出手，抓捕主持丧事的首席军机大臣和珅。

和珅在乾隆晚年最受宠信，很会谄上欺下，弄权二十多年，闹得民怨沸腾，尤其善于纳贿卖官。嘉庆将他处死抄家，根据已经统计的家产来看，他拥有的财富值九亿两白银，相当于清末庚子赔款的两倍。以前，人们总认为明朝严嵩是中国历史上最大的贪官,而和珅已经超过了他。

嘉庆亲政是 1799 年,然后过了一百年,到 1900 年,八国联军攻进了北京,慈禧太后挟持傀儡皇帝光绪跑到西安。那以后就定了一个《辛丑条约》,清朝也名存实亡。所以,我的考察主要就是从 1799 年到 1900 年这一百年,叫做晚清。往后的那个十年,我把它叫做清末。这一百年,清朝爱新觉罗氏皇室又经历了四世五帝:嘉庆、道光、咸丰、咸丰的儿子同治,还有咸丰的侄儿光绪——同治和光绪是同代人。这四世五帝的统治时期,满清帝国已由"鱼烂"而变"土崩"。鱼的腐烂始于内脏,鱼皮还会保持光鲜。由康熙晚年到雍正、乾隆在位的 18 世纪,所谓的"盛世"便如鱼烂由里及表。尤其在乾隆晚年,变得越发迷信自我乃至昏聩,最不爱听帝国内地、边疆有闹事的消息,所以他到死也不知道就在中原地区,河北、河南、陕西、湖北等省,已经发生白莲教造反。可见,所谓皇帝洞察一切,往往连眼皮底下的乱子也懵然无知,当然这也要看他的亲信愿不愿意报忧。

乾隆死了以后,满清帝国再也没有太平过。先是白莲教、天地会,后来又有天理教,再往后又是边疆,到处冒烟起火。不幸内忧未解,外患踵至。这百年的中叶,昔日乾隆、嘉庆都鄙视过的英吉利突然用炮舰把帝国海疆打得门户洞穿,然后在上海等五口赖着不走。列强迫清廷许诺基督教在华传播合法化,意外地启示粤海一群农工用"拜上帝"作为聚众造反的纽带,掀起了清朝最大的一场"闹事",即大家熟悉的太平天国。太平天国差一点点颠覆了清朝。以后的回民造反、捻军起义都在继续。要不是曾国藩、胡林翼那帮南方士绅拉起地方武装自救,从而也救了北京，或许满洲权贵早成秋冬的败叶。然而由湘淮军支撑的"同光中兴"竟成了咸丰帝一名遗妾即慈禧太后玩弄权术以僭幸满清皇权的资本。她的贪欲腐化导致清法、清日两场反侵略战争失败，又悍然弹压戊戌维新，遭到内外舆论谴责。所谓"无敌国外患者国恒亡"，为保个人独裁，她煽动臣民排外。于是这时又掀起了一股势力，就是大家所熟悉的义和团。

义和团初起的取向是"反清灭洋"，后来慈禧集团镇压不成，改变策略为收编。结果义和团就把口号变成了"扶清灭洋"。这就招来了八国联军，它们很快侵占了北京。我们知道，北京沦陷不是第一回，咸丰十年八月，英法联军已经占领过北京。所以我说慈禧太后和她的亡夫咸丰皇帝共创了满清帝国两次丢失首都的纪录。当然这个纪录后来又被蒋介石打破，他接连两度丢了首都南京。

18世纪的清朝相对于当时的欧洲来说算是非常稳定的了，到了19世纪，欧洲接连爆发拿破仑战争以及1848年开始的大革命，相对于"嘉道咸"同时期中国的乱却不可比，人家是在闹工业革命，而我们却在反君主独裁、反吏治腐败，所谓"官逼民反"，仍属中世纪式的民间闹事。

19世纪的中国闹了一百年，难道没有推陈出新？其实不然。这百年从一开始就有人对清廷提出改革要求，第一个就是常州人洪亮吉。他在嘉庆亲政处理和珅案以后观察皇帝的行为，发现和珅的家产还有四分之三没有登记，皇帝就不准追查了。当时民间就传言"和珅跌倒，嘉庆吃饱"。洪亮吉就上了一个奏章，要嘉庆兑现"咸与维新"的许诺，开放言路，改革官制，多征求朝野的意见。结果嘉庆大怒，把他抓了起来，流放到新疆。他没想到洪亮吉沿途受到英雄式的欢迎，而帝都北京地区却大旱，连皇宫都饮水困难。他害怕了，亲赴黑龙潭祈雨，老天还是不下雨，这迫使他承认问题出在处理洪亮吉的案子上。很奇怪，赦免洪的诏书一发，北京就下起大雨。这个历史的偶然性使嘉庆皇帝越发相信天人感应，成为清朝皇帝里面下罪己诏最多的一人。那效应便是"避席畏闻文字狱"的士人逐渐敢于讲话，包世臣、龚自珍都在嘉庆朝作文吁求清廷"自改革"，便是例证。嘉庆皇帝的谥号就叫"仁宗"，他在位二十五年，但过得很不太平。

还有，在清朝的皇帝里面唯一被人行刺的就是嘉庆。有个厨师趁嘉庆回宫的时候行刺，结果引发嘉庆皇帝又下罪己诏做自我批评。再以后呢，河南有一个天理教，又叫八卦教。其中坎卦的首领林清，竟有本事把宫中不少太监吸收入教，趁嘉庆到热河去打猎，发动宫廷政变，差一点儿把嘉庆的那些妃嫔都掳过来。这是嘉庆十八年，幸亏皇次子，就是后来的道光皇帝，拿了鸟枪在宫中门楼抵抗，捱到外边的援兵来了，否则嘉庆的宫廷和妃嫔都将不保。这时候，嘉庆又下罪己诏。他说，我天天为国家着想，"以民为本"，岂知毛病都出在朝廷大臣，玩忽职守，贪污腐化，结果把我给搞糟了。这是中国皇帝自我批评的典范，所谓"君明臣不良"。是这样吗？中国还有句老话叫做"上梁不正下梁歪"，下梁歪了，要不要考虑上梁正不正？

在这一段时间里边，如果说清朝统治者没有感到统治的危机，那是不确切的。刚才讲了，就在嘉庆亲政的那一年，有一个

常州人洪亮吉就提出政治改革建议。以后还有一个安徽泾县
人包世臣写了一篇《说储》。他建议在内阁之外设置一个审官
院，允许全国人，不管是农夫也好，是商人也好，是什么狱卒也
好，都可以上书自荐，说他有某方面的本事。然后由审官院给
他路费，跑到北京去审查，如果审查合格就按照他的特长授官，
不合格就发路费让他回家。我们知道这个建议的提出是在
1804 年。

　　可见，在 19 世纪初期已经有改革家这样设想了，甚至已大
胆设计全面参与从中央到地方的政府管理的新官制，这证明中
国人当时不是没有意识到体制的缺陷。接着，也就在嘉庆二十
年到二十一年，杭州有一个年轻人叫龚自珍，在他二十来岁的
时候已经写了一系列的政论。中间有一篇就警告清朝：自古没
有八百年不灭的王朝（相传周朝延续了八百年），现在清朝分明
已是衰世；另一篇就讲衰世的表征。他说衰世和盛世是很难区
分的：大家没有声音，都好像安分守己，都不关心政治，看起来
好像是个太平盛世，实际上呢？朝廷里没有能干的宰相，没有
能干的将军，没有能干的士农工商，甚至没有能干的小偷和强
盗，总之只见庸人。更可怕的是这时出现才士或才民，从上到
下都用"诛心"手段进行摧残，结果势必促使有才的士民因求治
不得而叛逆，所以看来世道很平和、很稳定，"然而起视其世，乱
亦竟不远矣。"前几年，纪念戊戌变法百年时，我和龙应台一起
编过一本书，叫做《维新旧梦录》，收了若干篇近代的文献，中间
也有龚自珍的这两篇文章。文章都很短，几百个字，那描述在
我看起来是很惊心动魄的！

　　这时龚自珍已提出要走出衰世、避免乱世只有一个办法，就是"自改革"，即从上而下自行改革。这吁求出现在鸦片战争以前二十四五年。所以，有人说，一直到清朝被英国打败了，中国才有人感觉到改革的必要，这个说法是不对的。还有一种说法也不对，是直到英国人利用中国的落后把清朝打了一顿，中国才有人睁开眼睛看世界。不过还有更成问题的一个说法，声称从 1840 年鸦片战争以后，不论是对内的还是对外的战争，都具有民主主义革命的性质。根据这个说法，鸦片战争就成了中国近代史的开端。1840 年时清朝的道光二十年，道光一共在位三十年，那就是道光前二十年中国在古代，道光后十年中国忽然就跑到近代来了。这种腰斩清史的意见，非但逻辑不通，而且论据也不合历史实相。第一，它说落后是要挨打的，其实根据这些年来中外史家研究，在 19 世纪，中国还是世界首富。我们现在喜欢讲 GDP（国民生产总值），据设在巴黎的经济合作与发展组织首席经济学家麦迪森的研究（《世界经济千年史》，北京大学出版社 2003 年版），这百年，中国的经济总量仍占世界第一位。比如 1800 年，也就是在嘉庆统治初期，中国的经济总量还超过西欧十二国的总和。证明这时候中国的经济并不落后。另外，在 19 世纪的初期，拿破仑就留心中国的体制。他认为中国的政体，包括文官体制，比欧洲的世袭制要先进。再有，从社会稳定的角度来看，虽然当时中国到处造反，但是满清统治还在延续，起码比 19 世纪前期的欧洲由全面动荡而成打的王冠落地要强得多。

　　腰斩清史的另一个论据是说：到鸦片战争之后，中国才有人睁眼看世界。谁是第一个睁眼看世界的人？有人说是林则徐，有人说是魏源，等等。在我看来这些提法都违反史实。近年，上海又在纪念徐光启。徐光启是明朝末年，也就是在鸦片战争之前将近二百年，已经在努力地想了解西方。他和他的一些朋友都改宗天主教。再往前推，郑和下西洋，比所谓地理大发现还要早几十年，算不算是中国人睁眼看世界的一个表现？

我们搞历史的，要有一点儿自己的头脑，现在某些学者还保留一个很坏的习惯，即陈云所说的唯上唯书，或如鲁迅所讥的用脚底皮思想，直白地说就是奔走权门，跑官要钱，而不惜泯灭良知。我觉得人人都能有自己的头脑，中国才有真正的希望。

以前我举过一个例子。中国是贫银国，但从明英宗正统元年即公元 1436 年开始是征收赋税，后来在流通领域都行用银主币制。白银从哪里来？先是日本，后来是美洲，台湾"中央研究院"一位院士全汉昇，他和欧洲一些汉学家早就发现，在哥伦布发现美洲之后的头三百年，西班牙人从秘鲁、墨西哥等地掠夺的白银，起码有一半左右运到了中国。正因为白银从域外源源不断地流入中国，才能支持中国实行银主币制，一直到国民党统治的 1935 年，前后整整五百年。那当然就证明中国的对外交往一直很活跃。假如到鸦片战争中国人才开始睁眼看世界，那么只有一个解释，就是中国人都是见钱眼开。是不是这样？所以我们要读一点儿真历史。再说一句：我希望你们将来当了官以后，对于自己不懂的历史，先去研究研究再说，不要信口开河。一个人的知识不会跟他的权力、财富平行或等价的。

当然，清朝还有一个特殊问题。满洲是一个少数民族为主的军事联盟群体,统治汉族和其他少数民族,如何保持它的统治群的特权？它搞了一整套东西,这套东西倒是朱元璋没有搞的,比如"满汉双轨制"(在中央政府里,所有部门都是两套班子,主导的是满洲,辅佐的是汉人)。它特别强调以满驭汉,不允许被征服的汉人士绅掌握军权,一直到太平天国起来,没有办法了,才允许湘淮地方士绅办团练。

　　为什么这套体制到了 19 世纪撑不下去了？有种种解释,有一条可以肯定,就是在雍正、乾隆以后,满清的权力取向是追求君主个人独裁。如雍正和乾隆都不断强调的:国事便是我的家事,别人不用来管。

　　既然如此,那么至迟在 18 世纪初叶,除了雍正、乾隆及其赏识的奴才总管以外,所有臣民都遭独裁君主疑忌乃至排斥,政治成了"皇帝家的活儿",甚至不入军机的大学士也只能袖手旁观,何况四民！维科说的一句话用在这里很是恰当:公民们在自己的祖国却变成了外来人。有人讲清朝没有法制是不对的。清朝的法制非常严密,除了《大清律例》,礼制等规定多如牛毛。但是,如果法制没有民主做保障而为专制服务的话,一定会出现无数个例外,带来一个非常可怕的效应,那就是真正跟民主相结合的法制就不可以有例外。可是我们看中国大清律令,看大清的皇帝既然可以例外,分明违法却可以不受惩罚,那么皇帝以下凡是第一号人物都可以例外,一直到村镇乃至家族。所以,中国实际上是大大小小的皇帝,或者叫土皇帝,都享有法外特权,犯罪不受惩罚,或者说只有他在上的主子才可凭喜怒对其赏罚。在实际上就形成了所谓的法、所谓的律、所谓的例,都成了自上而下的特权保障体系。

按照政权结构的设计,传统中国确实是有司法、监督体系,孙中山搞五权宪法,较诸英美的三权分立,多了一个考试院、一个监察院。孙中山自己就讲,考试院是参考了科举制度,监察院是参考了过去的御史制度。过去的御史是有奉旨说话的特权的。可是早在清朝乾隆时期,台谏已形同虚设。一个例证是乾隆晚期,有一个御史,上海人,弹劾和珅的一个家奴,就被乾隆严厉处罚。

任何时代的行政权力都体现为财权和人事权。满清很早就建立了权钱互补机制,清朝貌似沿袭明制,在财务上公私分开,以内务府为皇帝的私库,另一个是公家的国库,则是由户部来管。从清初起,国库经常出现财政紧张,解决办法就是卖官,朝廷公开卖官称"捐纳制度",由政府开出价钱,从功名到候补缺,再到实缺,都明码标价,当然幕后交易更加肮脏卑劣。晚清有些改革派做官也是靠捐纳。这个捐纳就等于说是皇帝主持卖官鬻爵,如果买官无利可图,干嘛要买?在清朝,卖官从顺治开始就有了,到康熙以后变成体制。在这样一个体制下,能够制止贪污吗?能够制止行贿吗?能够制止拉关系、走后门吗?用美国学者费正清的话来说,清朝建立起了一个集体贪污体制。

这句话点出了问题的症结,我不相信什么"历史的经验值得注意"之类的说教,正如黑格尔所说,历史的最大教训就是没有任何统治者接受历史教训。不妨再看晚清。清朝在鸦片战争的时候,军队人数是世界第一,武器也不见得落后,还是失败了。后来的近代史教科书说,失败在于英国船坚炮利,那其实是托词。第一次鸦片战争的时候,英国侵略中国的军舰,其实是中世纪的帆船,能用来作战的部队仅四千多人,大部分还是印度人,但却打破了中国的万里海疆!到底是因为英军船坚炮利呢,还是中国整体的体制性腐败造成了失败?

曾国藩在办湘军的时候就分析当时清朝的官员和军队最大的问题就是寡廉鲜耻。因为它整个的体制就是鼓励你贪污,在这种情况下要廉、要知耻,当然都是不可能的。问题不仅是满清官员如此,后来的太平天国、捻军是一样的,被打败了赶快投降,换得一个官,明天不满意了再造反。在清朝的时候说《水浒》,流传一说:"若要官,杀人放火受招安。"这是当时的历史实相的描写。

清朝对外战争的失败加剧了特权者的内讧。有一个人值得注意,这个人就是咸丰皇帝的一名遗妾,叶赫那拉氏,后来出名,称慈禧太后。她是八旗破落户的女儿,选入圆明园做宫女,被好色的咸丰帝收用,生下唯一的皇子。于是同治帝六岁即位(1861),她也由贵妃越次晋位西宫太后,并在当年就联合咸丰皇后和小叔子恭亲王发动"辛酉政变",搞掉了亡夫指定的辅政八大臣,和东太后即慈安太后一起"垂帘听政"。

这个慈禧很厉害。她利用慈安攫取决策权力,然后剥夺恭亲王的议政王头衔,同时不断对将成年的小皇帝加强控制,并在同治早夭后废满清君位的父死子继传统,变为兄终弟及,以便继续以母后名义把持政权。她没法阻止光绪帝长大,拖到光绪十八岁(1888),只好"归政"。岂知帝国危机愈演愈烈,尤其是清法、清日两度反侵略战争失败，光绪不甘心当亡国之君，支持所谓戊戌变法，慈禧发现康有为、谭嗣同们似在打主意，要取消她太上皇的权力，于是只用一句话就把光绪变成了囚徒。接着，她马上又出面上朝，这次不叫垂帘了，叫"训政"。"训政"这个字眼是乾隆发明的，他当太上皇监督嘉庆皇帝就叫"训政"。然而慈禧对光绪"训政"，不仅完全将他当傀儡，而且一训十年，直到在临死的床上还没训完。这对后来认定搞愚民政策很有必要的权力者来说，无疑更有启示。我们看到，蒋介石在1927年上台以后，就宣布中国进入"训政"阶段，结果他老训不完，人民只好再以革命造反争取生存的权利。蒋介石训不下去了，在大陆最后的两年说要还政于民了，要行宪了，但1948年开了国民代表大会，下一年就滚到台湾去了。我用"滚"字，要被网民痛骂，斥我蔑视蒋介石，但我只是照搬毛泽东的经典用语。

当然，蒋介石的训政不过是走了慈禧的老路。慈禧太后的训政表明她为了维护个人独裁，连光绪那样"跪着造反"都不能容忍。她要废掉这个儿皇帝，遭到国内绅商和英法等外人的反对，大不高兴。结果不肯放弃训政，就训出了义和团的盲目仇洋，训出了满洲权贵利用义和团来排外，最后训出了八国联军侵华。八国联军进了北京，慈禧太后挟持光绪皇帝，很不光彩地化装成卖菜佣逃走了。

再就是《辛丑条约》了。倒霉的还是被训政的老百姓，全国四亿五千万人，每人被摊派白银一两，替慈禧一伙赎罪，换取列强允许这群国贼"回銮"北京。慈禧呢？照她自己的说法，要"长个记性"了。据翦伯赞先生的形容，这个老太婆真的学乖了,洋人要她伸出左脚,她绝不会伸出右脚。因此,慈禧训政的最后八年,其实是把自己训成列强的驯服工具。所以,清末十年史应该重新加以认识。

借用法国年鉴学派的术语,从秦汉到明清的中国属于一个历史的长时段。而满清帝国,便相当于 18 世纪的帝国"盛世",至多可比做"夕阳无限好"。下一个世纪的百年,就像日薄西山之际,忽然刮起帝制中国的黄昏沙尘暴,一片昏天黑地,待可以睁开眼睛,已经不见落日余晖。因此,这里不讨论 20 世纪头一个十年的清末史,因为在我看来,那已属于另一个混乱时代的起点。

中国司法改革的理论与实践

——以人民法院的改革为基点

张文显

主讲人简介

张文显,1977年、1982年、2000年先后毕业于吉林大学法学专业、法学理论专业和马克思主义哲学专业,获法学学士、硕士和哲学博士学位。曾先后任吉林大学法学院院长、吉林大学副校长、吉林大学党委书记等职。现任吉林省高级人民法院院长、吉林大学理论法学研究中心主任、哲学社会科学资深教授、复旦大学社会科学高等研究院学术委员、国务院学位委员会委员暨法学学科评议组成员、教育部法学学科教学指导委员会主任委员、教育部社会科学委员会委员暨法学学部召集人、国家社会科学基金法学评审组副组长、中国法学会副会长、中国法学会法学教育研究会常务副会长、中国法学会法理学研究会顾问等职。主要研究领域为:法理学、当代西方法哲学、法律社会学和法律政治学,尤重马克思主义法理学和当代西方法哲学。主要论著有:《法哲学范畴研究》和《二十世纪西方法哲学思潮研究》等。

时　间:2009 年 6 月 26 日 18：30
地　点:复旦大学光华楼东辅楼 103 报告厅
主持人:邓正来(复旦大学特聘教授、社会科学高等研究院院长)
评论人:郑成良(上海交通大学副校长、法学教授)
　　　　沈国明(上海社会科学院副院长、上海法学会会长、法学教授)

司法改革是改革开放新时期中国政治体制改革的重要组成部分,也是依法治国、建设社会主义法治国家的题中之意。回顾三十年来中国司法改革的历史进程,梳理三十年来司法改革的理论与实践,对于坚定不移地推进司法改革,建设公正高效权威和谐的社会主义司法制度,具有十分重要的意义。新时期的中国司法改革波澜壮阔,成就显著。本文着重以人民法院司法改革为基点,阐述中国司法改革的理论与实践。

一、中国司法改革的思想理论

1. 司法改革的核心是制度创新

通常,人们说司法改革的根本原因在于现行的制度不合理,所以要改革。但实际上,问题不那么简单。要从两个方面看,一方面司法制度本身存在着不合理性,或者说初创时的合理性已经穷尽,需要从体制和制度本身改革,即改制;另一方面司法制度是合理的,但是由于认识、具体体制、技术、人员等因素,限制了合理性的发挥,预期的合理性没有体现出来,所以要通过机制、方式方法的改革让制度的优越性充分发挥出来。在所有的司法改革成就中,我们更应当看重制度创新,制度创新带有根本性、长期性。现在一些法院把工作方式方法调整也叫做改革,是对"改革"这一神圣概念的乱用。

2. 司法改革的第一要务是司法事业的科学发展

科学发展有三层意思:第一,司法改革应当遵循司法规律,把人民司法作为中国特色社会主义事业的重要组成部分,随着中国特色社会主义事业的发展而发展;走中国特色社会主义司法道路,建设公正高效权威的社会主义司法制度,是人民司法事业健康发展和法院工作顺利推进的根本规律,司法改革必须沿着这条规律推进。司法的具体规律有很多,诸如化解社会矛盾的规律、程序公正的规律、审判管理的规律、法官职业化的规律,等等。第二,司法改革必须符合国情,最主要的是符合社会主义初级阶段的基本国情,符合全球化时代的特殊国情。在全球化时代中国属于世界的一部分,是世界中的中国,是经济全球化、公共事务全球化、环境全球化、人权全球化之中的中国,在这个意义上,符合中国国情也就是符合当今世界的世情。在科学发展的意义上,不改革不行,乱改革也不行。三十年来人民法院司法改革,就是不断探索审判权运行和司法工作的客观规律,并尽可能在尊重司法客观规律前提下持续推进改革的过程。在探索司法客观规律的过程中,形成并不断丰富和发展了社会主义司法理论,引领人民法院司法改革不断推进和发展。第三,司法改革应当有利于人民司法事业的科学发展,即全面、协调、可持续发展,尤其是要有利于基层人民法院的各项事业的发展。

3. 司法改革的根本目的是解放和发展司法能力,更好地满足广大人民群众的司法需求

经济改革是以解放和发展个人的生产力与社会的生产力为根本目的,政治体制改革是以保证人民当家做主为根本,以增强党和国家活力、调动人民积极性为目标,扩大社会主义民主,建设社会主义法治国家,发展社会主义政治文明。在政治体制改革的总体框架之内,司法改革的宗旨则是不断解放和发展司法能力,包括维护党的执政地位的能力,维护国家安全和社会稳定的能力,维护人民群众合法权益的能力,维护社会公平正义的能力,服务和保证经济和社会发展的能力,化解社会矛盾纠纷、促进社会和谐进步的能力,不断满足人民群众日益增长的司法需求。在解放和发展司法能力方面,司法改革也不断地调动广大法官的积极性和创造力,法官个人的司法能力显著提高。

4. 司法改革的根本动力

司法改革的动力包括外在动力和内在动力。司法改革的外在动力是经济改革和政治改革。我国的司法改革是在经济体制改革和政治体制改革的宏观背景下展开的,是适应经济改革和政治改革而发生的。改革开放与法治建设息息相关、相辅相成:一方面,改革开放的伟大实践产生了对法律和法制的迫切需求,推动了法治的建设和发展,推动司法改革;另一方面,法治建设和法制改革回应与适应了改革开放的需要,立法、执法、司法、普法等法治工作为改革开放创造了良好的法治环境。所以司法改革属于整个改革事业的重要组成部分。

司法改革的内在动力是广大人民群众日益增长的司法需求。上个世纪 80 年代以后,随着改革的深化、开放的扩大、社会的发展,人民群众越来越习惯于从法律和权利的角度提出利益主张,当事人越来越要求通过法律程序解决矛盾和纠纷,把维护公平正义的最后诉求付诸于人民法院,寄希望于人民法官,加上诉讼制度的不断完善和法院司法救助措施的不断扩大,人民法院受理的案件迅速增多。人们经常说出现了"诉讼爆炸"、"诉讼井喷"现象。人民群众日益增长的司法需求与相对落后的司法理念、司法体制、运行机制、司法能力以及相对匮乏的司法资源之间的矛盾日益突出。这些矛盾,必须通过改革来解决。而且,人民法院也主要从人民对司法的新要求中寻找改革的任务,从最不满意的地方改起。当然,人民群众的司法需求是不断增长的,旧的矛盾解决了,新的矛盾又出现了,所以司法改革不是一朝一夕就能完事大吉,而是要持续改革、长期改革,改革是司法事业发展的永恒主题。

5. 司法改革的指导思想

人民法院司法改革固然有一些属于摸着石头过河的事项,也有过失与教训,但总体上是在正确的思想理论指导下进行的。总体上来说,司法改革的指导思想就是中国特色社会主义理论体系。中国特色社会主义理论体系是当代中国的马克思主义。它包括三个组成部分,即邓小平理论、"三个代表"重要思想和科学发展观。中国特色社会主义理论体系的鲜明特征在于,它是思想解放的结晶,又是思想解放的武器;就精髓来说,它是改革的理论体系,是发展的理论体系,是通过改革推动发展的理论体系。这个理论体系运用于法院工作,必然要求解放思想,改革创新,推进司法改革。中国特色社会主义理论体系与社会主义法治建设的实际相结合,形成了中国特色社会主义法治理论和法治理念,并使之成为中国特色社会主义理论体系的重要组成部分。中国特色社会主义法治理论和法治理念,是直接指导司法改革的理论基础,它不仅决定了司法改革的政治方向,也构成了司法改革的战略策略、司法改革的理论坐标和检验标准。

6. 直接支撑中国司法改革的基本理论

司法民主的理论。司法民主包括两个方面,一是司法为民,二是民主司法。司法为民是我们党以人为本的崇高精神和"立党为公、执政为民"的伟大理念在司法领域的集中体现。司法为民充分体现了社会主义司法制度和人民法院的人民性本质。根据这一理论,实现好、维护好、发展好最广大人民的根本利益,要始终作为改革和发展社会主义司法制度的出发点与落脚点,作为一切司法工作的出发点和落脚点,通过公正、高效的司法活动依法保障人权,依法维护人民权益,做到司法惠民、司法护民。同时,还要考虑司法活动如何更快捷、更方便,更有效地实现好、维护好、发展好最广大人民的根本利益,做到司法便民、司法利民。正如胡锦涛总书记在全国政法工作会议上所强调的:"政法工作搞得好不好,最终要看人民满意不满意。要坚持以人为本,坚持执法为民,坚持司法公正,把维护好人民权益作为政法工作的根本出发点和落脚点,着力解决人民最关心、最直接、最现实的利益问题。"

2003 年,最高人民法院提出了"司法为民",并作为法院工作的根本宗旨和要求,制定了关于实践司法为民宗旨的 23 条意见,对指导人民法院正确进行司法改革起到了重要的作用。2005 年,最高人民法院又明确把胡锦涛总书记关于"公正司法,一心为民"的谈话精神确立为人民法院工作的指导方针,并把这一指导方针作为新时期人民法院衡量全部司法活动、包括司法改革的根本标准,强调深入推进法院司法改革,无论是谋划方案还是具体实施,都必须贯彻落实"公正司法,一心为民"的指导方针,确保法院改革的正确方向和有效实施。

民主司法。民主司法是人民当家做主的政治制度在司法领域的体现。坚持民主司法,首先,要求坚持人民代表大会制度。新中国建立前夕,关于国家机构名称,毛泽东、周恩来等老一辈革命家强调指出：我们的国家机构都要冠以"人民"，政府称为人民政府，法院称为人民法院，检察机构称为人民检察院，1954年建立人民代表大会制度，更是以"人民"为前置。现行《宪法》第二条规定："中华人民共和国的一切权力属于人民。人民行使国家权力的机关是全国人民代表大会和地方各级人民代表大会。"《宪法》第三条规定："全国人民代表大会和地方各级人民代表大会都由民主选举产生，对人民负责，受人民监督。国家行政机关、审判机关、检察机关都由人民代表大会产生，对它负责，受它监督。"《人民法院组织法》第十七条规定："最高人民法院对全国人民代表大会和全国人民代表大会常务委员会负责并报告工作。地方各级人民法院对本级人民代表大会及其常务委员会负责并报告工作。"这些规定表明，在我国，司法权来自人民、属于人民、为了人民。具体而言，就是人民法院由人民代表大会产生，向人民代表大会负责，接受人民代表大会监督，依靠人民代表大会支持。其次，要切实保障人民群众对司法工作的知情权、参与权、表达权、监督权，真正把司法工作置于广大人民群众的监督之下，以民主保公正，以公正得公信。要全心全意依靠人民群众，充分挖掘、善于利用人民群众当中惩恶扬善、禁黑除恶、除暴安良、化解社会矛盾纠纷的各种资源，包括民事调解、民间商谈的传统经验，以及与法律并行的道德力量、习惯做法；加强人民陪审制度，随着人民群众法治实践的丰富，依法办事的能力显著提高，人民陪审制度可以进一步拓展。第三，要坚持和发展法院内部的民主组织体系和工作机制。我国司法制度是以司法民主为核心建构起来的，法院的合议庭、审判委员会、党组会议等都是司法民主的载体，要充分发挥这些制度形式的民主机制，在审执工作和法院的其他工作当中，集中法官们的法律智慧、政治智慧、哲学智慧和社会经验，确保审判和执行工作的质量与效率。

司法独立的理论。司法权既是统一的国家权力体系的组成部分，又是一种相对独立的国家权力。司法权运行既有权力运行的一般规律，又有其特殊规律。其最显著的特殊规律就是司法权行使（运行）的独立性，法院司法的独立性根源于诉讼当事人的复合型、对抗性，法院必须在双方或多方当事人之间保持独立和中立地位，而不受其他任何因素的干扰而偏袒一方当事人，唯有此，才能作出公正的判决，所以说司法独立是保证司法公正的必然要求。司法独立在现代民主法治社会显得尤为突出。现代民主法治社会的突出标志是政府必须在宪法和法律授权范围内活动，并且要依照法定程序执法；政府侵害公民和法人的合法权益，可以被公民法人告上法庭，成为被告。政府和法院都是国家机关，如果法院不独立行使审判权，受制于政府，那就没有公民和法人胜诉的可能，那对公民和法人是极不公平的。司法的独立性还表现在司法权运行的受动性，受动性的简明表达就是"不告不立"。相对于当事人而言，法院应是受动的，应当实行不主动干预的原则。法院介入社会的程度是有限的，这个限度就是"不告不理"。在当今世界，"不告不理"是法律诉讼最基本、最普遍的原则。司法独立也是防范和抵制地方保护主义与部门保护主义的制度要求。基于对司法独立客观必然性和现实必要性的认识，我国宪法明确规定，人民法院依法独立行使审判权,不受任何个人、社会团体和行政机关的干涉。司法独立不意味着法院不受监督和制约。各级司法机关必须正确处理好与党委、与权力机关、与行政机关以及与人民群众的关系。要服从党委对司法工作的领导,使司法权的行使有政治保证;要接受权力机关的监督,对权力机关负责,维护和实现人民的意志;要接受上级司法机关的监督和指导,保证司法权的统一行使;要接受其他机关、团体和人民群众的监督,以便正确地适用法律,防止司法腐败现象的发生。特别是要正确认识和处理法院与人大的关系。我国宪法、监督法等法律都明确规定人民法院由人民代表大会产生、向人民代表大会负责、受人民代表大会监督。人大及其常委会对法院的监督是法院独立审判不受干扰的基本保证,也是实现司法公正和效率的基本保证。我们所说的"司法独立"并不是西方"三权分立"政治体制下的司法独立,也不是某些西方国家标榜的法官独立审判,而是法院作为整体依法独立行使国家审判权。具体而言:国家的司法权只能由国家各级司法机关统一行使,其他机关、团体和个人都无权行使此项权力;人民法院依照法律规定独立行使审判权,不受行政机关、社会团体和个人的非法干涉;司法机关审理案件必须严格依照法律规定,正确适用法律。

司法公正、效率、权威理论。公正,或者说公平正义,是社会主义法治的价值追求,是社会主义司法理念的核心。司法公正是社会公平正义的底线。党的十六大报告指出,"社会主义司法制度必须保障在全社会实现公平和正义",明确指出了社会主义司法制度的根本价值。经过多年的努力,各级人民法院对司法公正在理论上形成了许多共识,如司法公正不仅包括实体公正,而且包括程序公正,还包括行为公正或形象公正;不仅要通过审判活动实现司法公正,而且要以人们看得见的方式彰显司法公正,让裁判或认定的过程变成当事人感受民主、客观、公正的过程;司法的正当程序不仅是实现司法公正的必要手段和内在要求,而且本身具有独立的价值。

司法公正往往需要由司法效率来保证。效率意味着及时获取证据,防止因时过境迁证据被转移、毁损灭失,使得当事人受到损害的合法权益无法补救。提高司法效率,不仅可以使被害人的权益及时得到救济,还可以使受损害的法律秩序及时得到恢复,同时有助于公众增强对司法机关的信任。如果效率低下,案件久拖不结,必将使纠纷长期处于不确定状态,当事人之间长期处于对抗或敌对状态;在当事人疲惫不堪的情况下拿到一个"公正"的判决,此时的当事人对司法机关已经没有什么感激,更谈不上什么公正感、信任感。

为此,2001 年,最高人民法院明确把"公正与效率"确立为21 世纪人民法院工作的主题,逐步形成了司法公正与高效的理论体系,要求各级人民法院根据实现司法公正与提高司法效率的要求,推进司法改革和创新。在 2006 年 5 月中共中央印发的《关于进一步加强人民法院、人民检察院工作的决定》中,也明确要求人民法院要在党的领导和人大监督下,坚持"公正与效率"的法院工作主题,切实提高保障社会公平和正义的能力;要以保障在全社会实现公平和正义为目标,以解决制约司法公正和人民群众反映强烈的问题为重点,推进司法体制改革,并反复强调了促进司法公正,提高维护国家安全和社会稳定的能力,保障社会公平正义的能力。当然,在公正与效率的关系上,应坚持以公正统领效率、以效率保障公正。

司法不仅必须是公正、高效的,而且必须具有权威性。诚然,司法公正高效和司法公信是司法权威的基础,但它们之间毕竟不能画等号,司法权威是一个相对独立的范畴。司法权威是法的本质特征所必然要求的。法区别于其他社会规范的根本特征在于它是由国家制定并由国家强制力保证实施的。国家强制力包括执法强制力和司法强制力等在内,在法治社会,司法强制力是保证法律实施的最后一道防线,如果司法没有足够的强制力,就难以保证法制的统一、尊严和权威。司法权威以法院裁判效力的终局性和不可违抗性为根本标志。在我国社会主义初级阶段,司法的权威性非常脆弱,所以,党中央强调:各级党组织和领导干部要带头依法办事,带头依法行政,支持和保障审判机关、检察机关依法独立公正地行使审判权和检察权,支持和帮助司法机关抵御、克服影响公正司法的各种干扰,有效推动执行难、申诉难等问题的解决,为司法机关依法履行职责创造良好的政治环境。

纵观改革开放三十年的人民法院司法改革,都是在围绕着实现司法公正、提高司法效率、增强司法权威展开的。

"三个至上"重要思想。2007 年 12 月,胡锦涛总书记在会见全国政法工作会议代表以及大法官、大检察官时,强调指出:大法官和大检察官要"始终坚持党的事业至上、人民利益至上、宪法法律至上"。我认为,"三个至上"是对社会主义民主法治建设客观规律的科学总结,是对马克思主义法治思想和社会主义法治理念的丰富与发展,集中体现了坚持党的领导、人民当家做主、依法治国有机统一的社会主义法治的本质特征,体现了中国特色社会主义司法制度政治性、人民性、法律性的有机统一,体现了人民法院工作对党负责、对人民负责和对法律负责的高度一致,对于在新的历史条件下建设公正、高效、权威的社会主义司法制度,保障和推进中国特色社会主义事业,具有极其重要的指导意义。司法改革必须体现"三个至上"及其统一性。以"三个至上"重要思想指导司法改革,就是要坚持司法改革的正确政治方向,坚持司法改革的人民性,坚持司法改革的法治精神,走中国特色社会主义司法建设和发展的道路。

和谐司法理论。改革开放以来,随着我们党指导思想的与时俱进和社会经济、政治、文化的现代化,随着社会主义法制建设实践经验的丰富,以及包括立法、执法、司法等在内的各项法制改革的深入推进,依法治国、法治国家的内涵越来越丰富和科学,特别是党的十六大提出社会和谐、十六届四中全会明确提出构建社会主义和谐社会、十六届六中全会作出《关于构建社会主义和谐社会若干重大问题的决定》,构建社会主义和谐社会的战略思想和历史任务明确提出,为依法治国、建设社会主义法治国家进一步明确了指导思想和奋斗目标,丰富和创新了依法治国、法治国家的内涵。在这样的背景下,"和谐法治"理念呼之欲出。和谐法治不仅要求立法要和谐,司法也要充分体现和谐的精神,实现"和谐司法",并在和谐司法理念的指引下从事司法活动、引领司法改革。

　　和谐司法是包括和谐的司法体制、和谐的司法文化、和谐的司法工作等在内的一个完整概念。和谐司法是中国特色社会主义司法制度的基本特征。其内涵包括：第一，司法目的和谐，要通过审判、执行和涉法信访，定纷止争，化解社会矛盾，促进社会和谐。法院产生的直接原因就是社会出现了矛盾纠纷，当社会矛盾纠纷大量增多而私权力无法解决的时候，就需要有一种公权力来取代私权力解决矛盾纠纷，法院由此产生。因此，在任何社会形态下、任何时候，解决社会矛盾纠纷都是法院司法权的最基本的属性和功能。现阶段，随着经济体制深刻变革、社会结构深刻变动、利益关系深刻调整、思想观念深刻变化，社会矛盾凸显，对人民法院依法妥善协调各方面的利益关系、最大限度地化解社会矛盾纠纷，提出了更迫切、更现实的要求。形成矛盾纠纷的原因是多方面的，解决矛盾纠纷的途径和方法也应该是多元化的，但无论选择怎样的解决途径和方法，其最终的目的都是要定纷止争、息事宁人、案结事了。第二，司法职能要和谐。在党委的统一领导和人大的监督下，在宪法和其他法律的制度框架内，与检察、公安、国安、司法等政法机关分工负责、互相支持、互相配合、互相制约，准确有效地执行法律，共同维护党的执政地位、维护国家长治久安、维护人民群众利益、维护社会公平正义、保障和服务经济社会发展的神圣职责。这是党的执政权在政法工作中的集中体现，是中国特色社会主义政法事业的政治优势、法律优势和工作优势所在。司法改革要充分展示和最大限度地发挥这种制度优势，而不是削减这种优势。第三，司法过程各个主体之间要和谐。这需要法官能够切实尊重、维护当事人的诉讼权利及选择。一是当事人享有自主实施诉讼行为的自由，即诉讼权利的行使与放弃依据当事人的自愿；在符合法律规定的条件下，自主选择有利于自己诉讼利益的诉讼手段，法官应予准许；在不违反法律规定的情况下，当事人之间形成的纠纷解决合意应得到法官的确认和支持。二是在发挥辩论原则的主导作用的同时，对于当事人在权利实现过程中遇到的无法克服的诉讼能力障碍，法官应适当介入，避免当事人之间在诉讼结构关系上的失衡。如在当事人因客观原因无法收集证据时，法官可以依职权调查收集证据。第四，司法工作模式要和谐。司法的基本职能在于，通过调整利益关系以解决社会矛盾和纠纷，这就要求司法工作模式能够立足和谐，促进和谐，减少、化解社会矛盾和纠纷对正常社会秩序的冲击。中国古代司法文化是一种和谐文化，不是对抗文化，始终强调法律与社会的融合，调解作为中国古代司法重要的工作方式在这其中发挥了很大作用，这对于社会主义司法仍然具有不容忽视的现实意义。

二、改革开放新时期中国司法改革的实践进程

（一）司法改革的基本进程

三十年的司法改革经历了从恢复重建到体制机制改革、从零敲碎打到整体纵深推进这样一个与时俱进的过程，不断完善和发展中国特色社会主义司法制度，不断使中国特色社会主义

司法制度优越性得到充分展示和发挥。

1. 恢复重建时期

在中国特殊的历史背景下,恢复重建是一种特殊形式的改革。"文化大革命"当中,造反派"踢开党委闹革命","砸烂公检法",司法机关是重灾户。司法机关被"打砸抢",档案被抢走或撕毁,很多司法干警被揪斗,司法队伍被解散,检察机关不再存在,法院成为各地公安机关军管会下属的"审判组",大批法院干部被下放或调离审判岗位。1975 年,宪法甚至以法律的形式规定由公安机关行使检察机关职权(实际上取消了国家检察机关),取消人民法院独立审判及陪审制度、公开审判和辩护制度。在"群众专政"的名义下,大搞"群众立案"、"群众办案"、"群众审判",私设公堂,进行非法审判和非法惩办。社会主义司法受到严重破坏,人民的权利和自由受到肆意践踏。1978 年,宪法恢复了人民检察院职权。"文化大革命"结束之后,伴随着1982 年新宪法的颁布实施、三大诉讼法的陆续出台与不断完善、人民法院组织法和人民检察院组织法的修改完善,我国的社会主义司法制度得以恢复和重建。恢复不是简单复原,重建也不是复制原样,而是包含了许多制度创新。在恢复重建的过程中,发生了中国现代历史上最重大的法律事件,即对林彪、江青反革命集团的大审判。1980 年 11 月 22 日,《人民日报》发表了题为"社会主义民主和法制的里程碑"的特约评论员文章,指出"对林彪、江青反革命集团的审判,是我国民主和法制发展道路上的一个引人注目的里程碑,它充分体现了以法治国的精神,坚决维护了法律的权威,认真贯彻了社会主义民主和法制的各项原则"。在这篇评论员文章中明确指出对林彪、江青反革命集团这一历史性审判中蕴涵的现代法律原则：司法独立、司法民主、实事求是、人道主义和法律平等。对林彪、江青反革命集团的审判也是司法改革的一次重大实践，其中所体现的现代法律原则为后来的司法改革提供了重要的理论依据。

2. 法院内部的综合改革

20 世纪 80 年代中期，特别是党的十三大以后，确立了社会主义初级阶段理论，经济体制改革进一步深化，政治体制改革稳步推进，对外开放日益扩大。在这种改革开放的宏观背景下，司法改革被提到历史日程上来。

人民法院的司法改革在开始阶段是为了适应经济体制改革和对外开放的要求，着重于加强和改进人民法院工作。1988年 7 月第十四次全国法院工作会议提出了六项改革措施：一是改善执法活动，要求认真执行公开审判制度，改进合议庭工作；二是改革现行法院人事管理制度，制定法官法，建立具有中国特色的社会主义法官制度；三是改革法院干部教育培训管理体制，建立一个多层次的、正规化的法院干部教育培训体系；四是改革和加强法院系统的司法行政工作，加强法庭建设，改革法院业务经费管理办法，解决法院办案经费不足的困难；五是大力加强基层建设，加强建设、调整和充实人民法庭，加强对人民调解委员会的业务指导；六是积极开展同外国法院间的司法协助工作。这些改革措施贯彻了党的十三大深化经济体制改革，推进政治体制改革，发展社会主义民主和加强社会主义法制建设的部署，以改革总揽全局，着重加强人民法院改革和自身建设,目的是解决长期困扰和严重影响审判工作的问题,革除弊端,为法院创造一个良好的工作环境,使审判工作逐渐正规化和规范化。

3. 审判方式改革

进入90年代,随着社会主义市场经济体制框架的基本确立,经济社会关系急剧变动,公民法律意识极大提高,社会对法律规则的依赖日益增强,案件数量大幅上升。陈旧的司法设施、落后的司法理念、低下的办案效率、捉襟见肘的司法经费,远远不能适应人们的司法需求。一场以举证责任改革为切入点的审判方式改革渐次展开,逐渐波及到诉讼机制,并更加深入地触及司法体制。

1991年七届人大四次会议通过《民事诉讼法》,确立了"谁主张谁举证"的证据规则。从此,由举证责任分担开始,引起了庭审方式和诉讼制度的变革,进而推动了审判方式的改革。1996年八届全国人大四次会议审议通过了《关于修改〈中华人民共和国刑事诉讼法〉的决定》,这是我国社会主义民主与法制建设的重大成果,也为人民法院改革和完善审判方式创造了更好的条件。1996年7月,最高人民法院召开了全国法院审判方式改革工作会议,确定以学习贯彻修正后的刑事诉讼法、推进刑事审判方式改革为重点,全面改革和完善民事、经济、行政审判方式。这次会议标志着审判方式改革从试点走向全面实施阶段。会议确定了审判方式改革的指导思想:以宪法和诉讼法等法律为依据,以保障裁判公正为目的,以公开审判为重心,强化庭审功能,强化当事人举证责任,强化合议庭职责。会议提出了改革和完善审判方式的具体任务和要求:改革和完善刑事审判方式,实行控辩式庭审方式;改革和完善民事经济审判方式,强化庭审功能,强化当事人举证责任,强化合议庭职责;完善行政审判方式,审判活动紧紧围绕审查被诉具体行政行为的合法性进行,强化被告的举证责任,进一步健全行政审判的裁判形式。会议还确定了一批改革试点单位,一场以刑事诉讼为核心的审判方式改革在全国法院全面铺开。与此同时,民事、经济、行政审判方式的改革和完善也得到进一步推进。这期间,最高法院制定了一系列的规范性文件,包括《第一审经济纠纷适用普通程序开放审理的若干规定》、《经济纠纷案件适用简易程序开庭审理的若干规定》、《人民法院立案工作的暂行规定》、《关于民事经济审判方式改革问题的规定》等,积极推动了改革的开展。

审判方式改革的主体是法院,方式是自下而上,内容限于诉讼机制的健全和完善。轰轰烈烈的审判方式改革极大地解放了思想,为建设中国特色社会主义诉讼制度和法院制度积累了有益的经验,引起了社会各界对司法改革的重视和关注。

4. 建设法治国家战略中的司法改革

1997年党的十五大明确提出"依法治国,建设社会主义法治国家"的目标,同时指出:"推进司法改革,从制度上保证司法机关独立公正地行使审判权和检察权。"司法改革首次以党的纲领性文件被确认,首次正式纳入法治国家战略,使司法改革有了坚实的理论基础和坚强的政治保障。按照党的十五大精神,1999年最高人民法院制定了《人民法院五年改革的纲要》

（又称《一五改革纲要》），这是法院系统第一次以纲要的形式推出阶段性改革规划。改革纲要指出："从 1999 年起至 2003 年，人民法院改革的基本任务和必须实现的具体目标是：以落实公开审判原则为主要内容，进一步深化审判方式改革；以强化合议庭和法官职责为重点，建立符合审判工作特点和规律的审判管理机制；以加强审判工作为中心，改革法院内设机构，使审判人员和司法行政人员的力量得到合理配备；坚持党管干部的原则，进一步深化法院人事管理制度的改革，建立一支政治强、业务精、作风好的法官队伍；加强法院办公现代化建设，提高审判工作效率和管理水平；健全各项监督机制，保障司法人员的公正、廉洁；对法院的组织体系、法院干部管理体制、法院经费管理体制等改革进行积极探索，为实现人民法院改革总体目标奠定基础。"《一五改革纲要》的制定与实施，有力地推动了司法改革的历史进程，在审判程序、审判管理等方面的改革成效明显。

5. 着力推进司法体制改革

进入新世纪以后，中国加入了世贸组织，迎来了更深层次的市场经济变革。为了适应社会主义市场经济发展、经济全球化的进程和社会的全面进步，2002 年党的十六大作出了推进司法体制改革的重大战略决策。十六大报告指出："加强对执法活动的监督，推进依法行政，维护司法公正，防止和克服地方和部门的保护主义。推进司法体制改革，按照公正司法和严格执法的要求，完善司法机关的机构设置、职权划分和管理制度。"2003 年 5 月，由中央政法委牵头成立了中央司法体制改革领导小组，由此司法改革成为中央主导、各部门紧密配合、社会各界广泛参与的国家统一行动。2004 年 12 月,中央司法体制改革领导小组出台了《关于司法体制和工作机制改革的初步意见》,提出了改革和完善诉讼制度、诉讼收费制度、检察监督体制、劳动教养制度、监狱和刑罚执行体制、司法鉴定体制、律师制度、司法干部管理体制、司法机关经费保障机制等 10 个方面 35 项改革任务,成为改革开放以来改革事项最为全面、改革力度较大的一次重要司法改革。2006 年 5 月,中共中央作出了《关于进一步加强人民法院、人民检察院工作的决定》,对司法改革、司法建设、司法工作、司法理念所涉及的一系列重大问题和突出问题作出了明确的决定,“公正与效率”成为法院工作的主题。根据党中央关于司法体制改革的总体要求和部署,最高人民法院推出了《人民法院第二个五年改革纲要(2004—2008)》(又称《二五改革纲要》),确定人民法院司法改革的基本任务和目标是:改革和完善诉讼程序制度,实现司法公正,提高司法效率,维护司法权威;改革和完善审判指导制度与法律统一适用机制,统一司法尺度,准确适用法律;改革和完善执行体制与工作机制,健全执行机构,完善执行程序,优化执行环境,进一步解决“执行难”;改革和完善审判组织和审判机构,实现审与判的有机统一;改革和完善司法审判管理和司法政务管理制度,为人民法院履行审判职责提供充分支持和服务;改革和完善司法人事管理制度,加强法官职业保障,推进法官职业化建设进程;改革和加强人民法院内部监督和外部监督的各项制度,完善对审判权、执行权、管理权运行的监督机制,保持司法廉洁;不断推进人民法院体制和工作机制改革,建立符合社会主义法治国家要求的现代司法制度。《二五改革纲要》围绕上述八个方面的任务和目标，提出了50项具体改革内容。

6. 着力推进司法事业科学发展的司法改革

党的十七大之后，司法改革进入全新阶段，即进入通过司法改革实现中国特色社会主义司法事业科学发展的新阶段。党的十七大确立了科学发展观的指导思想地位，并以科学发展观为统领谋划和部署司法改革，对司法改革的目标和重点作出更加全面、深刻而准确的表述："深化司法体制改革，优化司法职权配置，规范司法行为，建设公正高效权威的社会主义司法制度，保证审判机关、检察机关依法独立公正地行使审判权、检察权。"十七大之后，中央政法委立即组织中央和国家机关有关部门进行广泛深入的调研论证，于2008年12月推出了《中央政法委关于深化司法体制和工作机制改革若干问题的意见》，并由中共中央转发。该《意见》全面贯彻党的十七大精神，以中国特色社会主义理论体系为指导，以始终坚持党的领导、始终坚持中国特色社会主义方向、始终坚持从我国国情出发、始终坚持群众路线、始终坚持统筹协调、始终坚持推进改革为原则，提出在继续抓好2004年中央确定的司法体制改革和工作机制改革事项的基础上，从人民群众司法需求出发，以维护人民利益为根本，以促进社会和谐为主线，以加强权力监督制约为重点，紧紧抓住影响司法公正、制约司法能力的关键环节，进一步解决体制性、机制性、保障性障碍，并设定深化司法体制和工作机制改革的重点是：优化司法职权配置、落实宽严相济的刑事政策、加强政法队伍建设、加强政法经费保障。围绕这四个重点，

《意见》规定了 29 项改革内容。之后,最高人民法院下发了《人民法院第三个五年改革纲要》,提出了深化人民法院司法改革的具体意见。在党中央的正确领导下,人民法院司法改革呈现出诸多新的特点和趋势:第一,把司法改革作为人民法院科学发展的战略问题,在深入学习实践科学发展观的活动中,最高人民法院党组提出既要解决服务科学发展的问题,又要解决好自身科学发展的问题,只有解决好法院的科学发展,才能更好地服务科学发展。第一次把人民法院的科学发展提高到战略高度加以思考,并提出要按照科学发展观的要求,结合审判工作的规律和特点,结合目前人民法院工作的实际状况,结合从严治院、公信立院、科技强院的工作方针来考虑,拓宽思路、群策群力、集思广益,认真考虑人民法院如何实现科学发展的问题。第二,把司法改革放在以人为本的基点上,更加明确改革发展为了谁、依靠谁这一前提问题,把维护最广大人民群众的利益作为司法改革的根本出发点和落脚点,司法改革的成果要惠及于民,由人民共享,不断满足人民群众对司法工作的新期待、新要求。第三,把发展依靠人这一科学发展观的思想落实在法院队伍建设上,提出全面加强法官队伍建设,除了继续推进法官职业化建设之外,更加重视法官队伍的思想政治建设、反腐倡廉建设、工作作风建设、司法能力建设。第四,更加强调司法改革与发展要做到全面、协调、可持续,特别是把人民法院基层基础建设放在重中之重,着力破解制约人民司法事业科学发展的瓶颈问题;以建设公正高效权威的社会主义司法制度为发展目标,统筹司法体制改革、司法职权配置、司法行为规范;

在审判和执行工作中努力做到依法、独立、公正的协调一致。

（二）司法改革的基本成就

人民法院司法改革的成就主要体现在体制改革和工作机制改革两大方面。这里重点论述体制改革方面的成就。司法体制改革是最深层、最关键的改革，也是难度最大的改革。人民法院司法体制改革既包括法院外部的体制改革，也包括内部的体制改革。这两个方面都有实质性进展，并为今后更深层次的司法体制改革积累了经验、奠定了基础。

1. 人民法院外部性体制改革

人民法院外部性体制改革，着力点是正确处理好党与司法的关系、人大与法院的关系、政府与法院的关系。外部性司法体制改革的主题是在坚持党的正确领导、保证人大的法律监督的前提下，保障人民法院依法独立行使审判权，或者说是保障审判权独立运行。

一是改革党对司法的领导模式——从"以党代法"到"依法执政"。在长期的革命战争年代和建国之初，党对司法工作的领导表现为直接指挥、直接决定，甚至实行党委审批案件制度。尽管"五四宪法"确立了"审判独立"原则，但是由于各种原因，特别是1958年中共中央实施"党的一元化领导"之后，党权代行司法权的党委审批案件制度一直延续下来。1979年9月9日中共中央发出了《关于坚决保证刑法、刑事诉讼法切实实施的指示》（中发〔1979〕64号文件）。该《指示》严肃地分析和批评了党内严重存在着的忽视社会主义法制建设的错误倾向，指出："在我们党内,由于建国以来对建立和健全社会主义法制长期没有重视,否定法律、轻视法律;以党代政、以言代法、有法不依,在很多同志身上已经成为习惯;认为法律可有可无,法律束手束脚,政策就是法律,有了政策可以不要法律等思想,在党员干部中相当流行。""各级党委要坚决改变过去那种以党代政、以言代法、不按法律规定办事、包揽司法行政事务的习惯做法。"《指示》明确要求各级党委要保证法律的切实实施,充分发挥司法机关的作用,切实保证人民检察院独立行使检察权,人民法院独立行使审判权,使之不受其他行政机关、团体和个人的干涉。至此,党委审批案件的制度被取消,从体制上保证了人民法院独立行使审判权。1982 年,中共中央发出了《关于加强政法工作的指示》,进一步明确了各级党委对政法工作的领导主要是管方针、政策,管干部,管思想政治工作,监督所属政法机关模范地依照国家的宪法、法律和法令办事。1986 年 7 月10 日,中共中央针对党内依然存在的严重蔑视社会主义法制的严重倾向,发出了《关于全党坚决维护社会主义法制的通知》,十分严肃地指出:目前有的党组织和党员、干部,特别是有的党政军领导机关和领导干部,仍然自恃特殊,以言代法,以权压法,甚至徇私枉法,把自己置于法律之上或法律之外。他们当中有的习惯于个人说了算,损害法律的尊严,不尊重国家权力机关的决定和决议;有的对司法机关的正常工作横加干涉,强制司法机关按照他们的意图办事,强行更改或者拒不执行法院的裁判,任意调离秉公办事的司法干部;有的无视宪法和刑事诉讼法,任意决定拘留和搜查公民,或者强令公安、司法机关去干一些非法侵害公民人身权利和民主权利的事,甚至把政法干警作为他们搞强迫命令和以权谋私的工具,等等。这些现象虽然发生在个别单位和少数人身上,但是影响很坏,严重损害了党的威信和社会主义法制的严肃性,必须引起全党的充分重视。《通知》要求各级党委正确认识和处理与国家权力机关、行政机关、司法机关的关系,支持国家机关依法行使职权。1989年9月,江泽民同志在就任总书记后的第一次记者招待会上就公开表态:"我们绝不能以党代政,也绝不能以党代法。这也是新闻界讲的究竟是人治还是法治的问题。我想我们一定要遵循法治的方针。"将党与法的关系问题提到人治与法治的范畴,并把这个问题作为中央第三代领导核心的执政纲领的切入点,意义非常重大。特别是党的十六大和十七大明确提出实行依法执政。胡锦涛总书记指出:依法执政是新的历史条件下马克思主义政党执政的基本方式。依法执政,就是坚持依法治国、建设社会主义法治国家,领导立法、带头守法、保证执法,不断推进国家政治、经济、文化、社会生活的法制化、规范化,以法治的理念、法治的体制、法治的程序保证党领导人民有效治理国家。从以党代法到依法执政、保证司法机关依照宪法和法律独立公正地行使审判权和检察权,确立了在党的领导下司法机关独立行使职权的司法体制。这是我国司法改革取得的最具有显示度和标志性的成果,是我国政治文明的重大进步。

　　二是改革人大对法院的监督模式,确立依法监督、集体监督、公开监督的新模式。人民法院由人民代表大会产生、对人民代表大会负责、接受人民代表大会监督、依靠人民代表大会支持,是中国特色社会主义政治制度下人大与法院的基本关系。这一基本关系的确立也经历了一个过程。"五四宪法"规定,法院由国务院或省级人民委员会(人民政府)产生;各级法院院长由同级人大选举,副院长、庭长、副庭长和审判员由地方各级人民委员会(人民政府)任免;法院向同级人大负责并报告工作;法院审判只服从于法律。可见,人大与法院的关系比较松散,人大对法院的制约限于法院向人大报告工作和选举院长,监督力度明显不强。"八二宪法"和1983年新修订的《人民法院组织法》对人大与法院的关系进行了重大改革。首先,法院由同级人大产生并对人大负责,明确了法院权力的来源和监督的主体;其次,法院院长由同级人大选举,副院长、庭长、副庭长和审判员由同级人大常委会任免,确立了人大对法官的人事任免权;第三,人民法院依照法律规定独立行使审判权,不受行政机关、社会团体和个人的干涉,但要向人大报告工作,这意味着法院的审判权要受权力机关的监督,赋予了人大及其常委会对审判工作的监督权。人大对法院的全面监督,确立了司法权力来源于人民、对人民负责、受人民监督的中国特色社会主义司法制度。但是,上个世纪80年代以来,各地纷纷实行人大对法院的"个案监督",有的地方人大常委会制定了实施个案监督的地方性法规,有些地方甚至演化为人大常委会领导同志个人对法院发号施令,致使法院的独立审判受到严重影响,地方保护主义、部门保护主义和特权保护主义有所抬头。2006年8月27日,十届人大第二十三次会议通过了《中华人民共和国各级人民代表大会常务委员会监督法》,以法律的形式停止各级人大常委会对法院审判的个案监督,禁止人大常委会组成人员个人对法院的监督,把监督的重点放在通过司法解释的备案制度监督最高人民法院的司法解释,通过审议法院工作报告、专项报告、询问和质询、执法检查、特定问题调查和人事任免对法院进行法律监督与工作监督。《监督法》的出台,明确了人大对法院的监督既是制约,也是支持,更是促进,通过人大代表建立法院与社会公众沟通的桥梁,通过权力机关的支持优化司法环境、支持法院队伍建设、保障改革创新,促进法院充分发挥司法功能。

三是改革行政与司法的关系,一府两院格局形成。司法与行政合一是中国延续了几千年的政治法律制度,县太爷既是地方行政长官,又是地方的大法官,皇帝既是"国家元首",又是国家的最高裁判者。这种传统法律文化根深蒂固,影响着中国法制现代化的进程。在革命战争时期,司法行政长期合二为一,法院是根据地政府内部的一个部门,在政府的领导下行使审判权。建国后,"五四宪法"确立了在人民代表大会制度下"一府两院"的政治格局,司法机关与政府属于同级国家机关,分工协作、彼此尊重并互相监督,在机构、人员、职能上分立。但是,法院的设置仍然需要行政机关的批准,各级法院助理审判员的任命、人员编制和办公机构由司法行政机关负责。尽管"八二宪法"和1983年修订的《人民法院组织法》删除了这些规定,然而实行多年高度集中的计划经济体制和"分灶吃饭"的财政体制,以及现有体制下的行政权泛化,使司法职权与行政职权仍然保持着千丝万缕的联系,甚至出现"司法权地方化"、"司法权行政化"的弊端。但是,以宪法的形式规定司法权与行政权分立毕竟是中国法制发展史上的伟大变革,为司法权真正独立于行政权奠定了宪政基础。不仅如此,法院通过对行政行为的司法审查,促进了行政机关依法行政,实现了司法权对行政权监督的宪法原则。自 1982 年起,人民法院根据《中华人民共和国民事诉讼法(试行)》的规定,开始试行受理部分行政案件。1988 年 9月 5 日,最高人民法院行政审判庭成立,各级人民法院逐步建立了行政审判机构,为全面开展行政审判工作奠定了组织基础。1990 年 10 月《中华人民共和国行政诉讼法》正式实施,标志着我国行政诉讼制度正式建立。对具体行政行为的司法审查是我国宪政建设、民主政治建设和民主法制建设具有里程碑意义的一件大事,标志着我国社会主义民主和法制建设进入了一个新阶段。随后,全国人大及其常委会先后颁布了《国家赔偿法》、《行政处罚法》、《行政复议法》等法律,国务院相继发布《全面推进依法行政的决定》和《行政复议条例》,与行政诉讼相关的法律体系进一步完善。进入新世纪以来,党和国家更加重视依法执政和依法行政,制定了《行政许可法》等保证依法行政的法律法规。根据这些法律法规,最高人民法院制定了《关于执行中华人民共和国〈行政诉讼法〉若干问题的解释》、《关于行政诉讼证据若干问题的规定》等一系列重要的司法解释,进一步完善了行政审判制度,使我国行政审判制度日趋走向成熟,司法权对行政权的监督在国家经济社会生活中的作用越来越重要。

四是改革政法机关之间的关系,确立公、检、法、司、安等政法机关之间"分工负责、互相配合、互相制约"的司法制度。建国初期,虽然宪法和法律确立了公、检、法三机关之间互相制约与互相配合的关系,但是为了迅速有效地镇压反革命,也为了解决财政经济困难,公、检、法在很长时间内合署办公。至"文革"期间,检察机关一度被撤销,"七五宪法"规定由各级公安机关代行检察职权,直到"七八宪法"才恢复人民检察院设置。十一届三中全会以后,随着《宪法》、《刑法》、《刑事诉讼法》等法律的相继出台,确立了公、检、法三机关"分工负责、互相配合、互相制约"的司法制度。在刑事诉讼活动中的关系也体现为检察机关对公安机关、审判机关的双向制约和监督,同时也要受到公安机关和审判机关的制约与监督。1996年新修改的《刑事诉讼法》,变"纠问式"庭审为"抗辩式"庭审,形成了带有当事人主义色彩的混合式诉讼模式。这种诉讼模式对侦查和公诉证据要求有了更高的标准,更加强调了制约关系,使司法机关之间独立性增强,标志着我国刑事诉讼程序步入民主化、科学化轨道。

2. 人民法院内部的体制改革

如果说法院的外部性体制改革主题是保障人民法院在党的领导和人大监督下依法独立行使审判权,其内部性体制改革则着眼于保证公正司法、高效司法、文明司法、廉洁司法。1988年7月最高人民法院召开第十四次全国法院工作会议,提出了人民法院自身改革和建设的六大措施,在人民法院司法改革的历史进程中占有重要的地位,为其后人民法院司法改革的深入推进打下了重要基础。最高人民法院颁布的三个"五年改革纲要"也更多地关涉法院内部的体制改革和审判方式改革。

其一,优化上下级法院之间的职权配置,探索分工科学、职责明晰的法院内部体制。在体制上,人民法院内部上级法院对下级法院的关系主要是审判监督、工作指导、干部协管等。但在以往的实践中,时常发生下级法院就个案审判向上级法院"请示",以及上级法院对下级法院某些事务的"包办",致使司法行政化趋向日益明显。为了切实保证审级独立和审级监督、维护当事人的诉讼权利、维护公正合理的诉讼秩序,全国人大常委会通过修改《刑事诉讼法》、《民事诉讼法》和《行政诉讼法》,最高人民法院通过司法解释和指导性文件,进一步明晰和优化了上下级法院之间审判权与执行权的配置,其中死刑核准权收回最高人民法院统一行使,对民事再审案件提级审理,对一审民商事案件管辖权的改革,建立省区市高级人民法院对辖区内执行工作统一领导、统一指挥、统一管理的执行体制等,是法院内部体制改革的重要举措。

其二,建立"统一立案、分类审判、集中执行、专门监督"的工作体制。改革开放以来,人民法院内部的工作体制发生了一系列重大变化。1979年开始建立经济审判庭,1986年组建行政审判庭,1999年中级以上法院设立赔偿委员会,一些法院还设立了房地产审判庭、涉外经济审判庭、少年法庭、知识产权审判庭等专业审判庭,为了加强调解工作,许多法院借鉴深圳市中级人民法院的经验,成立了"经济纠纷调解中心"。随着改革开放的深入,人民群众的维权意识日益增强,诉讼制度的完善和法院司法救助措施的扩大,人民法院受理的案件迅速增多,原来自收、自审、自判、自执的工作体制已不适应新形势、新情况和新任务,为此各地法院相继进行了立审分立、审执分立、审监分立的体制和机制改革。1995 年最高人民法院设立执行办公室(2008 年 11 月改为执行局);2001 年 8 月最高人民法院审判监督庭正式成立,之后,全国各级人民法院也相继成立了执行庭和审监庭。经过这些改革,在人民法院内部形成了"统一立案、分类审判、集中执行、专门监督"的工作体制,使诉讼中的立、审、执、监等各个过程相对独立、相互制约,从而强化了审判的自我监督功能,有利于保障公正司法。2003 年以后,为了进一步提高司法效率,法院开始健全以人民法庭建设、审判法庭建设和信息化建设为重心的司法政务管理制度,建立以审判流程为机制的审判管理制度,使法院内部职权配置和分工更加合理,确保审判工作公正高效运行。与此同时,从合议庭到审判委员会各类审判组织和执行组织也进行了重大改革。

三、余　　论

回观和反思人民法院的司法改革,可以看到三十年的改革积累了一些宝贵的经验,诸如:司法改革必须坚持党的领导,重大改革、体制性改革必须在党中央和各级党委的正确领导下进行,并且应当是自上而下进行;司法改革必须坚持中国特色社会主义道路,坚持正确的指导思想,坚持正确的政治方向;司法改革必须从中国国情出发,不能超越社会主义初级阶段的基本国情,不能脱离全球化的时代背景;司法改革作为政治体制改革的组成部分,必须依法推进,合宪合法,涉及全局性、体制性、程序性的改革事项,应当先修法后改革;司法改革必须坚持积极稳妥、循序渐进的改革方略,司法改革是一项长期而又艰巨的任务,等不得也急不得,既要有所作为,又不能急于求成;司法改革必须在建设公正、高效、权威、和谐的社会主义司法制度的前提下,处理好阶段性目标和总体目标之间的关系,处理好理想与现实的关系、当前与长远的关系、需要与可能的关系,等等。

　　过去三十年间人民法院的司法改革也有一些值得认真总结和汲取的问题与不足,诸如:有关司法改革的理论研究不够深入和系统,因而某些改革的理论参照、制度参照、文化参照有失偏颇;某些改革没有充分考虑到中国国情,既有一刀切、大一统的问题,也有过于超前、脱离实际的问题;法院的外部性体制改革进行得比较深入,而内部性体制改革步伐相对进展缓慢,成效不及前者;法官职业化建设偏重专业化甚至学历化建设,而时常忽略思想政治建设、反腐倡廉建设、工作作风建设,忽略社会主义法治理念教育和法官职业精神教育等,致使法官队伍建设呈“一手硬、一手软”的态势;对基层法院的改革和发展关注不够,很多基层法院长期存在的法官断层、法官素质偏低、经费困难、保障不力等问题,不仅没有根本解决,反而愈加突出。